Frauen aktiv gegen Atomenergie –
wenn aus Wut Visionen werden

genanet

D1664429

Frauen aktiv gegen Atomenergie – wenn aus Wut Visionen werden

20 Jahre Tschernobyl

genanet / Ulrike Röhr (Hg.)

Bibliografische Information Der Deutschen Bibliothek:
Die Deutsche Bibliothek verzeichnet diese Publikation in der
Deutschen Nationalbibliografie; detaillierte bibliografische
Angaben sind im Internet unter http://dnb.ddb.de abrufbar

Impressum

© 2006 genanet / Ulrike Röhr
Redaktion: Ulrike Röhr
Herstellung und Verlag: Books on Demand GmbH, Norderstedt
Gestaltung: designbüro drillich, Wiesbaden
ISBN 3-8334-4592-0

I: ERINNERUNG. TSCHERNOBYL 26. APRIL 1986

Inhalt   5

II: DEM WIDERSTAND KRAFT VERLEIHEN

III: Jedem Zusammenbruch wohnt ein Neuanfang

IV: 20 JAHRE NACH TSCHERNOBYL. LEKTION GELERNT?

Anhang

»Wenn Feministinnen und Ökologinnen im Kampf gegen die Unterdrückung wirklich
Erfolg haben wollen, wird es nur durch eine Besinnung auf unsere Identität sein.
Das beinhaltet auch eine nüchterne Einschätzung unseres Schweigens, unserer
Toleranz gegenüber dem Intolerablen, unserer Tatenlosigkeit, die Zustimmung ist.
Der eigentliche Anlass zur Sorge ist unser Schweigen. (...)
Es ist an der Zeit, Feminismus und Ökologe wieder zusammenzuführen. (...)
Wenn nicht, werden wir weiterhin nur Teilerfolge erzielen, ein wenig Zeit gewinnen.
Wenn nicht, wird die Gewalt, die die Geschicke unseres Planeten lenkt, weiter ihren
zerstörerischen Gang gehen und uns auslöschen – im Namen von Gesundheit, Glück
und Fortschritt.«
Andrèe Collard mit Joyce Contrucci: Die Mörder der Göttin leben noch.
München 1988

Vorwort

Am 26. April 1986 passiert in Tschernobyl das, was laut Sicherheitsaussagen in Kernkraftwerken nur alle 10.000 Jahre eintritt: eine Kernschmelze und damit der »größte anzunehmende Unfall« (GAU). Wir alle, die diesen GAU bewusst erlebt haben, verbinden Erlebnisse und Gefühle mit diesem Datum, die wir nie wieder vergessen haben.

Ich erinnere mich, dass wir an dem Abend, als das schwüle Frühsommerwetter in Berlin sich in einem heftigen Gewitter entlud – dem ersten nach dem Reaktorunfall – den 40. Geburtstag einer Freundin feierten. Auf dem Heimweg traf uns der Regenguss. Woran ich mich nicht erinnern konnte – wohl aber die anderen Beteiligten – war, dass wir danach lange diskutiert haben, was wir mit unseren Schirmen und der nass gewordenen Kleidung machen sollten: Wie dekontaminiert man Kleidungsstücke? Wir haben sie schließlich »entsorgt«. Hysterie? Vielleicht, aber so war es damals.

Verunsicherung und Wut über eine Informationspolitik, die diejenigen, die sich um die zukünftigen Generationen sorgen, im wahrsten Sinne des Wortes »im Regen stehen ließ«. Daraus entstand eine Bewegung, die so wohl niemand erwartet hatte. Es waren Frauen, die schon vor Tschernobyl in der Anti-Atomkraft-Bewegung sehr aktiv gewesen waren, die häufig aus der Friedensbewegung kamen oder eng mit dieser zusammenarbeiteten, die nach Tschernobyl den Protest organisierten. Es waren vor allem die Mütter, die sich in zahllosen Gruppen der »Mütter gegen Atomkraft« zusammenschlossen um gemeinsam ihren Forderungen Nachdruck zu verleihen. Eine der Autorinnen schilderte im Gespräch, dass große Phasen ihres Familienlebens auf der Straße, an Bauzäunen und auf Bauplätzen bei Demonstrationen gegen AKW oder WAA stattgefunden hätten. Tschernobyl hat das Leben einer ganzen Generation von Frauen maßgeblich geprägt.

Es sind auch heute noch Frauen, die überall auf der Welt sich wesentlich vehementer gegen Atomenergienutzung aussprechen als Männer. Risikotechnologien, so eine Begründung für die Ablehnung, sind nie wirklich beherrschbar. Wie schnell technische Mängel, menschliches Versagen und zusätzlich jetzt auch noch die Gefahr terroristischer Angriffe zu einer Katastrophe ungeahnten Ausmaßes führen können, hat uns Tschernobyl gelehrt. Aber haben wir daraus auch gelernt? Dies ist eine der Fragen, der im vorliegenden Buch nachgegangen wird.

Auslöser für dieses Buch war auch unsere Neugier, was aus den vielen Aktivistinnen und Initiativen geworden ist. Wie nachhaltig haben die Erfahrungen und Erlebnisse vor 20 Jahren das Leben der Frauen beeinflusst? Wie hat sich der Reaktorunfall selbst und vor allem die spontane Mobilisierung in Initiativen und Aktionsgruppen auf ihre Lebensplanung, auf politische Aktivitäten, auf berufliche Entscheidungen ausgewirkt?

Mit einer Postkarte und einer Seite im Internet haben wir auf das Buchprojekt aufmerksam gemacht und um Beiträge geworben. Wir haben die noch aktiven »Mütter gegen Atomkraft«-Initiativen angesprochen, ebenso Autorinnen von Artikeln und Büchern, die sich mit dem Reaktorunfall befasst hatten. Die Reaktionen waren überaus positiv, eine Auswahl der Beiträge – der Platz reichte leider nicht für alle – finden Sie hier zusammengestellt.

Herausgekommen ist ein Sammelband, der einladen soll zum Angucken, Lesen oder Schmökern, eine Mixtur aus historischen Dokumenten von 1986, Interviews mit Akteurinnen, Berichten von Frauen und ihren Organisationen von damals und heute, dokumentierenden Fotos, politischen und wissenschaftlichen Analysen.

Was fehlt, wer ist nicht zu Worte gekommen? Vielleicht vermissen Sie die Stimmen der Männer, die auch aktiv waren oder heute aktiv sind? Keine Sorge, die werden bei den diversen Veranstaltungen anlässlich des 20. Jahrestages nicht zu überhören sein. Das jedenfalls zeigt ein Blick auf die Programme dieser Veranstaltungen, bei denen man Frauen erstaunlicherweise in aller Regel vergeblich sucht. Schon vergessen, wer vor 20 Jahren aufschrie und den Protest organisierte?

Wir hoffen, dass das Buch denjenigen, die diese Zeit erlebt haben, neue Kraft geben wird für den immer noch und immer wieder nötigen Kampf gegen die Nutzung der Atomenergie. Wir hoffen aber vor allem, dass diejenigen, die 1986 zu jung oder noch gar nicht geboren waren, ein Gefühl dafür bekommen, was damals passiert ist und wie engagiert ihre Mütter und Großmütter sich für ihre Zukunft stark gemacht haben.

Wir wünschen uns, dass die Frauen und ihre Aktivitäten gegen Atomkraft die gebührende Aufmerksamkeit erfahren. Es wäre schön, wenn das Buch u. a. der Erneuerbare-Energien Branche zu der Erkenntnis verhelfen würde, dass ihr Aufstieg auch den Frauen und ihrer strikten Anti-AKW-Haltung zu verdanken ist. Gelegenheiten, diese Haltung zu würdigen, gibt es viele – nicht nur bei den jährlichen Gedenktagen.

Ulrike Röhr, genanet – Leitstelle Gender, Umwelt, Nachhaltigkeit
Februar 2006

Kapitel I

Es ist passiert

Es ist passiert.
Euch.
Nicht uns.

Ihr hattet Pech.
Wir hatten Glück.

Das macht Euch nicht schlechter,
und uns nicht besser.

Wann endlich müssen sich
Nehmende nicht kleiner und
Gebende nicht größer machen
als sie sind.
Es ist passiert.
Uns.

Es ist nicht Euer Unglück.
Es ist unsere Katastrophe.

Und es ist unsere gemeinsame Chance.

Es ist passiert.
Es wird immer wieder passieren.

So lange aus Euch und Uns nicht Wir wird.

Heike Sabel

Heike Sabel
Jelena B., 49 Jahre

Kaschmar. Alptraum. Jelena sagt das Wort immer
wieder. Dann füllten sich ihre Augen mit Tränen,
ihr Blick durchbohrt Wände, verschwindet im
Nichts. Bevor der Schmerz von ihr Besitz ergreift,
holt sie sich zurück. Jelena ist eine ernste Frau.
Das Leben hat sie dazu gemacht.

Sehr zeitig ist sie an diesem Sonnabend auf-
gestanden. Mit Kopfschmerzen. Deshalb trank
sie zum Frühstück nur einen starken Kaffee und
nahm Aspirin. Dann fuhr sie 40 Kilometer mit Bus
und Metro. Das letzte Stück musste sie laufen,
weil es in der Metro brannte. Und das alles, damit
ich ihre Geschichte hören kann. Mit großem Ap-
petit isst sie die Sülze und das Brot, schlürft den
heißen Kaffee. Ohne Einleitung beginnt sie zu
erzählen. Davon, wie sie die Tage Ende April, Anfang Mai 1986 erlebte. Damals, als Tschernobyl
die Zukunft so vieler Menschen veränderte.

Jelena arbeitete zu dieser Zeit in Pripjat, der
Stadt des Atomreaktors. Sie leitete die Organisa-
tions-Abteilung. Bis zur Geburt ihres Sohnes hatten sie viele Dienstreisen zu den Orten geführt,
an denen Atomkraftwerke entstanden. So war sie
auch nach Pripjat gekommen. »Eine schöne
Stadt, gemütlich, grün, das Klima war gut ...
Viele wollten dort leben.« Jelenas Gesicht zeigt
keine Regung. Es ist, als spräche sie über jemand
anderen – nicht über sich selbst.

Sie schläft spät ein an diesem 26. April 1986.

Einen Knall hörte sie noch und ein Geräusch, als
käme eine Panzerkolonne näher. Der Sohn ver-
bringt diese Nacht bei einem Freund. Gegen 4 Uhr
klopft ein Nachbar bei ihr. »Eine Katastrophe
muss geschehen sein.« Mehr weiß auch er nicht.
Seine Schwiegermutter arbeitet als Telegrafistin
und hatte nur soviel sagen können: »Es ist etwas
Schreckliches passiert.«

Am nächsten Morgen wollen alle Genaueres
erfahren. Doch immer, wenn Jelena telefonieren
will, ist es, als sei ihr Telefon gestört. Ansonsten
ist alles wie immer an diesem Sonnabend. Die
Kinder gehen in die Schule, Frauen einkaufen,
Männer mit Hunden spazieren. Schon am Vormittag ist es sommerlich warm. Nichtsdestotrotz laufen die Zentralheizungen auf Hochtouren. Viele
Bewohner ziehen deshalb in ihre Gärten, arbeiten
dort oder sonnen sich. Im Fernsehen flimmert das
ganz normale Programm. Keiner weiß etwas von
den Arbeitern, die mit schweren Verbrennungen
im Krankenhaus liegen.

Jelenas Mann steigt auf das Dach ihres 16-
geschossigen Hauses. Er nimmt ein Fernglas mit.
Dass der nur zwei Kilometer entfernte Reaktor
explodiert sein könnte, kann er sich nicht vorstellen. Schließlich sah er die dicken Betonwände
schon mit eigenen Augen. Doch dann entdeckt
er das Loch im Dach des Reaktors. Jelena und ihr
Mann verstehen sofort. Es ist Mittag. Sie wollen

nur noch eines – fort. Zur Mutter. 400 Kilometer entfernt. Aber es fahren keine Busse, keine Züge. Dafür steht überall Polizei. »Keine Panik. Warten Sie auf Informationen«, sagen die Behörden. Warten. Jelena sieht die vielen ahnungslosen Menschen. Warten. Darauf, dass die Radioaktivität in jede Ecke kriecht. Jelena weiß zu viel, um ruhig warten zu können. Viel zu spät werden Jod-Tabletten verteilt. Aber nur an die Kinder, die Vorräte sind zu knapp. Die Erwachsenen sollen Wodka trinken. Viele tun es auch. So geht dieser erste Tag »danach« zu Ende, ohne dass die meisten wissen, was passiert ist.

Es ist drei Uhr, als bei Jelena das Telefon klingelt. Eine Freundin. Sie hat einen Bekannten beim KGB, dem Geheimdienst. Man solle die wichtigsten Dokumente griffbereit halten. Aber offiziell sei nichts. Jelena schläft nicht mehr in dieser Nacht. Am nächsten Morgen kommen Mitarbeiter vom Wohnungsamt. Jeder soll Wasser und Proviant für drei Tage sowie sportliche Bekleidung zusammenpacken. Man werde ein paar Tage in Zelten schlafen. Von Havarie kein Wort. Wer Fragen stellt, bekommt zu hören: »Alle kehren zurück.«

Etwa halb zwei am Nachmittag ist es, als der Radio-Sprecher mit trauriger und strenger Stimme verkündet, man solle die Elektrogeräte abschalten und um zwei Uhr vor dem Haus warten. »Es war wie im Krieg«, sagt Jelena. Kaschmar. Alptraum. Zweieinhalb Stunden stehen sie auf der Straße. 300 Busse rollen aus der Stadt. »Später haben wir erfahren, dass sie schon seit einem Tag bereit waren. Aber man hatte auf den entsprechenden Befehl aus Moskau gewartet. Für Jelena ist das mehr als ein Alptraum. Es ist ein Verbrechen. Die Spuren trägt Jelena heute im Gesicht. Es ist kantig, hart, die Augen sind erloschen. Immer wieder schaut sie mich an. Fragend, ob ich ihr denn das alles glaube. Zum

Beispiel die Szenen, die sich an einer Bushaltestelle, gerade einmal 30 Kilometer von Pripjat entfernt, abspielten.

Plötzlich hatte man sie allein gelassen. Alle schreien. Die Busse sind überfüllt. Es wird Geld für die Weiterfahrt verlangt und Essen weggeworfen, damit man sich noch in den Bus quetschen kann. Wie es Jelena gelang, zu ihrer Mutter zu kommen, weiß sie nicht mehr. Zehn Tage bleibt sie bei ihr. Dann wird bekannt, dass radioaktiver Regen auch über diesem Dorf niederging. Es soll evakuiert werden.

Jelena und ihre Familie kommen nicht zur Ruhe. Wo sie auch auftauchen, werden sie wie Aussätzige behandelt. Sie erhalten Kleidung, die nicht passt oder alt ist. Die Familie verliert sich, Post verschwindet. Ende Juni erfahren sie in Kiew, dass sie nie nach Pripjat werden zurückkehren können. Jelena ahnte es. »Ich habe ja einen Kopf zum Denken.« Sie dachte nur daran, wie es weitergehen sollte.

Für zwei Stunden durften sie noch einmal nach Hause. Das Wichtigste holen. Bevor Jelena es in einen Sack packen kann, wird die Radioaktivität gemessen. Was zu stark belastet ist, muss sie zurück lassen. Die Zeichnungen des Sohnes zum Beispiel. Zurück in Kiew, steht Jelenas Familie vor einer wichtigen Entscheidung: Wo will sie in Zukunft leben? Drei Orte stehen zur Auswahl. Überall stehen Atomkraftwerke beziehungsweise sind welche geplant. Jelena und ihr Mann sind Spezialisten. Sie dürfen dem Land nicht verloren gehen. Welch Ironie. Sie entscheiden sich für ihr Heimatland Belarus. 40 Kilometer von der Hauptstadt Minsk soll ein neues Kraftwerk entstehen. Man verspricht ihnen Arbeit und eine Wohnung. Doch als sie kommen, ist diese noch nicht fertig. Sie ist zwar neu, aber schmutzig und bis auf zwei eiserne Betten leer. Zwei Familien leben hier die ersten acht Wochen zusammen. Die Kinder schlafen in den Betten, die Erwachsenen auf dem Fußboden. In der ersten Nacht sagt ihr noch nicht einmal sechs Jahre alter Sohn: »Endlich haben wir ein Dach über dem Kopf.« Jelena sieht die dankbaren Augen des Jungen noch heute vor sich, Mutter und Sohn leben noch immer in dieser Wohnung. Der Mann und Vater ist im März '97 an einem Herzschlag gestorben. Eine Folge von Tschernobyl, wie die Ärzte Jelena unter vier Augen bestätigten. Auch der Sohn ist krank. Herzrhythmusstörungen. Er ist ihr einziges Kind. Eigentlich wünschte sie sich zwei oder drei. Doch nach Tschernobyl entschied sie sich dagegen. Was würde mit dem Kind? Die Ungewissheit machte ihr Angst. Frauen, die Kinder bekommen, weil sie denken, damit ihren eigenen Organismus zu stärken und sich eine Wohnung erhoffen, nennt Jelena egoistisch. Statt Vitamine für ihr Kind zu kaufen, geben sie ihr Geld für ein neues Kleid aus. »Wenn Frauen einem Kind das Leben schenken, müssen sie es auch erhalten wollen.« Jelenas Urteil lässt keinen Widerspruch zu. Sie regt sich auf. Das blasse Gesicht zeigt rote Flecken. Auf einmal hat sie auch Mühe, die Hände still zu halten. Die Unwissenheit der Menschen, dass sie den Ernst der Lage nicht erkennen, das beunruhigt sie zutiefst. Um etwas dagegen zu tun, zieht sie wie ein Reformator umher. Sie redet mit den Leuten über die Politik, die Situation im Land, Tschernobyl und die Zusammenhänge. Ihre Siedlung zum Beispiel ist auf Torf gebaut. Jedes Mal, wenn es brennt, und das ist oft, gelangen schädliche Stoffe in die Luft. Die Leute aber haben Angst, etwas zu sagen und ihren Arbeitsplatz zu verlieren. »Das ist eben die Politik in unserem Land.« Kaschmar. Alptraum.

Die ökologischen Probleme nach Tschernobyl schärften Jelenas Blick für die Politik. Sie macht sie für vieles verantwortlich. Aber es sei auch jeder für sich selbst verantwortlich. Deshalb erklärt

sie den Leuten, wie schädlich Rauchen und Trinken sind, wie wichtig gesunde Ernährung ist. In ihrer Siedlung wohnen etwa 300 Familien. Bei manchen war sie schon mehrmals. »Aber es änderte sich nie etwas.« Auch nicht, dass die Leute Jelena wegen ihres »Heilkräuter-Ticks« auslachen. Doch wenn die Kinder krank sind, bitten alle sie um Rat.

Manchmal erschrickt Jelena vor der Grausamkeit der Menschen. Sie denkt an ihre Arbeit, die sie inzwischen aufgegeben hat. Am Anfang zeigten alle großes Interesse für das »Opfer von Tschernobyl«. Doch mit den Jahren schlug es in Neid und Hass um. Jelena dachte viele Nächte über das Warum nach. Sie hat ihre Antwort gefunden: »Früher sind zwar alle zum Kollektiv erzogen worden, die Wirklichkeit aber ist ganz anders. Da ist sich jeder selbst der Nächste.« Davor flüchtet Jelena. In ihren Garten. Mögen die anderen lachen. Sie will tun, was möglich ist. Mit aller Konsequenz: »Ich will gern im Wald, nur mit einer Kerze, leben. Bloß keine Atomkraft. Weil ich das alles miterlebt habe.« Lange hält Jelena zum Schluss meine Hände. In ihrem Gesicht ein Hauch Wärme und ein vorsichtiges, unbeholfenes Lächeln. »Ich fühle mich oft einsam. Über das alles zu reden, tat mir gut.«

15

Juliane Grüning, Isabelle Faragallah

»Mein ganzes Herz ist mit Tschernobyl verbunden«
Zeitzeuginnengespräch mit Eva Quistorp

Eva Quistorp ist kein Machtmensch. Deshalb besteht sie wohl auch nicht darauf, dass wir die gerade im Fernsehen übertragene Regierungserklärung von Angela Merkel bis zum Schluss anhören. Denn informiert sein über die aktuelle Politik im In- und Ausland – das ist ihr wichtig. Nur hätte das Aufnahmegerät das wohl nicht mitgemacht. Soziale und kulturelle Folgen der Technologieentwicklung und Technikkritik, die Rolle der Natur- und Ökonomiewissenschaft bei der Umwelt- und Kulturzerstörung, Verbindungen zwischen Friedensbewegung und Feminismus ... Eva Quistorp spannt weite Bögen, verbindet scheinbar Unüberbrückbares, bewegt und bewegte sich zwischen Bürgerinitiativen, Europaparlament und intellektuellen Disputen.

Ausdrucksvoll und bewegt schildert Eva ihre Erinnerungen von der ersten Begegnung mit dem Thema Atom 1973 bis hin zu ihren vielfältigen Aktionen um den Tschernobyl-Unfall und heute. Die Anti-Atombewegung selbst beschreibt sie ab 1973 als eine stetig wachsende Entwicklung.

Der Kampf gegen Atomkraft und Atomwaffen, das ist für Eva Quistorp eine Schicksalsfrage – und eng verbunden mit emanzipatorischen Ansprüchen.

»Das Thema Frauenbewegung und Antiatombewegung ist für mich von Anfang an verknüpft und parallel gelaufen.« Die linksradikale 68erin aus der autonomen Frauenbewegung, die in Berlin Theologie, Germanistik und Politologie studierte, kommt erst durch die Frauen der Bürgerinitiativen zur Politik.

Eva Quistorp beschreibt diese Frauen als Gesellschaftskritikerinnen und Widerstandskämpferinnen mit Utopien, sie nennt Marianne Fritzen, Lilo Wollny und andere. »Ich hatte als 68er undogmatische Linke ja an offizieller Politik wenig Interesse. Im Grunde bin ich über den Umweg mit den Frauen aus den Bürgerinitiativen erst dahin gekommen. Die hatten eher ein pragmatisches Verhältnis dazu, oder hatten – eben weil sie nicht so linksanalytisch waren – so ein Verhältnis zum Staat und den Wissenschaften: Hier, wir erwarten von euch, dass ihr uns vertretet.«

Die Verbindung zwischen den Intellektuellen der Umweltbewegung und den damals neu entstandenen Bürgerinitiativen gegen Atomkraft musste sich erst entwickeln. Es sind die kleinen Schlüsselerlebnisse, die Evas Engagement immer wieder anfachen, ihr neue Anregungen geben und ihre Richtung mitbestimmten. Die Schlagzeile »Frauen erklären Atom und Blei den Krieg« führte Eva zu den Protesten und Fraueninitiativen nach Wyhl und wird zu einem ihrer Leitsätze im Leben. »In Wyhl gab es eine Platzbesetzung, da haben sich zum ersten Mal Frauen aus der städtischfeministischen Szene, die Anfänge der neuen Frauenbewegung, mit Frauen vom Land verbündet. Das habe ich mir abgeguckt. Es gab einen Brückenschlag zwischen der intellektuell-feministischen oder der akademisch-atomkritischen Umweltbewegung zu der sogenannten normalen Bevölkerung, Betroffenen oder Bürgerinitiativen.«

In Bögen denken. Das ist sehr wichtig für Eva. Dieses Brückenschlagen ist nicht nur ihr Denkansatz, sondern ihr Anspruch an sich selbst – schon immer gewesen. Von dem Versuch, verschiedene Gedankenansätze in großen Brücken von damals bis heute zu denken, zeugen Stapel von Zeitungen, Büchern und alten Flyern. Zwischen Madonnenbild, Konzertflügel und zahlreichen Andenken aus aller Welt sammeln wir rund 240 Minuten gelebte Geschichte.

»Die Gorlebenfrauen habe ich 1977/78 initiiert, als ich bei der Bürgerinitiative Lüchow-Dannenberg mitmachte und die Idee mit dem Tag X hatte, der ja nun durch die Castortransporte inzwischen bundesweit bekannt ist,« sagt Eva und ist von Wyhl aus schon längst beim »schnellen Brüter« in Kalkar gelandet. Denn die Kalkardemo 1977 ist ein prägender Schritt für Eva, da sie dort zum ersten Mal die Verantwortung übernimmt, selbst zu einer Groß-Demo aufzurufen, auch aus der Verbundenheit mit der heimatlichen Landschaft. »Ich liebe Kühe und den Niederrhein. Deshalb war es ein Schock für mich im Kalten, im Nassen, in der Pampa zu sitzen, total verloren und potenziellen Angriffen der Polizei ausgesetzt. Die Hubschrauber sind sehr niedrig geflogen.«

In Kalkar lernt Eva Roland Vogt von den jungen europäischen Föderalisten und Jo Leinen von den Jusos kennen. Beide bestärken sie, für den Bundesvorstand der Bürgerinitiativen Umweltschutz (BBU) zu kandidieren. »In diese Führungsrolle zu gehen, entschied ich mit dem Anliegen, eine dort bisher nicht vertretene Meinung, nämlich die öko-feministische, einzubringen« – das war ihr Einstieg in die aktive Politik. Ein Schritt, der für sie durchaus mit Opfern verbunden ist: So hat sie zum Beispiel ihre Liebe zu Literatur, Musik und Kindern der Selbstausbildung über Strontium, Tritium, Becquerel und die Euratom-Verträge geopfert. »Ab 1977 bin ich erst mit Gorleben in das Fachwissen zur Atomenergie eingestiegen, das war ein Emanzipationsschritt und ein Stück politische Verantwortung und Politisierung in dem Sinne, dass wir auch Bescheid wissen wollten und mussten, um ernst genommen zu werden. 1977 habe ich auch Marianne Fritzen kennengelernt und war auf dem Sommercamp in Gorleben, das war sehr schön und vielseitig. Wohngemeinschaften, neue Lebensformen, Zusammenleben in weltoffenen Camps ... das war Teil der kulturellen Aufbrüche, dass wir versucht haben, gemeinschaftlich solidarische, doch pluralistische Organisationsformen zu finden, wir wollten damit auch nach der APO weiter existierende schlechte deutsche Traditionen abschütteln, wie Obrigkeitsdenken, an falsche Autoritäten fixiert sein, Führerkult, Machbarkeits- und Männlichkeitswahn. Und wir waren froh, als Nachkriegsgeneration mit nord- und südamerikanischen sozialen Bewegungen verbunden zu sein, die hofften, vieles anders und besser zu machen. Ich komme noch aus einem Milieu wo wir gelernt haben, nicht Karrieren nachzujagen, sondern kooperativ, vernetzend, aufbauend an demokratischen gesellschaftlichen Prozessen zu arbeiten. Es war ein Schritt vorwärts und gleichzeitig ein Schritt zurück – ein Anknüpfen an das, was vor dem Nationalsozialismus und dem Krieg in Europa war, an Reformen in den 20er Jahren, die unter anderem auch die Frauenrolle betrafen. Umwelt, Frauenbefreiung

17

und Friedensbewegung waren immer eng miteinander verbunden.

Meine erste Pressekonferenz war ein Schritt ins Unsichere und ins kalte Wasser, weil mich damals niemand angeleitet hat. Dann war für mich der Weg: Proteste organisieren, Frauen ein Sprachrohr geben, besondere Frauenaktionsformen ausdenken, die ersten Berichte über Frauenaktionen schreiben und die ersten Frauen zu interviewen, damit habe ich auch 1977 angefangen.

Die Frauen-Friedensbewegung Anfang der Achtziger war so stark, wir waren ja eine riesige soziale Bewegung, ohne dass wir irgendwelche Gelder hatten oder eine NGO waren, das kann man sich heute auch nicht mehr vorstellen, so 40.000 Frauen verstreut aktiv. Ich habe das koordiniert über sechs Jahre. Da erfuhr ich, was ein kritischer und kreativer Zeitgeist ist, wie wir ihn beeinflussen können.«

Wenn Eva Quistorp von »verstreuten Frauen« spricht, meint sie nicht nur Frauen in der Bundesrepublik. Vernetzen heißt für sie auch und gerade den internationalen Blick einzunehmen. So berichtet sie vom Vorbild des dezentralen Netzwerkes der »Mütter gegen Atomkraft« in Österreich, das 1978 das erste erfolgreiche Referendum zum Atomkraftwerk Zwentendorf in Österreich organisiert hat. In Irland trifft sie Pfingsten 1978 auf einer Anti-Atom-Konferenz mit Petra Kelly zusammen. Der Blick auf das durch die Emissionen vom britischen Sellafield verseuchte – und von ihr so geliebte – Meer bringt ihr deutlich die zerstörerische Kraft von Atomspaltung und Atommüll ins Bewusstsein. »Je mehr ich wusste, desto weniger konnte ich nur gegen Atomkraftwerke sein und den Beginn der Plutoniumwirtschaft durch Atomtests und Atomwaffenbau vergessen. Und die Demonstration gegen Atomkraftwerke und Atom-

waffen 1979 in Bonn, die ich mitorganisiert habe mit dem BBU war ganz toll. Da waren Ureinwohner aus Australien dabei und die Filmemacherin Nina Gladitz aus Freiburg. Filme waren in der Zeit auch sehr wichtig, die Bewegung hat sich so selbst dokumentiert.« Denn die Proteste rund um Brokdorf kommen hauptsächlich wegen der Gewalt ins Fernsehen. Und Eva ist – wie Petra Kelly – gegen Gewalt. Gerade die Frauen in den Bürgerinitiativen haben daran gearbeitet, dass »das Gewaltfreie ernster genommen wurde. Es war ein ganz langer Prozess, bis die Medien die Thematik aufgriffen. Mit der ›taz‹ begann 1978 eine kritischere Berichterstattung.«

Die von den Frauen und Bürgerinitiativen angewendeten neuen Formen des Protestes (Sit-In, Die-In etc.), diese »unmittelbar körperlichen Aktionen« bringen ein anderes Zusammensein, bei denen jeder als Mensch wahrgenommen wird, »es ist ein Zeichen gegen die Entfremdung und tut gut.«

Für Eva ist es immer dann am spannendsten, »wenn die Theorie sich in die Praxis begeben muss und sich daran reibt«. Gleichzeitig betont sie, wie wichtig sie den Kontakt zu den Basisgruppen findet. Mit ihrem Engagement im Europawahlkampf 1979 für die neu gegründete Partei der Grünen, die zunächst von den Medien boykottiert wird, ist dieser Kontakt umso wichtiger. Neben dem Engagement für die europa- und weltweite Entwicklung der Grünen hat sie mit »Frauen für Frieden« und der Friedensbewegung seit 1979 auch auf den NATO-Doppelbeschluss reagiert.

»In Berlin war die Antiatomszene ziemlich stark und sehr vielfältig, es mischte sich eben das alte linke Milieu, das Frauenszenemilieu, Alternativmilieu dann mit kleineren Bürgerinitiativen. Auf dem Parteitag der SPD, Dezember 1979, wo es um den NATO-Doppelbeschluss ging, trat das Thema Atomwaffen in mein Leben. Zu dem Parteitag bin ich wegen der Atomenergie hingegangen, ich hatte nämlich mit vielen Antiatomgruppen aus Berlin eine große Demonstration organisiert, die war aber ursprünglich zu dem Thema Atomenergie gedacht, weil das Thema Atomwaffen bei uns noch nicht angekommen war.

Durch diesen NATO-Doppelbeschluss ist das Thema Atomwaffen so in den Vordergrund gekommen. Das hat mich unheimlich geschockt. Ich hatte das Gefühl, ich wusste, dass in Hiroshima was Furchtbares passiert war. Ich hatte gedacht, die Menschheit hätte daraus gelernt und natürlich danach keine Atomwaffen mehr gebaut. So war mein wunderbar behütetes Weltbild, dass ich gedacht habe, die Menschheit lernt aus Verbrechen und Gefahren. Das hieß dann aber für mich, noch größeres Engagement gegen die Stationierung von Atomwaffen in Europa. Es hatte eine Brisanz für mich, stärker als Gorleben. Unmittelbar etwas aufzuhalten. Ich bin, glaube ich, drei Jahre lang fast jedes Wochenende in Gorleben gewesen. Also bin ich dann weniger nach Gorleben gefahren, sondern nach Mutlangen, in den Hunsrück und nach Washington und Moskau, und auch nach China wegen der Atomwaffendebatte.

Durch den NATO-Doppelbeschluss bin ich in die Friedensbewegung hineingeraten, habe aber versucht, meinen Freunden und Erfahrungen treu zu bleiben, indem ich Frauenökologie und das Frauen-Anti-Atom-Thema in die Friedensbewegung hineintrug, ebenso das Milieu der Bürgerinitiativen. Feministische Aspekte einzubringen und Erfahrungen aus Bürgerinitiativen, Frauenökologie und alternativem Szenemilieu, das brachte auch frischen Wind in die Friedensbewegung. Es war aber auch teilweise schwierig, trotz Gegenwind und Blockaden ernst genommen zu werden.

So habe ich dann »Frauen für Frieden« gegründet, zusammen mit Eva Epple aus dem Vor-

stand der DFG-VK [Deutsche Friedensgesellschaft – Vereinigte KriegsdienstgegnerInnen], die mit Bertha von Suttner ein Vorbild für mich war. Ich habe uns dann »Anstiftung der Frauen zum Frieden« genannt, weil ich dachte, hier in Berlin muss es ein bisschen radikaler und ein bisschen spitzer sein. Ich halte es auch für den besten Feminismus, wenn er gleichzeitig Kritik an Frauen enthält und die Frauen auch ein bisschen schubst.«

Das »Frauen-Frieden-Umwelt-Thema« bringt Eva 1980 auch auf die erste UNO-Welt-Frauenkonferenz nach Kopenhagen. Für sie ist die Verbindung von Ökologie- und Frauenbewegung kein Widerspruch: »Die Aufwertung der unsichtbaren Arbeit von Frauen ging bei mir damit zusammen, die unsichtbare Arbeit der Natur zu schätzen.« Ohne Frieden ist aber weder das eine noch das andere möglich: Aktivitäten gegen die Stationierung von Atomraketen und für Frieden folgen, sie fungiert als Geschäftsführerin im Koordinierungsausschuss der bundes- und europaweiten Friedensbewegung der 1980er Jahre. Eine Reise nach Hiroshima zu den Strahlenopfern, die zu diesem Zeitpunkt vierzig Jahre im Krankenhaus verbracht haben, um andere nicht zu gefährden, folgt: »Reisen hat mir immer Kraft gegeben. Auch wenn einige Bilder mich bis heute bedrücken. Ich denke, wahrscheinlich bin ich dann im gewissen Sinne auch anders auf Tschernobyl vorbereitet gewesen.«

Und wie erlebt Eva, die sich zu diesem Zeitpunkt schon seit einem Dutzend Jahren mit der Thematik auseinandersetzt, die Reaktorkatastrophe? »Als ich die Nachricht von Tschernobyl am 29. April auf dem Fernsehschirm sah, wusste ich instinktiv: da ist was Schlimmes passiert. Das wird Auswirkungen bis zu uns haben und mir sind sofort die Frauen eingefallen, die ich in Hiroshima gesehen hatte, und schwangere Frauen. Du musst vollkommen verantwortungsvoll und wahnsinnig klar handeln und es wird lange dauern und du brauchst jetzt ganz viel Kraft.

Die Meldung lief über den Ticker, dass in Schweden eine höhere Strahlung gemessen wurde und ich wusste, dass die Windrichtung und -stärke ganz wichtig sind, so habe ich die Botschaften Schwedens und der UDSSR angerufen.

Ich habe einen Krisenstab vorgeschlagen in der grünen Bundestagsfraktion und als Mitglied des Bundesvorstandes der Grünen die erste Presseerklärung bundesweit am 29.4.1986 herausgegeben, um die Öffentlichkeit zu alarmieren und die Politik in die Pflicht zu nehmen. Daraufhin meldete sich erst die Presse, ich wurde aber nur vom ausländischen Radio und Fernsehen interviewt. Ich glaube bei den deutschen Medien gab es eine Informationssperre.

Intern gab es aber Querelen dazu, weil die Vorsitzende Jutta Ditfurth das eigentlich hätte machen müssen, die aber ausgerechnet zu dem Zeitpunkt sich nicht meldete.

In der ersten Krisensitzung der Bundestagsfraktion regte ich ein BürgerInnentelefon und Aktionen zur Sicherung genauer und freier Informationen an, und dass Eltern und Mütter ihre Kinder nicht in die Schule oder auf Arbeitsplätze schicken sollten, was praktisch eine Art Streik der Mütter geworden wäre. Doch auf diese schnellen Hilfsaktionen von mir, um die Bestrahlung der Kinder und der Bevölkerung auch am 1. Mai zu reduzieren, wurde in den ersten Tagen nicht gehört. Die erste Pressekonferenz der Grünen mit Jutta Ditfurth und Jens Scheer in Bonn hat zwar mehr allgemein die Schließung der Atomkraftwerke gefordert, eine Forderung, die ich ja auch jahrelang in der Frauen- und Anti-Atom-Bewegung und bei den Grünen vertreten habe, aber mir hat der Aspekt der unmittelbaren Hilfe gefehlt.

Ich habe dann wegen der Blockaden, die ich in der BRD erlebt habe, die Reise zur ersten Ökologiekonferenz Brasiliens angetreten, weil ich dachte, dann kann ich wenigstens die Brasilianer direkt und schnell noch vor dem Fall-out warnen, der ja um die ganze Welt ging.

Dort habe ich dann jeden Tag Interviews zur Gefahr der Atomenergie und des Fall-out gegeben und vor dem von Deutschland mitgebauten AKW dort mit Brasilianern demonstriert, von denen einige später dort die Grünen gründeten.

Dann habe ich gedacht, ich muss zurück in die Heimat. Ich dachte, alles wäre verseucht, ich dachte, der ganze Boden, das Wasser, alle Lebensmittel wären verseucht.

Als ich zurückkehrte, war ein größeres Bewusstsein da, und es wurde ein Sonderparteitag der Grünen vorbereitet am 16. Mai in Hannover, speziell als Reaktion auf Tschernobyl. Andererseits standen die Landtagswahlen in Niedersachsen an und da ging es mir darum, ein rot-grünes Bündnis möglich zu machen.«

Die Stimmung auf dem Sonderparteitag beschreibt Eva als sehr angespannt. Wegen des Super-GAUs in Tschernobyl gibt es eine Schweigeminute. Sofort nach der Schweigeminute soll Eva sprechen. Ihre Rede hält sie – und erleidet eine Herzattacke. »Von daher ist Tschernobyl ganz eng mit meinem Leben verbunden. Mein ganzes Herz ist mit Tschernobyl verbunden. Danach musste ich langsam wieder leben lernen.«

Im gleichen Jahr noch gehen die Aktionen weiter. »Wir haben ein Frauenfrühstück und Picknicks in Berlin gemacht und dabei Flugblätter verteilt. Eine Frauen-Anti-Atomkette haben wir im Herbst 1986 gemacht, mit bestimmt 1.000 Frauen. Es gab Demos und Kunstaktionen, einen Kongress der Bundestagsfraktion mit einer Rede von mir und Petra Kelly zum Thema Frauen in der

Ökologie- und Antiatombewegung Oktober 1986[1]. Auf der internationalen Frauenkonferenz in Moskau im Juni 1987 haben Petra Kelly, Helen Caldicott und ich das Thema angesprochen und sind damit natürlich bei den Funktionärinnen angeeckt.«

Das Thema lässt sie auch danach nicht los: »Der Schritt 1989 ins Europaparlament[2] war noch mal ein Lernprozess, in einem ganz anderen Milieu.« Vom Europaparlament ausgehend engagiert sich Eva Quistorp für die Opfer der atomaren Verseuchung und für Aufklärung. Dafür reist sie auch vor Ort. So zum Beispiel ins Kernkraftwerk Nord in Greifswald-Lubmin im Jahr 1990 oder direkt nach Tschernobyl und Minsk. »Ich bin dann 1991 im April als Europaabgeordnete in Tschernobyl gewesen und habe dort auf dem Platz in Kiew geredet. Mit Paul Lannoye zusammen habe ich die Tschernobylhilfe im Europäischen Parlament organisiert und mit ›Frauen für Frieden und Ökologie‹ die Tschernobylkinderhilfe. Im Umweltausschuss habe ich einen Bericht zur Erhöhung der Subventionen von erneuerbaren Energien um 50% wie auch des Anteils der Frauen an der Forschung, eine 50%-Reduktion der Subventionen für Atomforschung und die Streichung des Genomprojektes durchbekommen und eine Debatte um den Euratomvertrag wie für die Ökosteuer europaweit angestoßen.«

Vom Frauen-Ostermarsch in Gorleben 1980 und von einem Frauenfrühstück von 1989 drückt Eva uns Originalflugblätter in die Hand. Es gäbe dutzendweise Plakate, Fotos, Bücher, Briefe zu bestaunen. Bis fünf Uhr morgens hat Eva Quistorp für uns Zeitungsartikel und Dokumente herausgesucht, die zum Thema passen und ist deshalb ziemlich müde. Sogar die Presseerklärung von 1986, die allererste weltweit, wie sie nochmal betont, hat sie wiedergefunden. Geschähe so

Die Europaabgeordnete Eva Quistorp in der Schaltzentrale des AKW Greifswald-Lubmin. Handschriftlicher Text von ihr auf der Rückseite: »Das Lächeln wider die Mächtigen der Welt, wider die Herrschaft über die Schöpfung – ein heiterer Moment von Aufklärung durch alle Sinne«

21

etwas heute, könnte man das alles im Internet nachlesen – unter anderem auf Evas Homepage[3].

Heute ist überhaupt vieles anders. Welche Unterschiede sieht Eva Quistorp in der politischen Arbeit früher und heute? »Mit Tschernobyl kam der Schocker, dass die Gefahr real wurde und damit auch das Thema Angst und unmittelbare Betroffenheit. Was anders war als heute, ist, dass damals ein Schock voll erlebt werden konnte. Ich finde, es ist viel schwieriger geworden, dieses Mitgefühl für die Leiden in der Welt zu erleben, obwohl es fast mehr Anlässe dafür gibt, aber auch eine abstumpfende Medienbilder- und Sensationsflut. Die Welt ist viel schizophrener, es gibt so viel Heuchelei, so viel Doppelbödigkeit. Genauso gefährlich wie ich die Atomkraftwerke finde oder Atomwaffen, finde ich einen Teil der globalen Medien, weil sie nicht das Wasser und die Erde zerstören, aber auf der seelischen, intellektuellen, geistigen und kulturellen Ebene, die dann auch ins Soziale hineinreicht – Solidarität und Ausdauer – genau das kaputt machen. Inzwischen sehe ich das als parallele Bedrohung.«

Eva kritisiert die Informationsauswahl der Medien, die zum einen in »kleinen Schnipseln serviert wird« und andererseits ihrem Wahrheitsanspruch durch die rein negative Berichterstattung nicht entspräche. »Nur negative Nachrichten sind auch Lüge. Denn sie informieren nicht darüber, wie viele lebens- und friedenserhaltende, barmherzige Handlungen geschehen, wie z. B. einfache Leute Kinder aus Tschernobyl betreuen, oder in zehntausend anderen sinnvollen Projekten arbeiten. Das lassen die angeblich wegen der Quote gar nicht zu.«

Eva findet, dass die »kritische, mitfühlende Wahrnehmungsfähigkeit« gefördert werden muss, auch gegenüber dem Zeitgeist des Neoliberalismus in einer grenzen- und schamlosen Konsum- und Spaßgesellschaft. »Keine Grenzen haben ist einerseits Befreiung, andererseits muss etwas auch ›heilig‹ sein dürfen.« Deswegen ist Eva gegen eine mit Industrie und Militärkomplexen verfilzte Wissenschaft, die Atome und Gene spaltet bis ins Kleinste, die keine Rücksicht nimmt auf die Langzeitfolgen. Der Respekt vor der Schöpfung, den Kulturen der Liebe – wie das Wunder der Geburt und Mutterschaft oder das würdige Sterben – sind ihr wichtig. Neben der Umweltzerstörung ist auch die Kulturzerstörung zu betrachten, für die die Theologin, Lehrerin und Aktivistin ebenfalls eine über lange Jahre geschulte Sensibilität und Wahrnehmungsfähigkeit entwickelt hat. Manchmal ist sie dabei sehr hoffnungsvoll, spricht voller Visionen und positiver Erinnerungen, ein anderes Mal

ist sie den Tränen nahe. Ganz persönlich, ganz nah hat das Thema Atomenergie und Atomwaffen, die Unmittelbarkeit der unsichtbaren Zerstörung, immer mit ihr zu tun. Ihre starke und essentielle – ja existentielle Verbindung zur Natur – spielt in ihren Aktivitäten eine große Rolle.

Sie schlägt auch Brücken zwischen den Generationen, sieht mit beinahe gerührtem Blick ihre zwei Besucherinnen »japanisch« und »bitte ohne Schuhe« auf dem Teppich zwischen den Papierstapeln sitzen. Zum Abschied schenkt sie uns Schokolade, natürlich Bio und Fair Trade. Die nächste Generation, ihre Hoffnung ... Wir sind ein wenig erschöpft und nachdenklich und voller neuer Eindrücke nach diesem anregenden und eindringlichen Gespräch mit Eva Quistorp.

Das Gespräch führten Isabelle Faragallah (19) und Juliane Grüning (31).

Anmerkungen:

1 Die Grünen im Bundestag/AK Frauenpolitik (Hg.) (1987): Frauen und Ökologie. Gegen den Machbarkeitswahn. Kölner Volksblatt Verlag

2 Eva Quistorp ist für die Grünen von 1989–1994 im Europaparlament

3 Biografie, »Frauen für Frieden« und eine Erklärung gegen den Irakkrieg: www.berlin-declaration.org

Renate Schmidt

Rede im Deutschen Bundestag am 14.5.1986
anlässlich der Tschernobyl-Debatte

Vizepräsident Cronenberg: Das Wort hat die Abgeordnete Schmidt (Nürnberg).

Frau Schmidt (Nürnberg) (SPD): Sehr geehrter Herr Präsident! Sehr geehrte Herren und Damen!

(Eigen [CDU/CSU]: Wer hat da Lügenminister gesagt? So geht das doch auch nicht! Hier wird der Innenminister beleidigt! – Weitere Zurufe von der CDU/CSU und Gegenrufe von den GRÜNEN)

Vizepräsident Cronenberg: Ich möchte Sie herzlich bitten, mit den Zwischenrufen aufzuhören und die notwendige Ruhe wiederherzustellen.

Frau Abgeordnete, Sie haben das Wort.

Frau Schmidt (Nürnberg) (SPD): Sehr geehrter Herr Minister Zimmermann, genau diese Art der mangelnden und trotzdem zur Schau gestellten Sensibilität, genau diese, Ihre Art der Information

(Schulte [Menden] [GRÜNE]: Desinformation!)

hat die Ängste in der Bevölkerung bewirkt. Wir haben heute beinahe das gesamte Kabinett – zumindest einen wesentlichen Teil davon – gehört. Ich frage mich, was die Bürger, die zu Hause an den Fernsehapparaten sitzen und sich von dieser Diskussion Aufklärung und Beseitigung ihrer Ängste versprechen, soweit diese zu beseitigen sind, und was wir in dieser Frage heute von diesem Kabinett erfahren haben.

(Beifall bei der SPD und den GRÜNEN – Zuruf von der SPD: Nichts!)

Es geht eben nicht darum, dass honorige, 50 bis 60 Jahre alte Minister beinahe oder scheinbar wagemutig, in jedem Fall aber werbewirksam im Fernsehen ein Glas Frischmilch trinken, und es geht nicht darum, Frau Ministerin Süssmuth, Sprachregelungen zu finden, wie Sie sie am 6. Mai gefunden zu haben glaubten: »Der Gesundheitsschutz ist erreicht; wollt ihr zusätzlich etwas tun, dann könnt ihr erwägen, ob ihr beim Bodenkontakt durch Kinder vorsichtig seid.« Sie fügen hinzu: »Aber ich denke, es müsste für die Bevölkerung deutlich sein, dass ein Kind, das im Sandkasten spielt, nicht gesundheitsgefährdet ist« Ich frage Sie: Woher nehmen Sie eigentlich diese verdammte Sicherheit?

(Beifall bei der SPD und den GRÜNEN)

Ich habe sie nicht, wenn mich meine Tochter fragt, wohin sie jetzt mit ihrem zwei Wochen alten Kind und ihrer zweijährigen Tochter gehen soll, was sie kaufen darf, wo ihre Tochter spielen soll. Die Mütter, die von uns Aufklärung wollen, haben diese Sorgen.

(Beifall bei der SPD)

Ich werde schlicht wütend und ein bisschen traurig, wenn eine Frau als Gesundheitsministerin nichts anderes als Verharmlosung zu bieten hat. Was sagen Sie einer schwangeren Frau, wie sie sich in den nächsten Monaten ernähren soll, um ihrem Kind nicht zu schaden? Wo kann die stillende Mutter ihre Milch untersuchen lassen? Wie versucht die Bundesgesundheitsministerin sicherzustellen, dass uns Caesium, Strontium, Barium und Plutonium in den nächsten 10, 20, 30 Jahren in der Nahrungskette im geringstmöglichen Ausmaß begleiten? Diese Auskünfte hätte ich von Ihnen, Frau Süssmuth, schnell, deutlich und klar erwartet.

(Beifall bei der SPD und den GRÜNEN)

Ich mache Ihnen nicht zum Vorwurf, dass Sie – wie die meisten von uns – zunächst nicht oder nicht so ganz genau wussten, welche Spaltprodukte welche Halbwertzeiten haben, welche Maßeinheiten eigentlich was aussagen. Ich fand und finde es gut, dass Sie mit dem Anspruch angetreten sind, den Frauen Mut zu machen, in der Politik auch die unüblichen Fragen zu stellen, Fragen, die aus unseren Erfahrungen als Frauen kommen, Fragen, die gegen den Strich gehen. Aber Sie haben diese Fragen vergessen und sich als Verharmloserin, Beschwichtigerin und Lobbyistin benutzen lassen.

(Duwe [SPD]: Hört! Hört! – Pfeffermann [CDU/CSU]: Unglaubliche Unterstellung! – Zuruf von der CDU/CSU: Frechheit!)

Warum, so frage ich Sie, haben Sie sich nicht informiert, wie die Atomwaffentests Anfang der 60er Jahre gewirkt haben. Vorsichtige Schätzungen sprechen von 230.000 Kindern, die mit schweren geistigen und körperlichen Defekten geboren wurden, von 420.000 Embryos, die getötet wurden, und von 150.000 Menschen, die durch diese Tests gestorben sind bzw. noch sterben werden.

(Dr. Bugl [CDU/CSU]: Wer hat Ihnen denn diese Zahlen aufgeschrieben?)

Nun sagen uns andere Wissenschaftler

(Dr. Bugl [CDU/CSU]: Können Sie die Quelle angeben?)

– das ist von Linus Pauling; das habe ich aus einem Buch von ihm von 1979 entnommen –,

(Beifall bei der SPD)

das träfe nicht zu. Ich weiß es nicht und gestehe dieses Unwissen ein. Aber Sie, Frau Süssmuth, wissen das auch nicht.

(Beifall bei der SPD)

Ich behaupte nicht, dass mit Tschernobyl alle diese Gefahren verbunden sind; ich kann das nicht behaupten. Aber ich kann auch nicht das Gegenteil beweisen; keiner hier kann das. Ich frage Sie deshalb, warum Sie sich nicht auf die Seite derer begeben haben, die für die größtmögliche Sicherheit sind.

(Beifall bei der SPD und den GRÜNEN)

Bei den heute 20-, 25-jährigen, also unseren Kindern, lässt sich Strontium noch heute nachweisen. Was geschieht, wenn sie neuen, zusätzlichen Strahlendosen ausgesetzt sind? Keine **Gesundheitsgefahren**? Wo sind Ihre **Schutzvorschriften** für diejenigen geblieben, die z. B. im Tiefbau, die als Automechaniker, die als Garten- und Waldarbeiter, die in der Landwirtschaft arbeiten, wo die Bodenbelastung zunehmend stieg? In meiner Heimatstadt Nürnberg wurden gestern an einigen Stellen 20.000 Becquerel gemessen. Aber selbstverständlich, Sie tönen über den Fernsehschirm, das Spielen von Kindern in den Sandkästen sei nicht gesundheitsgefährdend.

Sie haben die Familien, die Mütter und Väter, mit ihren Ängsten allein gelassen. Wo bleibt diesmal die so dringend notwendige einheitliche **Aufklärung** in einer verständlichen Sprache, die die Menschen nachvollziehen können? Wo bleiben die Informationen für unsere ausländischen Mitbürger, die sie auch verstehen können? Auch die haben Kinder, und auch die wollen sie schützen.

(Beifall bei der SPD und den GRÜNEN)

Wo bleibt die Information, wie diese **Grenzwerte** für Milch und Gemüse zustande kommen? Warum liegen sie um soviel höher als die unbedenklichen Werte der Strahlenschutzverordnung? Auch hier sagen die einen Wissenschaftler, die Werte seien richtig, die anderen sagen, sie seien zu hoch, und die dritten sagen, sie seien zu niedrig. Ich weiß es nicht, aber Sie wissen es auch nicht.

(Zuruf von der CDU/CSU: Aber Sie reden darüber!)

Wenn Sie die unterschiedlichen Grenzwerte der Bundesländer beklagen, warum wurden nicht jeweils die niedrigsten empfohlen? Damit hätten Sie auf der sichersten Seite gelegen.

(Beifall bei der SPD)

Welche Gründe außer wirtschaftlichen können zu einer anderen Verfahrensweise geführt haben? Haben Sie, Frau Süssmuth, hier Gesundheitsinteressen durchgesetzt? – Nein, Sie haben sich auch hier benutzen lassen,

(Beifall bei der SPD und den GRÜNEN – Eigen [CDU/CSU]: Das ist eine Unverschämtheit, was Sie da sagen!)

um die Vermarktungschancen von Milch und Gemüse zu erhöhen, Schadenersatzforderungen von zu Recht empörten Bauern, Händlern und des Lebensmitteleinzelhandels gering zu halten.

Wie konnte es passieren – ich habe bis heute keine Erklärung dafür , dass in Italien für 15 Tage ein Verkaufsverbot für Blattgemüse verhängt wurde und gleichzeitig unsere Märkte von italienischem Blattspinat, Kopfsalat und Kräutern überquollen? Wenn sich schon der Innenminister auf das Zurückschicken von Autos aus dem Ostblock beschränkte, hätte nicht die Gesundheitsministerin gemeinsam mit ihren Länderkollegen dafür sorgen müssen, die Gemüseimporte auch aus EG-Ländern, auch aus Holland, auch aus Belgien zu überwachen?

(Beifall bei der SPD und den GRÜNEN)

Warum haben Sie als die für die Gesundheit Zuständige gestern nichts zu den Äußerungen des Regierungssprechers gesagt, der sagte, niemand brauche Bedenken zu haben, Gemüse, Kräuter, Gewürze, Fleisch zu essen? Am selben Tag, als das gesagt wurde, wurden bei uns in Nürnberg je Kilo Feldsalat 1.920 Becquerel und je Kilo Spinat 1.470 Becquerel gemessen. Aber natürlich, keine Mutter braucht sich Sorgen zu machen. Außerdem haben wir ja erfahren, dass es viele gibt, die angeblich falsch messen.

Wie erkläre ich in Bayern, dass es zwar notwendig ist, Fleisch, Gemüse, Milch aus der Tschechoslowakei und der DDR mit einem Importstopp zu belegen, dass die gleichen Lebensmittel aber 50 km weiter aus Bayern unbedenklich sind? Hat die Bundesregierung da irgendwelche Erkenntnisse? Warum gelten diese Erkenntnisse dann für die DDR-Kuh und nicht für die bayerische? Oder soll ein Handelskrieg oder eine Strafaktion durchgeführt werden? Warum wurde ausgerechnet an dem Tag, als alle Landwirtschaftsminister der Länder dies für bedenklich hielten, vom Bundeslandwirtschaftsminister der Weideauftrieb empfohlen?

Dass die Katastrophe von Ihrem Kollegen Zimmermann unterschätzt und von Ihnen anfangs nicht zur Kenntnis genommen wurde, ist nicht Ländersache. Dass Messergebnisse teils an Ihr Ministerium, teils an das Innenministerium gingen, ist nicht falsches Krisenmanagement der genannten Länder, sondern mangelnde Abstimmung in der Bundesregierung. Nichtausreichende und unterschiedliche Messgeräte, Uneinigkeit über die Wirkung des Waschens von Gemüse, Ahnungslosigkeit, wie verseuchte Fahrzeuge entgiftet werden sollen,

(Lachen bei der CDU/CSU)

all das war Ihr Versagen und das Versagen der Bundesregierung.

(Zuruf von der CDU/CSU: Blödsinn!)

Die Bundesregierung und auch Sie, Frau Ministerin, haben Entwarnung gegeben, obwohl die Werte in der Luft erheblich schwankten und in Atemhöhe von Kindern nicht überall ungefährlich sind. Verseuchte Milch wird jetzt zu Käse gemacht, verseuchtes Gemüse wird teils umgepflügt, und so ist auch durch Ihre Mithilfe gesichert, dass uns und unseren Kindern Tschernobyl in »strahlender« Erinnerung bleiben wird. Warum hat eigentlich das erste Gespräch auf Ministerebene erst gestern stattgefunden?

(Beifall bei der SPD und den GRÜNEN)

Hätten nicht viele Verunsicherungen durch rechtzeitige Abstimmung vermieden werden können? Auch das ist Ihre Sache.

Ich fordere Sie deshalb auf, dass alle **Lebensmittel,** die als nicht zum Verkauf geeignet bewertet werden, so vernichtet werden, dass sie nicht in den Nahrungskreislauf gelangen können.

(Beifall bei der SPD und den GRÜNEN)

Ich fordere Sie auf, gemeinsam mit den Ländern die **Messungen** flächendeckend fortzuführen und insbesondere auf die bisher nicht gemessenen Spaltprodukte auszudehnen.

Ich fordere Sie auf, gemeinsam mit den Ländern schnellstmöglich dafür zu sorgen, **Babynahrung** verstärkten Kontrollen zu unterziehen und in allen Bundesländern **Trockenmilch** für Kleinkinder zur Verfügung zu stellen. Es ist ein Skandal, wenn in Bayern Trockenmilch nur in geringen Mengen vorhanden ist. In Nordrhein-Westfalen war dagegen dafür gesorgt, dass für alle beunruhigten Eltern Trockenmilch vorhanden ist. Mir wurde vom Landwirtschaftsministerium gesagt: »Die sollen doch Frischmilch trinken.« Das ist Ihre Art von Ängstebeseitigung!

(Beifall bei der SPD und den GRÜNEN – Zuruf von der CDU/CSU: Das ist auch richtig! Die kann man auch trinken!)

Ich fordere Sie auf, die verharmlosenden **Grenzwerte** zurückzunehmen und Werte festzulegen, die einen **optimalen Gesundheitsschutz** gewährleisten.

Ich fordere Sie auf, sich als Anwältin für die Gesundheit unserer Bürger in die Diskussion über die **Novellierung des Strahlenschutzrechts** einzumischen und zu verhindern, dass den Betreibern von Wackersdorf eine Morgengabe dargebracht wird, indem das Strahlenminimierungsgebot teilweise aufgeweicht, teilweise gestrichen werden soll und die zulässigen Grenzwerte in der Luft und der Nahrung erhöht werden.

(Zuruf von den GRÜNEN: Dazu ist diese Frau nicht in der Lage!)

Gesund leben soll modern werden, haben Sie gesagt, und Sie haben dem vorbeugenden Gesundheitsschutz das Wort geredet. Mit der Erfüllung dieser Forderungen könnten Sie Ihre eigene Modernität beweisen.

Auch ich halte die Informationspolitik der Sowjetunion für menschenverachtend.

(Zuruf von der CDU/CSU: Tatsächlich?)

Vergessen sind aber inzwischen wohl die mangelhaften Informationen zu Harrisburg und Windscale. Tschernobyl – vielleicht ist es interessant, sich auch daran einmal zu erinnern – wurde von CDU-Politikern hier in diesem Plenum und von bundesdeutschen Ingenieuren noch vor zweieinviertel Jahren für sicher gehalten und unsere Kernkraftwerke für noch ein bisschen sicherer.

(Zurufe von der CDU/CSU: Wer war das denn?)

So bleibt bestehen –

(Zurufe von der CDU/CSU: Wer war denn das?)

– Das kann ich Ihnen –

(Unruhe bei der CDU/CSU – Glocke des Präsidenten – Zurufe von der CDU/CSU: Namen!)

– Wenn ich jetzt deren Namen alle nennen würde – Ich reiche Sie Ihnen nach; die kann ich Ihnen nachreichen!

(Glocke des Präsidenten)

Vizepräsident Cronenberg: Meine Herren, ich möchte Sie eindringlich bitten!

(Zuruf von der CDU/CSU: Sie soll doch nur die Namen nennen! – Weitere Zurufe von der CDU/CSU)

– Sie können sich später dazu äußern! Allen Ernstes bitte ich Sie, die entsprechende Ruhe wiederherzustellen!

(Anhaltende Zurufe von der CDU/CSU – Pfeffermann [CDU/CSU]: Das ist die Unwahrheit!)

– Herr Abgeordneter Pfeffermann, ich möchte Sie eindringlich bitten, nun die notwendige Ruhe herzustellen!

(Zuruf von der CDU/CSU: Aber sie soll die Wahrheit sagen!)

Frau Schmidt (Nürnberg) (SPD): Ich sage die Wahrheit! Ich kann Ihnen die Fundstelle nennen, aber ich weiß die Namen leider nicht alle auswendig. Auch Ihren habe ich mir bisher nicht merken können. Woran mag das nur liegen?

(Beifall bei der SPD)

So bleibt bestehen: Auch bei uns kann niemand ein Unglück ausschließen, nicht einmal der Bundesinnenminister oder der Bundesforschungsminister. Deshalb müssen wir uns von dem Glauben der Beherrschbarkeit jeder Technologie durch den Menschen trennen.

(Beifall bei der SPD und den GRÜNEN)

Sozialdemokraten haben hier keinen Grund zur Selbstgerechtigkeit; aber wir sind Manns und Weib genug zu sagen, dass wir heraus wollen aus einer Energieversorgung, die uns und unseren Kindern unkalkulierbare Risiken aufbürdet, übrigens nicht erst seit Tschernobyl.

(Zuruf von den GRÜNEN: Aber bitte schnell!)

Wer unsere Parteitagsbeschlüsse von Berlin 1979, München 1982 und Essen 1984 liest, der sieht sehr deutlich, dass unser Ziel eine **sichere Energieversorgung ohne Kernenergie** ist. Nur müssen und werden unseren Absichtserklärungen jetzt auch Taten folgen.

(Beifall bei der SPD)

Dass dies geht, sagt der bisherige Kernkraftbefürworter Karl Friedrich von Weizsäcker in dem Vorwort eines Abschlußberichts zu den Grenzen der Atomwirtschaft, der vom Bundesforschungsminister bisher offiziell nicht vorgestellt worden ist. Die beiden beauftragten Wissenschaftler, die Professoren Meyer-Abich und Schefold, kamen zu dem Ergebnis, dass die Bundesrepublik vor der Entscheidung stehe, die endlichen Energielieferanten Holz, Kohle und Erdgas langfristig durch viele Atomreaktoren und Schnelle Brüter oder durch Sonnen-energie und Energieeinsparung zu ersetzen. Beides sei zu gleichen Kosten und ohne verringerten Lebensstandard möglich.

Kurz- und mittelfristig können wir durch Modernisierung von Kohlekraftwerken und durch die Reduzierung des Überangebots an Strom von der Kernenergie wegkommen. Wir setzen auf Technologien, die ohne Polizeischutz anwendbar sind. Deshalb ist nicht etwa der Ausstieg aus der Kernenergie – wie Herr Geißler meint – ethisch nicht vertretbar, sondern das weitere Setzen auf eine nicht be-herrschbare und damit von niemandem verantwortbare Technologie.

(Beifall bei der SPD)

Deshalb sagen wir nein zu Kalkar und nein zu Wackersdorf.

(Berger [CDU/CSU]: Sie sagen zu allem nein!)

Wir werden den schrittweisen Ausstieg aus der Kernenergie betreiben, und wissen, dass wir diese Schritte im Interesse der Gesundheit und des Lebens unserer Kinder ein ganz klein bisschen rascher gehen müssen als bisher.

(Beifall bei der SPD und bei Abgeordneten der GRÜNEN)

Vizepräsident Cronenberg: Meine Damen und Herren, zunächst einmal möchte ich dem Abgeordneten Schulte (Menden) für seinen Zwischenruf am Ende der Rede des Ministers, in dem er den Minister der Lüge bezichtigt, einen Ordnungsruf nach § 36 unserer Geschäftsordnung erteilen.

Dann erlauben Sie mir den Hinweis, dass dieser Raum sicherlich für Debatten vorgesehen ist, aber nicht für Debatten untereinander. Ich wäre Ihnen dankbar, wenn Sie der nun nachfolgenden Rednerin, der Ministerin für Jugend, Familie und Gesundheit, Frau Professor Süssmuth, die notwendige Aufmerksamkeit schenken und Ihre Privatgespräche einstellen würden.

Quelle:

Deutscher Bundestag – 10. Wahlperiode – 215. Sitzung. Bonn, Mittwoch, den 14. Mai 1986. Hervorhebungen im Original. Mit freundlicher Genehmigung der damaligen SPD-Abgeordneten und späteren Ministerin für Familie, Senioren, Frauen und Jugend, Renate Schmidt.

Bärbel

Ins haus geflattert, d. h. von anne vorbeigebracht wurde eine postkarte mit
der Aufschrift: Am 26. april jährt sich der reaktorunfall von tschernobyl
zum 20. mal. Wissen sie noch was sie an diesem tag gemacht haben? Bärbel
überlegte. Klar die bilder von dem brennenden und rauchenden reaktorblock
hatte sie noch präsent vor augen, wahrscheinlich würde sie den reaktor von
Tschernobyl unter allen wiedererkennen. Diese bilder – aus hubschraubern
gefilmt – gingen um die welt. Schnell war klar, es war nicht nur ein
unfall, sondern der größtmöglich anzunehmende unfall, ein sog. GAU; etwas
das es bis dato nicht gegeben hatte und das sich auch in seiner geschichte
zum glück noch nicht wieder ereignet hat. Bärbel und ihre freundinnen waren
allesamt schockiert. Das horrorszenario, das atomkraftgegnerinnen an die
wand gemalt hatten, war wirklichkeit geworden.

Deutlich erinnerte bärbel sich an die kurz nach der katastrophe öffentlich
bekannt gemachten werte der radioaktiven rauchwolke, die sich auf den weg
nach europa machte. Sie begann sofort hamstereinkäufe zu tätigen. Hein und
sie aus der 4-er wg schmissen die kohle zusammen und in den nächsten drei
tagen gab bärbel vornehmlich im nahegelegenen aldi 1.500,– DM für
lebensmittel aus, Sie kaufte nicht von jedem etwas, sondern so: eine kiste
geschälte tomaten, eine kiste mais, eine kiste champignons …

In dem kleinen kellerraum in der gartenstr. baute sie provisorisch aus
vorhanden brettern und steinen eine regalwand in der die kisten gestapelt
wurden. Und in den nächsten monaten ging die wg im keller einkaufen; richtig
mit einkaufsliste und einkaufskorb, und bezahlt wurde in ein altes
marmeladenglas aus dem hein und bärbel ihre kohle zurückbekamen. Alles was
vor der katastrophe geerntet und verarbeitet war, avancierte zum begehrten
lebensmittel dessen verzehr als unbedenklich ausgewiesen war. Dagegen wurden
die frischen kräuter, die im blumenkasten in der dachrinne wuchsen, sofort
in die mülltonne entsorgt.

Heidrun Frautschi

(Auszug aus dem noch unveröffentlichen buch: Heidrun Frautschi: bärbel.
episoden einer akuten exerbation einer schizophrenie. autobiografischer
roman)

Anja Röhl

Wir lassen uns unsere Angst nicht ausreden!

Am 29.4.86 ging ich nachmittags gegen halb sechs zu einem Radierkurs in das Kreuzberger Künstlerhaus. Ich war etwas früher gekommen und lehnte mich im ersten Stock aus dem Fenster: der Himmel war blau, die Sonne schien, alles war friedlich. Ich hatte von dem Unglück in Tschernobyl gehört, aber die Pressemitteilungen waren am Anfang sehr unklar. Das Unglück schien weit entfernt, direkte Auswirkungen würden wir hier kaum spüren können. Trotzdem fühlte ich mich sehr bewegt durch das Wenige, was ich bis dahin gehört hatte.

Erst im Laufe des Abends erfasste ich die Katastrophe in ihrem vollen Ausmaß. Nun wurde auch das Wort Super-GAU ausgesprochen in den stündlichen Nachrichten der Radiosender. War uns nicht gesagt worden, als wir in früheren Jahren in Brokdorf und Gorleben protestierten, dass so ein GAU nur alle 10.000 Jahre einmal vorkommt?

Die Radiosender vermittelten uns, dass überhaupt keine Gefahr für die hiesige Bevölkerung bestünde, man habe alles im Griff. Allerdings sei es besser, keinen frischen Salat zu essen und Kräuter aus dem Garten lieber stehen zu lassen.

In den nächsten zwei Tagen und Nächten schlief ich kaum und saß nur am Radio. Die Nachrichten überschlugen sich. Freunde erzählten mir, dass im Krankenhaus die Radioaktivitätsmelder, die das Personal an den Kitteln trage, am 29.4.

so weit ausgeschlagen hätten, dass man sie für kaputt gehalten habe. Nichts sei mehr messbar gewesen.

In den darauffolgenden Tagen hieß es morgens regelmäßig, nun habe man das Problem endlich total im Griff, keinerlei Gefahr sei mehr zu befürchten. Aber abends hieß es dann ebenso regelmäßig, dass Schwangere und Mütter mit Kleinkindern Milch, Salat und den angekündigten Regen meiden sollten und besser zu Hause geblieben wären. Dies erfuhren wir nach einem strahlenden Tag, an dem wir natürlich mit allen Kindern samt Baby draußen auf dem Spielplatz gewesen waren.

An einem dieser lauen Frühlingsabende, als wieder einmal zu hören war, dass man besser zu Hause geblieben wäre, begriff ich es schlagartig: Nicht nur die Kinder vor Ort, auch meine Kinder waren akut gefährdet. Ich schloss die Fenster, putzte die Wohnung, weil ich gehört hatte, dass sich Radioaktivität im Staub ablagert, und begann wütend zu werden. Ich beschloss, mit den Kindern keinen Schritt mehr vor die Tür zu gehen.

Was sei anders geworden, ab dem 26.4.86, fragt ihr. Alles. Das Radio lief Tag und Nacht. Wir versuchten es vor den Kindern (3 Jahre, 1 Jahr, 5 Monate) möglichst undramatisch erscheinen zu lassen, ich las viel vor in dieser Zeit. Aber wir verbargen es nicht vor ihnen, wir belogen sie nicht. Wir erzählten ihnen, dass draußen etwas passiert sei, was man nicht sehen könne und dass wir etwas dagegen unternehmen würden. Als ich später die Fernsehsender stürmte, sahen unsere Kinder zu und wussten, dass ich gegen das, was da passiert war, kämpfte. Vier Wochen lang traf sich unser Kinderladen in unserer Wohnung. Parallel dazu ließ ich meine Muttermilch untersuchen – das war am dritten Tag nach dem Unfall. Ein neuer Schock, meine Milch war hoch mit Radioaktivität, mit Cäsium belastet. Eine Woche aß ich nichts Frisches mehr und der Wert sank wieder, so dass ich danach weiter stillen konnte.

Nach dieser Erfahrung beschloss ich, eine Gruppe stillender Mütter zu gründen. Es musste auch andere geben, die die gleichen Probleme haben. Siebzig Frauen kamen zu dem ersten Treffen, der Raum war viel zu klein. Wir beschlossen, eine Demonstration mit Ärzte- und Hebammenorganisationen zu organisieren, mit der Botschaft: sofortige Abschaffung aller Atomkraftwerke. Gleichzeitig forderten wir unbelastete Nahrung aus den Beständen des Berliner Senats für Notzwecke, vor allem das Milchpulver aus den Beständen, weil die Milch extrem hoch belastet war. Wir hatten dann davon gehört, dass sich in Kiel ebenfalls eine Gruppe von betroffenen Müttern gegründet hatte und nahmen Kontakt auf. Bald hatten wir über ganz Deutschland Kontakte zu mindestens zwanzig ähnlichen Gruppen, mit denen wir im nächsten halben Jahr sehr viele Aktivitäten durchführten: gemeinsame Demonstration in Bonn, in Brüssel, zum Europäischen Parlament usw. Zentrale Forderung war immer: Abschaffung aller Atomkraftwerke und Schutz der Stillenden und Kleinkinder durch Garantie auf unbelastete Nahrung. In Kiel hatten die Gruppen mit Prof. Dr. Wassermann vom Toxikologischen Institut Kontakt, der unser größter Unterstützer in der Wissenschaft wurde und sich dafür sofort den Ruf von Unseriosität einhandelte.

In Berlin fand die Hebammen- und Ärzte-Demo statt und ich hielt eine Rede, die meine ersten Tage nach dem Unglück beschrieben. Ich stand dabei etwas erhöht auf einem Podium, die Frauen unter mir weinten, während ich sprach, es war ergreifend.

Wir haben dann sehr schnell einen Verein gegründet, dessen Mitgliederzahl sofort auf 180 Frauen anwuchs. Mit der Idee, einen Warenkorb mit gemessenen Grund-Lebensmitteln mit Chargennummern zu veröffentlichen, hatten wir einen rasanten Mitgliederzuwachs. In den nächsten vier Wochen abonnierten über zweitausend Frauen den Infobrief und finanzierten damit den Warenkorb. So erging es allen anderen Gruppen auch, die Kieler Frauen beispielsweise wuchsen auf sechstausend, die Münchnerinnen auf fünftausend Mitglieder an.

In Berlin sollte für eine Strahlenmessstelle gesammelt werden, die aber leider Probleme hatte, mit uns zusammen zu arbeiten. Die GRÜNEN warfen uns vor, dass wir mit unseren Kindern Politik machten, und die Feministinnen warfen uns vor, dass wir unser Muttersein biologisierten. Wir verstanden uns aber von Anfang an als politische Gruppe, die gegen Atomkraft kämpfte. Die Bewegung in Berlin spaltete sich. Dominierend waren die organisierten Bewegungsmenschen, die häufig nicht die Sprache der Bevölkerung sprachen, die natürlich schon immer gegen Atomkraft gewesen waren, aber trotzdem im entscheidenden Moment fanden, dass wir uns affig hätten und hysterisch mit unseren Kindern seien. Sie rissen die Bewegung in Berlin an sich. In anderen Städten dagegen kam es zu sehr guten Bündnissen zwischen den Frauen-/Mütter-/Eltern-Organisationen und fortschrittlichen Wissenschaftlern. Während man dort sein Geld in einen Topf warf und sich gemeinsam in einem Verein organisierte, gab es in Berlin am Ende des Jahres zwei Organisationen: Dank einer Spende von 100.000 DM wurde das Strahlentelex geboren, ein sehr langweiliges, akademisch-wissenschaftliches Heftchen, in dem fortan nun auch Messungen mit Chargennummern veröffentlicht wurden. Doch wir ließen uns nicht entmutigen und eigneten uns in Lichtgeschwindigkeit die kompliziertesten physikalischen Informationen an, wir verbanden die Messwerte von Anfang an mit politischer Aufklärung. Später haben wir ein Kombi-Abo mit dem Strahlentelex vereinbart, damit wir uns nicht gegenseitig Konkurrenz machten.

Was mich heute noch erstaunt: Wir stammten aus den verschiedensten Bevölkerungsschichten, unsere einzige Gemeinsamkeit war, dass wir alle Säuglinge hatten, die wir stillten, und kleine Kinder. Es herrschte eine ungeheure Basisdemokratie und enorm viel Elan bei uns, wir arbeiteten Tag und Nacht an Flugblättern, Broschüren, Aufklärungsmaterialien. Uns flossen die Ideen nur so zu und wir hatten Erfolg und kamen in die Medien. Wir verschafften uns Einlass, wo immer wir wollten. Ich erinnere mich an eine größere Festivität, die der Senat anlässlich des Geburtstags von Otto Hahn, dem Vater der Atomspaltung, gab. Wir schmuggelten uns dort rein, ich ging zwischen zwei offiziellen Rednern auf die Bühne und nahm gegen Atomkraft Stellung. Ich sprach von Hiroshima und Nagasaki und Tschernobyl. Davon wollten sie wohl nichts wissen, denn ich wurde vom Podium gezerrt. Für die Presse war das natürlich wunderbar.

Später nahmen wir Kontakt zu Tschernobyl-Hilfsorganisationen auf und gründeten selber welche. Da war ich aber schon mit einer neuen Idee beschäftigt: Ich wollte alle Eltern gegen alle Umweltgifte organisieren und die Anti-AKW- mit den Anti-Chemie-Organisationen verbinden.

1991 gründete ich den Netzverband »Kind und Umwelt e.V.«, der die Zeitschrift KUM herausgab, Kind und Umwelt Magazin. Die Wende veränderte unsere Aktivitäten, Kontakte zu Umweltschützern aus dem Osten entstanden, aber die Mehrheit der Bevölkerung wurde von nun an von anderen Themen bewegt.

Es waren bewegte Zeiten damals, die uns geholfen haben, uns nicht ohnmächtig und hilflos zu fühlen. Wir haben unseren Kindern ein Beispiel vorgelebt, wie man sich erfolgreich wehren kann. Sie waren, sofern sie es wollten und die Luftwerte es erlaubten, auf allen Demos dabei. Wir haben die Arbeit, die kaum zu bewältigen und zu keinem Zeitpunkt bezahlt war, nicht nur für die Zukunft unserer, sondern aller Kinder getan und hatten dabei ein konkretes Ziel vor Augen: Die Abschaltung und Abschaffung aller Atomkraft, ob »friedlich« oder kriegerisch, weltweit. Wir engagierten uns 1991 vehement gegen den Golfkrieg. Die Strahlenlupe, auch eines unserer späteren Projekte, erreichte zwanzigtausend Menschen, allein in Berlin. 1998 musste ich die Folgezeitung »Kind und Umwelt Magazin« einstellen, da ich auch mal in einem rentenmäßig abgesicherten Job arbeiten musste. Das ist mir sehr schwer gefallen, wir hatten bis zuletzt an die zweitausend Abonnenten und Interessierte, aber so gut wie keine aktiven Mitglieder mehr. Man kann also sagen, mein Leben hat sich extrem durch Tschernobyl verändert. Politisch erlebte ich eine Periode schöpferischster und selbstbestimmtester Arbeit, ich erwarb Kenntnisse in Organisationsarbeit und Führungsqualitäten. Ich habe nie wieder so kämpferisch gelebt wie in dieser Zeit und die volle Kraft dessen, was eine/r allein bewirken kann, am eigenen Leibe gespürt. Ich habe meinen Kindern dadurch unschätzbar Wertvolles vermittelt, Kraft, Zuversicht und die Gewissheit, dass es sich lohnt, sich zur Wehr zu setzen.

33

Heute lebe ich dagegen geruhsam, arbeite als Dozentin an einer Erzieher- und Heilerzieherfachschule, übe mich verspätet im literarischen Schreiben, gebe Bildhauerkurse, male und fotografiere. Aber die politische Lage macht mich heute wieder traurig und verzweifelt, die Verschärfung der sozialen Unterschiede, der Abgrund, der zwischen Ost und West klafft, die Rückwärtsentwicklung, die alles in unserem Staat nimmt, all das führt dazu, dass ich mich heute wieder recht ohnmächtig fühle. Ich sehne mich wieder nach einer sinnvollen politischen Arbeit, die den Nerv der Zeit trifft, die einen beflügeln kann und mit der man etwas bewirken kann wie damals. Für jeden kommt einmal die Zeit, in der er gefordert ist. So eine Zeit war es damals für uns, für mich, als die Tschernobyl-Katastrophe über uns hereinbrach, als wir aus unserer Angst eine Kraft machten. Ich habe diese Zeit und diese Kraft genutzt, mit sehr viel Energie, mit sehr viel Wissenszuwachs, mit sehr viel Gewinn für mein Leben und ich glaube, auch mit Erfolg.

Rede bei der Hebammen-Demonstration Mai 1986 in Berlin

An jenem Sonntag, dem 5. Mai 1986, als in Berlin laut ›taz‹ 110 Bq/m³ Luft gemessen wurden, las ich in der Morgenpost einen Artikel mit der Überschrift: »Berlins Hausfrauen lassen sich keine Angst machen, trotz des Atom-Unglücks sind Obst und Gemüse gefragt«.

Ich möchte euch hier und heute sagen, was eine Frau in Harrisburg aussprach: »Wir lassen uns unsere Angst nicht ausreden!«

Sie haben uns belogen und belügen uns immer noch, die Herren Politiker, die offenbar nur vor einem Angst haben: Vor uns und unserer Entschlossenheit, ihre Vernichtungsanlagen nicht mehr länger hinzunehmen.

Ich habe drei kleine Kinder unter vier Jahren, von denen ich eines noch stille. Am Mittwoch vor dem 1. Mai war ich mit allen Kindern draußen. Mein jüngstes Kind hatte ich ausgezogen und in die Sonne gelegt. Am Abend erfahre ich »Sensationeller Anstieg der Strahlenwerte in der Luft am Spätnachmittag!« wie sich der Sprecher geschmackvoll ausdrückt. Der Wert von fünf Becquerel wird genannt. Ein falscher Wert, wie ich später erfahre, 46 Bq wurden in Ostberlin gemessen.

Am Donnerstag sinken die Werte, am Freitag auch, wir glauben ihnen. »Nicht der geringste Grund für Besorgnis, die Werte sind gesunken, die Gefahr ist gebannt«, tönt es aus allen Medien. Freitag und Samstag behalten wir die Kinder noch drinnen, da komme ich mir schon übervorsichtig vor. Am Sonntag lassen wir die Kinder das erste Mal wieder raus.

Sonntag Abend um 11 Uhr ruft mich ein Freund an und sagt, dass die Werte am Nachmittag wieder gestiegen waren, später erfahre ich: auf den höchsten Wert überhaupt, nämlich auf 110 Bq/m³ Luft. Ich schreie und ich weine und ich begreife, dass wir dem Ganzen hilflos ausgeliefert werden. Warum sind nicht sofort überall Lautsprecherwagen rumgefahren und haben die Bevölkerung gewarnt rauszugehen, warum sind wir dieser Strahlendosis so umsonst, so vorsätzlich ausgesetzt worden? [...] An jenem Sonntag packte mich die Verzweiflung, die Wut und die Angst. Warum wurden die hohen Werte nicht in der Tagesschau gesagt? Es ist etwas undenkbar Furchtbares eingetreten und wir werden nicht informiert, sondern an der Nase herumgeführt.

Die halbe Nacht wischte ich die Böden, duschte die Schuhe und wusch die Wäsche. [...] Ich weinte. [...] Ich musste an die Frauen in Harrisburg denken. Als dort der Unfall war, wurde den Menschen noch ein Tag vor der Evakuierung gesagt, dass sie unbedenklich Milch trinken und Erdbeeren essen könnten. Danach stieg die Kindersterblichkeit in den folgenden Monaten um 600% an.

An diesem Sonntag begriff ich, dass wir uns niemals auf offizielle Verlautbarungen verlassen können, dass unsere Politiker von einer fürchterlichen Panik ergriffen waren, nicht vor der Radioaktivität, nein, vor der Bevölkerung, dass diese aufstehen könnte und sagen: Nein, eine Vernichtungstechnologie wollen wir nicht mehr!

Die Tage danach waren schrecklich, jeden Morgen stand ich auf, sah die immer grüner werdenden Bäume, die strahlende Sonne, und dann fiel es mir wieder ein, und ich hockte mich vors Radio, oder hängte mich ans Telefon, um die richtigen Werte zu erfahren. Die Welt draußen erschien mir wie ein schreckliches Trugbild. [...]

Ich glaube wir brauchen keine Angst vor einer Panik der Bevölkerung zu haben, sondern nur Angst vor der Panik der Politiker, die bereit sind, durch ihre Angst um ihre Atomkraftwerke unser Leben aufs Spiel zu setzen. Die Grenzwertdiskussion, die jetzt in Gang gekommen ist, ist ein Witz und ein Schlag ins Gesicht jedes Menschen: Die schon bestehenden Grenzwerte werden willkürlich heraufgesetzt, damit für die vergifteten Lebensmittel noch Verkaufschancen bestehen. Wenn ein Kind einen Liter Milch trinkt, die mit 500 Bq Jod-131 belastet ist, so nimmt es die Dosis von 150 Millirem auf. Das sei völlig ungefährlich und entspräche einer normalen Röntgenaufnahme. Aber

wer würde wohl auf die Idee kommen seinem Kind alle zwei Tage eine Röntgenaufnahme zuzumuten? In den USA sind Langzeitstudien an Kindern durchgeführt worden, deren Mütter in der Schwangerschaft röntgenologisch behandelt worden sind. Bei diesen Kindern zeigte sich eine 40-50%ige Zunahme der Leukämierate bis zu ihrem 10. Lebensjahr.

Wir müssen uns darüber im Klaren sein, dass, wenn Wissenschaftler vom sogenannten Restrisiko sprechen, Tschernobyl gemeint ist, wo 100.000 Folgekranke zu erwarten sind, und wenn sie weiter von unwesentlichen statistischen Veränderungen sprechen, damit wir gemeint sind, denn unsere Kinder, unsere Säuglinge werden die Opfer dieses Unfalls sein. Die schädliche Wirkung von Jod-131 auf ein Embryo oder einen Säugling ist 100 Mal größer als auf einen Erwachsenen. Die amtlichen Stellen berechnen die für die Bevölkerung zulässigen Werte nach dem, was ein gesunder, erwachsener Mann von 70 kg Körpergewicht verträgt. Aber die Bevölkerung besteht nicht nur aus 70 kg schweren Männern, sondern vor allem aus Frauen und Kindern.

Lasst unsere Kinder nicht in der statistischen Anonymität versinken! Lasst uns bis zum Letzten gegen alle Atomanlagen kämpfen! Diese Technik ist nicht beherrschbar!

Was die Bevölkerung angeht, so bin ich optimistisch. Trotz ständiger sogenannter Entwarnungen änderten laut »Spiegel« 85% der Bevölkerung ihre Lebens- und Einkaufsgewohnheiten. Der Leiter des Fruchthofs Berlin spricht von einer 50%igen Verkaufseinbuße bei Obst und Gemüse. Das ist passiver Widerstand, aber es ist Widerstand. Nie war es der Bevölkerung so klar, dass sie belogen und betrogen wird. Wir müssen eine große Bewegung in Gang setzen, an deren Ende die Abschaffung aller Atomanlagen steht, eine andere Wahl haben wir nicht mehr!

Gerhild Kremsmair

Wie aus braven Bürgerinnen politische Akteurinnen wurden
Tschernobyl und seine Folgen in Salzburg

Salzburg, am Nordrand der Alpen gelegen, wurde durch den so genannten Fall-out schwer getroffen. Die radioaktive Wolke aus Tschernobyl entlud sich in der Nacht vom 30. April auf den 1. Mai 1986 mit einem sehr heftigen Gewitter über der Stadt und verursachte eine Spitzenbelastung, die sich in dreißig Jahren auf die Hälfte verringern und erst nach 300 Jahren den früheren Maximalwert erreichen wird.

Anfänglich war die Bevölkerung allerdings ahnungslos und das war den Behörden – schon wegen einer Wahl am Sonntag, den 4. Mai 1986 – sehr recht. Mit vagen Angaben und vielen verspäteten Empfehlungen wurden die Menschen mehr verunsichert als beruhigt. Ein beherzter Strahlenphysiker, selbst Vater von Kleinkindern, machte eine Ausnahme und berichtete in mehreren Vorträgen über die konkrete Bedrohung. Nach einem solchen Vortrag in der Universitätsaula gab der Zukunftsforscher und alte Atomgegner, Robert Jungk, auf die Frage einer besorgten Mutter, Karoline Hochreiter, die folgende Antwort: »Wenn Sie wollen, dass etwas für den Schutz der Kinder geschieht, müssen Sie selbst handeln!" Die promovierte Psychologin ließ sich das nicht zweimal sagen und gründete noch am Abend dieses 17. Mai 1986 die Salzburger Frauengruppe »Mütter für eine atomfreie Zukunft«.

Mütter für eine atomfreie Zukunft

Die ersten zwölf Interessentinnen bildeten spontan eine Kerngruppe, um die sich in den nächsten Tagen und Wochen noch viele Frauen scharten. Vordringliches Ziel der Initiativgruppe, die sich als Vertreterin von Müttern, stillenden und schwangeren Frauen und von Kleinkindern verstand, war die Erstellung und Verteilung von wichtigen Informationen: Was ist wie gefährlich, was muss man unbedingt meiden, was geht halbwegs noch, wo gibt es Unbelastetes zu kaufen, wer ist bereit Messungen vorzunehmen usw. usf. Aber nicht nur das. Von Anfang an wurde auch »politische« Arbeit geleistet, wenn die Frauen das damals auch nicht so benannt haben. In zahlreichen Briefen an Politiker und den Salzburger Erzbischof wurde um Verständnis und Unterstützung gebeten, an Demonstrationen teilgenommen, Unterschriften gesammelt, mit anderen Gruppen Kontakt aufgenommen.

Legendär wurde die so genannte »Milchaktion«, die die »Mütter für eine atomfreie Zukunft« im Frühjahr 1987 aus eigener Kraft auf die Beine gestellt hatten. Der folgende Text ist ein Ausschnitt aus einem Kapitel mit dem Titel »Im Widerstand gegen die Atomkraft« gesehen mit den Augen einer Mutter. Er wurde verfasst von Adrienne Kloss-Élthes, der damaligen Leiterin der Gruppe, veröffentlicht in einem Buch der Stadt Salzburg aus dem Jahr 1991, »Stadt im Umbruch. Salzburg 1980 bis 1990«. Sie beschreibt, wie es zu dieser Aktion kam:

Die Milchaktion

Tschernobyl holt uns wieder ein! Schon nach den Feiertagen im Januar 1987 gibt es die erste Kerngruppensitzung. Wir sind von einer Salzburger Tageszeitung zu Frauen des Jahres 1986 gewählt worden. Wir registrieren mit Genugtuung, dass wir eine bekannte und geschätzte Gruppe geworden sind. Das verpflichtet aber auch, finde ich. Wir diskutieren sehr heftig, denn die Milchwerte stiegen seit Spätherbst sehr stark an und sie steigen noch immer. Klar, die Bauern füttern das Heu vom vorigen Sommer. Zuerst die kaum belastete dritte Mahd, aber dann die sehr verstrahlte vom Frühjahr. Wir müssen etwas tun! Wir müssen eine extra bezeichnete, unbelastete Babymilch verlangen! Notfalls durch eine eigene Demonstration vor der Landesregierung. Die meisten Frauen sind dieser Meinung. Karoline will aber noch einen friedlichen Versuch beim Milchhofdirektor starten. Vielleicht ist er doch bereit, eine eigene Babymilch, die von den weniger belasteten Gebieten kommt, zu erzeugen.

Der Besuch beim Milchhofdirektor wird zu einer Farce. Er versteht es überhaupt nicht, warum wir uns so aufregen. Die Milch ist doch vollkommen in Ordnung. Statt der erlaubten fünf Nanocurie kann er fast jeden Tag zweieinhalb bis drei Nanocurie halten. Dass das genau zehnmal so hoch ist, als offiziell für Babynahrung erlaubt sind, stört ihn überhaupt nicht. Und übrigens sei auch er ein liebender Großvater von drei Enkelkindern ...

Also doch eine Milchdemonstration. An einem

Dienstagnachmittag im Februar 1987 treffen wir uns am Alten Markt. Trotz starkem Schneetreiben sind viele Frauen gekommen. Fast alle mit Kindern. Die Stimmung ist kämpferisch. Wir erinnern uns noch an die vielen Maßnahmen, die die Behörden uns Müttern unmittelbar nach Tschernobyl empfohlen haben und verlangen, dass jetzt eben diese Behörden etwas für unsere Kinder tun sollen. Mit Transparenten und Strahlenpickerln auf den Fläschchen ziehen wir zum Chiemseehof (Sitz der Salzburger Landesregierung).

Beim Landeshauptmann die erste Überraschung. Statt, wie früher, in seinen eigenen Amtsräumen und allein mit seinem Sekretär, erwartet er uns in einem Sitzungssaal, flankiert von zwei Regierungsmitgliedern und zwei Experten. Auch wir dürfen zu fünft hinein. Erst nach den langen Wortmeldungen des Landeshauptmannes, des Umweltlandesrates (der Landesrat für Landwirtschaft schweigt lieber), des Leiters der Gesundheitsabteilung und des Nuklearmediziners kommen wir zu Wort. Wider besseres Wissen hoffen wir noch auf eine Zusage und verhalten uns sehr wohlerzogen. Wir flehen die Experten förmlich an, werden aber recht überheblich belehrt, dass unsere Sorgen vollkommen überflüssig seien.

Nach einer ganzen Stunde fruchtloser Rede und Gegenrede will der Landeshauptmann auch zu den in der Vorhalle wartenden Frauen reden und sie beruhigen. Wir gehen also hinunter. Die Frauen und Kinder haben lange ausgeharrt, sie wollen etwas Positives hören und sind maßlos enttäuscht. Während der beschwichtigenden Rede des Landeshauptmannes kommen viele empörte Zwischenrufe. Ich koche vor Wut. Mitten in die Erläuterungen der Politiker platze ich mit einer Frage hinein. Ja, wollen sie es denn wirklich nicht begreifen? Was für Erwachsene gelten mag ist für Kleinkinder einfach viel zu gefährlich! Die Grenzwerte wurden ja vollkommen willkürlich festgesetzt. Es gibt keine ungefährliche Strahlendosis. Schon gar nicht für Babys! Ich weiß nicht mehr, was ich sage, ich sehe nur, dass die Politiker ganz betroffen dreinschauen und höre wie die Frauen begeistert applaudieren. Zumindest ihre aufgestaute Wut und maßlose Enttäuschung konnte ich so zum Ausdruck bringen.

Der Landeshauptmann findet seine Fassung später am Abend wieder. In dem üblichen Radiointerview nach der heutigen Regierungssitzung – die er unseretwegen für zweieinhalb Stunden unterbrach – bezeichnete er uns Frauen als überängstlich und uninformiert.

Das konnten wir nicht auf uns sitzen lassen. Schon nach vier Tagen geben wir eine Pressekonferenz, an der alle Salzburger Zeitungen teilnehmen. Unsere Experten, der Strahlenbiologe Dr. Peter Weish aus Wien und ein Umweltbeamter aus Graz werden per Telefon live in die Pressekonferenz geschaltet. Sie untermauern unsere Forderungen und bestätigen, dass unsere Sorgen voll berechtigt sind.

Karoline leitet die Pressekonferenz souverän und weiht uns dann ganz aufgeregt in ein Noch-Geheimnis ein. Sie wurde von einem jungen Bauern angerufen. Er hat alles mit großem Interesse verfolgt. Er hat auch kleine Kinder und ist besorgt um sie. Er hat noch altes unbelastetes Heu von vor zwei Jahren. Er könnte einige Wochen einige Kühe damit füttern. Vielleicht können wir dann die 0,3 Nanocurie, den Grenzwert für Babynahrung, erreichen.

Es dauert noch zwei Wochen. Dann ist die Sensation perfekt. Der Bauer, ein studierter Politologe und Bauernbundfunktionär, hat sogar noch weitere drei Bauernfamilien gefunden, die mitmachen. Fiebrig werden die Werte erwartet. Der Uni-Assistent, der schon früher unsere Proben als Forschungsprojekt deklariert und kostenlos gemessen hat, fiebert mit und misst jeden

zweiten Tag. Vorgestern 0,9, heute schon 0,7. Dann sind die 0,3 Nanocurie tatsächlich erreicht! Wir organisieren einen Milchverkauf. Bei den Formalitäten kommt uns die Stadt zu Hilfe. Wir dürfen im Schloss Mirabell (Sitz der Salzburger Stadtregierung) in der Säulenhalle unseren Verkaufsstand aufschlagen. Damit ersparen wir das Gewerbeverfahren, Miete und sonstige Hindernisse. Der Verkauf gilt offiziell als »Ab-Hof-Verkauf«, da die Milch direkt von den Bauern angeliefert wird und wir keinen Gewinn erzielen wollen.

Am ersten Tag des angekündigten Verkaufs – es ist ein Montag Mitte März 1987 – herrscht schlechtes, kaltes Wetter. Knapp vor neun Uhr – wir trauen unseren Augen kaum – kommen im starken Schneetreiben die ersten, eine Milchkanne tragenden Gestalten über den Hof. Und die Reihe reißt nicht ab. In den ersten zwei Tagen bleibt noch etwas Milch übrig, später sind wir aber schon um elf, halb zwölf ausverkauft. In den Gesprächen mit den Milchholenden – sie sind alle Eltern von Kleinkindern – stellt sich heraus, sie alle kauften seit fast einem Jahr keine Milch mehr. Sie freuen sich und sind richtig dankbar, dass sie endlich wieder mit gutem Gewissen den Kindern Milch zu trinken geben können.

Die Organisation klappt sehr gut. Für jeden Vormittag schreiben sich wenigstens drei, vier Frauen in die Verkäuferinnen-Liste ein und schenken die ca. vierhundert Liter Milch von neun bis zwölf Uhr aus. Den Stand, den Tisch dürfen wir in einer hinteren Kammer deponieren. Die Kasse wird in der Einlaufstelle »amtlich« verwahrt. Schöpflöffel, Trichter, Tischtuch und Küchenhangerl werden täglich zu Hause bei einer von uns gewaschen und wieder zeitgerecht sauber angeliefert. Zweimal in der Woche wird die Milch in der Uni gemessen und in Ordnung befunden.

Die Babymilchaktion der »Mütter für eine atomfreie Zukunft« lief genau 61 Verkaufstage. Von Mitte März bis Ende Mai 1987. Bis eben die Messwerte der »Normalmilch« wieder unter ein Nanocurie gesunken waren. Insgesamt wurden ca. 22.000 l Milch verkauft. Sie reichte fast immer für alle, die kamen. Hamsterkäufe gab es überhaupt nicht und das Herzeigen des Mutter-Kind-Passes als Berechtigungsausweis hatte sich auch erübrigt. Die zusätzliche Mühe, dass sie nämlich Milchkanne oder Flasche mitnehmen mussten, haben die Käuferinnen und Käufer bereitwillig auf sich genommen. Die Zeitungen berichteten regelmäßig, zuerst fast erstaunt, dann wie selbstverständlich. Wir fühlten Genugtuung. Zumindest für eine »atomfreie Gegenwart« konnten wir einen Beitrag leisten. Warum konnte dies der Milchhof der Landesregierung eigentlich nicht? (Ende des Ausschnitts)

Positive Bilanz

Im Rückblick betrachtet fällt die Bilanz der unermüdlichen, mehrere Jahre dauernden Anti-Atom-Arbeit – die allerdings fast immer auch sehr großen Spaß machte – doch positiv aus. Gemeinsam mit der Salzburger »Plattform gegen Atomgefahren« und anderen österreichischen und bayerischen Bürgerinitiativen waren die »Mütter für eine atomfreie Zukunft« maßgeblich daran beteiligt, die WAA Wackersdorf zu Fall zu bringen und die österreichische Regierung gegen das AKW Temelin einzuschwören. Selbständig organisierten sie eine mehrjährige erfolgreiche Hilfsaktion für die »Kinder von Tschernobyl«, initiierten mit prominenten Unterstützern einen österreichischen Gesetzesentwurf für die Ächtung der Atomenergie und organisierten den ersten Salzburger Bio-Bauernmarkt. Sie hielten jahrelang wöchentliche Mahnwachen im Zentrum der Stadt und versuch-

ten damit das Bewusstsein gegen die Atomgefahren lebendig zu erhalten.

Die Gruppe, als ein lockerer Kreis von Freundinnen, existiert heute noch, auch wenn aus den Müttern langsam Großmütter werden und die leider noch immer notwendige Anti-Atom-Arbeit immer mehr von jüngeren Menschen übernommen werden sollte!

Damals, nach der Katastrophe von Tschernobyl, verwandelten sich die Mütter aus Sorge um ihre Kinder in politisch aktive Bürgerinnen. Sie verhandelten mit Politikern und Experten, sie forderten ihre Rechte ein, sie leisteten, wenn es nicht anders ging, Widerstand gegen Behörden und sie planten, organisierten, improvisierten, demonstrierten, hielten Reden und sogar Predigten, gaben Zeitungen aus, verfassten Briefe und Beiträge, stellten Broschüren über Ernährungs- und Energiefragen zusammen, schufen Einkaufsgemeinschaften für Bioprodukte, veranstalteten Bälle und Flohmärkte, Bedenktage und Quiz-Wettbewerbe.

Sie zeigten eindrucksvoll, wozu Frauen auch in der Öffentlichkeit fähig sind. Als sie nach der Babypause in ihre Berufe zurückkehrten, waren sie selbstbewusster und gelassener und konnten diese Haltung auch ihren Kindern weitergeben.

Strahlender Frühling

Nur ein einziger Tag –
und alle unsere Berechnungen, Pläne, Träume
sind in Frage gestellt …

– Lebenserwartung 75 Jahre … ?
– in zwei, drei Jahren ein Kind … ?
– die ersten Erdbeeren des Frühlings mit Milch
und Zucker genießen … ?
– die maigrün belaubten Bäume umarmen und
ihre Blätter küssen … ?
– die Nase in duftende Blumen stecken und einige
davon nach Hause tragen … ?
– mit dir auf einer bunten Wiese liegen und
übermütig-zärtlich auf dem Boden herumrollen … ?
– mit dir durch den lauen, sacht fallenden Mairegen
laufen, bis die Bluse schamlos auf den nackten
Brüsten klebt … ?

Wie leben wir jetzt weiter?
Jetzt – da unsere strahlende Zukunft
schon begonnen hat?

Ute Döring

(8. Mai 1986, 12 Tage nach der Atomkatastrophe von Tschernobyl)

Tanja Mölders, Daniela Gottschlich, Anja Becker, Juliane Grüning

Wir sind mit Tschernobyl aufgewachsen

Prolog

Wir sind mit der Realität von Tschernobyl aufgewachsen. Anders als für die meisten Zeitzeugin-
nen in diesem Buch markierte für uns die Reaktorkatastrophe nicht einen Zeitpunkt innerhalb
des »erwachsenen« Lebens. Einen Zeitpunkt, der
das eigene Leben und Denken in ein »vorher«
und »hinterher« unterteilt hätte. Für uns fiel
Tschernobyl in eine Zeit unserer persönlichen
Entwicklung, die kurz vor dem Beginn unseres
selbständigen politischen Denkens lag. Die volle
Wucht und Ungeheuerlichkeit dieser Katastrophe
und der Selbstverständlichkeit eines Handelns,
das es dazu hatte kommen lassen, traf uns erst
zwei oder drei Jahre nach dem Ereignis, als wir
anfingen, Zeitung zu lesen und uns in der Schule
und mit FreundInnen mit dem Thema zu befassen. Seit wir politisch denken können, existierte
die Katastrophe. Viele unserer ersten politischen
Fragen, die wir stellten, drehten sich darum.
Es gab für uns keine politisch wahrgenomme-
ne Welt vor dem Zeitpunkt Tschernobyl. Sehr früh
hörten wir die Darstellungen der Erwachsenen
»ein Super-GAU kann eigentlich nicht passieren,
so etwas findet statistisch nur alle paar Millionen
Jahre statt«. Und genauso früh lernten wir, dass
diese Behauptungen, mit denen viele Selbstver-
ständlichkeiten unseres technischen Zeitalters

legitimiert wurden und werden, schlicht Lügen
sind. Diese Erkenntnis zählte zu den ersten politischen Gewissheiten, und sie war prägend für
unser gesamtes (politisches) Leben danach.
Im April 1986 haben wir uns noch nicht ge-
kannt. Wir lebten in Dormagen, Belm, Bad Sä-
ckingen und Vellmar. Wir sind Tanja Mölders
(*1975), Daniela Gottschlich (*1972), Anja
Becker (*1973) und Juliane Grüning (*1974).
Wir haben uns erinnert.

»Jetzt werden wir nicht mehr sagen können, wir hätten von nichts gewusst« [1]

Dass das Private politisch sein könnte, sein würde, ist, das war weit weg für mich im April des
Jahres 1986. Weit weg ist Tschernobyl, wenn man
10 Jahre alt ist und der Umstand, nun aufs Gym-
nasium zu gehen, Lebensaufregung genug darstellt. Und so war die Aufregung zunächst auch
nicht so groß, als sich das morgendliche Weckri-
tual mit der Nachricht verbindet, dass »da in
Russland so ein Kernkraftreaktor in die Luft gegangen ist«. Wer in Dormagen zu Hause ist, hat
das Bayerwerk vor und in der Nase und ist wenig
beeindruckt von störanfälliger Großindustrie.
Doch bald schon beschleicht mich das Gefühl,
dass ein SuperGAU etwas anderes ist, als der von

mir angenommene Unfall. Im Biologieunterricht besprechen wir die Frage, ob wir unsere Meerschweinchen und Kaninchen weiterhin mit Gras und Löwenzahn »von draußen« füttern können. Mein Vater bringt einen Geiger-Zähler mit nach Hause und wir nehmen Maß – alles in Ordnung in unser kleinen, heilen Welt.

Doch »Die Wolke« verzieht sich nicht mehr. Furcht mischt sich mit Ohnmacht – Grafenrheinfeld[2] ist näher als Tschernobyl. Meine Brieffreundin lebt in Schweinfurth – nicht auszudenken!

Acht Jahre nach diesem 26. April gehe ich nach Lüneburg – ein Studium für die Umwelt, wo das Private politisch wird. Gorleben ist näher als Tschernobyl, näher als Grafenrheinfeld. Demonstrieren gegen den Castor. Gleich bei der ersten Aktion Kontakt mit Juliane. Gemeinsamer Widerstand macht stark – wir werden Freundinnen. Trotzdem gibt es Ärger mit der Polizei – »Eigen- und Fremdgefährdung« mit einer zu Demonstrationszwecken eingesetzten Leiter. Was mischen wir uns auch ein!? Wer wird für die Eigen- und Fremdgefährdung zur Verantwortung gezogen, die von strahlenden Metallbehältern, von Brennelementen und Reaktoren ausgeht? Doch, wir mischen uns ein!

Tanja Mölders

Zum Totlachen?

»Ukraine: Kommt der Enkel zum Opa und sagt: ›Opa, erzähl mir von Tschernobyl!‹ Daraufhin der Opa: ›Lang, lang ist's her, mein Junge ...‹ – und streichelt dem Kind zuerst den einen und dann den anderen Kopf.«[3]

Ich lese den Witz im Oktober 2005, die rabenschwarze Pointe trifft und sofort stellt sich als Assoziation der Zettelkasten vor meinem inneren

Auge ein. Es gehört zu den Bildern, die ich nie vergessen werde. 6,6 cm x 10,2 cm dokumentieren das Grauen von Tschernobyl. Schwarz-weiß. Durchnummerierte Karteikarten, Aktenzettel. Mit Büroklammern sind Fotos an ihnen befestigt, Fotos mit verkrüppelten Babys und Embryonen, die keine Chance hatten, gesund geboren zu werden, zu leben[4]. Ich war 20 Jahre alt, als ich bei der Recherche für ein Referat zu europäischer Umweltpolitik im Sommersemester 1993 auf dieses Bild stieß.

Das Grauen von Tschernobyl schien so viel präsenter als sieben Jahre zuvor, es wuchs mit der Beschäftigung mit den Folgen und Risiken von »ziviler und militärischer Nutzung« von Atomenergie. In den Monaten und Jahren danach wurde die abstrakte, vermeintlich ferne Bedrohung konkreter, bekam Namen und Gesichter. Die Tschernobyl-Kinder, die jeden Sommer in Gastfamilien u.a. in Osnabrück aufgenommen wurden. Auch zwanzig Jahre später kommen sie noch.

All die Filme und Bücher über einen Atomkrieg, stand die Katastrophe von Tschernobyl doch stellvertretend für die irreversiblen Folgen durch Strahlung. Ich konnte schlecht schlafen, als ich das Buch »Nach dem großen FEUER«[5] aufgewühlt abends aus der Hand legte. »Lieber gute Punker-Feten als US-Atomraketen« – politische Bekenntnisse, die ich mit 15 an meine Schränke klebte. Fragen nach den Bedingungen für Frieden (zwischen Menschen aber auch zwischen Mensch und natürlicher Mitwelt) und denen für Gewalt haben mich seitdem begleitet, mit 19 habe ich angefangen, Politikwissenschaft zu studieren.

Ich erinnere mich gut, dass ich im April 1986 mit meinen beiden jüngeren Schwestern bei meinen Großeltern war, als meine Tante hereinkam und die Nachricht überbrachte, im Atomkraftwerk Tschernobyl sei ein Reaktor zerstört worden. 13 war ich. Sie stellte den Fernseher an: Tote, Verletzte, Menschen, die ihre Dörfer für immer verlassen müssen. Wir waren geschockt, aber gleichzeitig schien die Ukraine, schien Tschernobyl so weit weg. Dass eine radioaktive Wolke um die Welt kreiste, dass 600.000 Menschen der Strahlung ausgesetzt waren und Tausende an Krebs sterben sollten, das erfuhren wir erst später.

Der ältere Bruder eines Freundes starb an Leukämie. Er war Anfang zwanzig. 1986 war er im Erzgebirge zu Besuch. Dort, wo in Deutschland die meiste Strahlung feststellbar war. Seine Freundin hielt an diesem möglichen Zusammenhang fest, auch wenn er nicht zu beweisen war. Es ist so eine Sache mit wissenschaftlichen Korrelationen. Die meisten Menschen sind davon überzeugt, dass Milch gut für die Knochen ist. Hundertprozentig bewiesen ist das nicht. In einigen Orten erkranken mehr Kinder an Leukämie als andernorts. Dass das an der Nähe von Atomkraftwerken liegen könnte, will kaum jemand hören. Schließlich ließe es sich ja nicht hundertprozentig nachweisen und deutsche Atomkraftwerke seien immerhin die sichersten der Welt.

Ob es bei uns selbstgemachte Marmelade im Sommer 1986 gab, ich weiß es nicht mehr. Aber auf unsere geliebten Wiesenchampignons, die wir mit unserem Opa sammelten, haben wir seitdem verzichtet.

Daniela Gottschlich

Wir brauchen ein paar verrückte Leute, sehen wir uns doch an, wohin uns die ›Normalen‹ gebracht haben!

An windstillen Tagen sieht man am Hochrhein südlich des Schwarzwalds die kerzengraden Wolkensäulen dreier Atomkraftwerke: Leibstadt, Gösgen und Beznau. Sie stehen alle in der Schweiz, knapp auf der anderen Seite des Flusses. Leibstadt kann man am besten sehen, an seiner Wolke lernten wir als Kinder, uns zu orientieren: Wo die Wasserdampfsäule in den Himmel stieg, war Osten. Mit dem Protest gegen Atomkraftwerke bin ich aufgewachsen. Mitte der 1970er Jahre waren die Kämpfe gegen das AKW Wyhl aufgebrandet, auch ich war als Zweijährige auf den Schultern meiner Eltern bei den Demonstrationen dabei. Später gegen Leibstadt malte ich schon an den Transparenten mit, dieses Mal half es nichts. Im Frühjahr 1986 war ich 12, fast 13 Jahre alt und ging in die siebte Klasse. Ich lebte für Pferde, historische Romane, Fantasygeschichten und für die Sommerferien. In den letzten Tagen des Aprils waren meine Eltern beide nicht da. Der 1. Mai lag günstig, es gab ein paar freie Tage. Meine Mutter war mit meinem kleinen Bruder an den Bodensee gefahren, mein Vater zu einem Gewerkschaftstreffen. Ich durfte alleine zu Hause bleiben, meine Oma, die zwei Häuser weiter wohnte, sah nach mir. Ich erinnere mich nicht, dass an dem Tag, als die Nachricht über die Katastrophe hierzulande bekannt geworden sein musste, mir jemand etwas erzählte. Vermutlich sah meine Oma die Nachrichten, wollte aber ›das Kind‹ nicht beunruhigen. An die Gespräche mit meinen Eltern in den Wochen danach erinnere ich mich schon. Die täglichen Diskussionen am Mittagstisch erhielten technische, geographische und meteorologische Inhalte, man beobachtete Windrichtung und Niederschlag und empörte sich über die Äußerungen ›Offizieller‹ aus Frankreich, die so taten, als ob sich radioaktive Strahlung an Staatsgrenzen halten würde. Auch wir Kinder hantierten bald mit den Begriffen Sievert und Becquerel, diskutierten wie verstrahlt Pilze oder Milch jetzt waren, was man tun konnte, ob man was tun konnte.

Sonderlich verändert hatte sich unser Familienalltag damals nicht. Die ersten paar Tage kauften meine Eltern wie alle anderen H-Milch, dann stellten sie das wieder ein. Marmelade eingekocht wurde bei uns sowieso nicht, und mit Waldpilzen kannte sich in der Familie niemand aus. »Wir haben uns an der Hektik nicht beteiligt«, erklären meine Eltern, als ich sie nach der Zeit damals frage. »Wir hatten das Reaktionsmuster, wenn alle anderen Leute panisch werden, werden wir ganz ruhig. Umgekehrt werden wir panisch, wenn alle anderen ruhig sind. Wir haben ja eh gewusst, dass Atomenergienutzung gefährlich ist. Es hat uns sehr genervt, dass genau die Leute, die vorher nie etwas von den Risiken wissen wollten, jetzt die größten Hektiker wurden. Wir hatten ja genau davor gewarnt.« Meine Mutter fügt an: »Ich hatte schon ein ungutes Gefühl, wenn wir mit dem Kleinen draußen waren. Aber das Ereignis, das mich zutiefst getroffen und aufgerüttelt hatte, war die Sache mit Harrisburg ein paar Jahre zuvor.«

Mein eigener Schock, der tiefe Schrecken ob des Geschehenen und der weiter bestehenden, ungeheuerlichen Gefahr, kam in den Jahren darauf. Auch wir lasen »Die letzten Kinder von Schewenborn« von Gudrun Pausewang, in der Schule mit einer engagierten Lehrerin. Die tiefe Beklemmung blieb lange. Vielleicht war es dort das erste Mal, dass sich tief in mir ein »Nie wieder« bildete. »Das darf nicht passieren. So lange ich lebendig bin, will ich versuchen, das zu verhindern«, dachte ich entschlossen. Im Bio-

Leistungskurs, wir waren 17 Jahre alt, sahen wir den Film »Wenn der Wind weht«. Ein britischer Comicfilm über einen GAU, bei dem ein Ehepaar versucht, den staatlich vorgesehenen Schutzvorkehrungen zu folgen, auch er beeindruckte mich ungemein.

Es dauerte bis zum Studium in Göttingen, bis ich selbst Kontakt zur Anti-Atombewegung bekam. Im Herbst 1996 haben wir zoologisches Großpraktikum, sitzen an den Mikroskopen und zeichnen Gewebestrukturen. Eine langweilige Arbeit, der einzige Trost ist, dass man gut nebenher plaudern kann. Hinter mir unterhalten sich zwei Leute über den Castortransport nach Gorleben. Der nächste Transport steht bald an. Als das Praktikum einige Wochen später seinem Ende zugeht, bin ich eingeführt. Im Frühjahr fahre ich mit ins Wendland. Ich lerne, mich in Bezugsgruppen zu organisieren, staune über die Logistik des Anti-Atom-Camps in Gusborn mit leckerer Volxküche, Sanitätszelt und Campradio, über die Selbstorganisation tausender Protestierender. Ich schleiche durch den Wald, erlebe lange Plenumsdiskussionen und kann nächtelang wegen der Kälte und den knapp über uns brüllenden Polizeihubschraubern nicht einschlafen. Am Tag X trennt uns eine Polizeikette von der Straße zum Zwischenlager. Wir rennen los, schaffen es auf die Straße. Wir werden runtergetragen. Später gelingt es uns noch einmal, auf die Straße zu kommen. Der Transport stoppt. Exzessive Polizeigewalt, Brutalität, das erste Mal das Gefühl, ohnmächtig zu sein. Die Feststellung, dass das eigene Verhalten keine Garantie dafür gibt, wie man behandelt wird. Aus dem Wendland komme ich verändert zurück. Die Castorproteste haben mich, wie sehr viele junge Erwachsene Mitte/Ende der 90er Jahre, massiv politisiert. »Haben wir unsere Verantwortung erkannt, so müssen wir eingreifen!«
Anja Becker

Keine selbst eingekochte Marmelade im Jahr 1986

Konserven aus der Zeit vor dem 26. April stiegen im Wert.
Milchpulververteilung
Kühe blieben im Stall – die Bauern mähten die Wiesen und verfütterten
das Gras dann doch.
Das Recht auf dem Beifahrersitz im Auto vorne zu sitzen gerade
2 Monate und 18 Tage alt.
Und so schönes Frühlingswetter war.
Regen bringt Segen?
Statt Lateinvokabeln »Becquerel«, »Sievert«, »Liquidatoren«
Pilze sammeln? Draußen spielen?
Beruhigungsparolen aus Radio und Fernsehen: Bei uns kann so etwas
nicht passieren.
Wir waren im Kalten Krieg.

Mit 14 Gudrun Pausewangs Kinder von Schewenborn,
der Satz »Kassel war auch weg«,
schlaflos,
verängstigt,
therapeutisches Kuchenbacken (»solange es noch geht«).

Mit 19 Freiwilliges Ökologisches Jahr in Thüringen
Kunst gegen Katastrophe:
Tschernobyl-Requiem der Blume-Brüder und von Ralf-Uwe Beck aus
Eisenach mit Musik, Texten, Dias
Das Riesenrad zur 1. Mai-Feier in Pripjat[6] dreht sich nie wieder
Ein Kinderkrankenhaus in der Nähe von Kiew:
»Tschernobyl-Aids«[7], Leukämie, Missbildungen.
Das Plakat eines 11-jährigen Kindes: das Baby im Bauch der Schwange-
ren mit zu vielen Armen und Beinen
Der rote Kinderstern von Imi Knöbel [8]
Wladimir Jaworiwskis Maria mit der Wermutspflanze [9]
»Und der dritte Teil der Wasser wurde zu Wermut, und viele Menschen
starben von den Wassern, weil sie bitter geworden waren« (Johannes,
Offenbarung 9,10-11).

Nicht verbittern, nicht aufgeben!
Querstellen im Wendland!

Morgens die unbekannte Bäuerin mit dem heißen stärkenden Kaffee
Nachmittags die Polizistin, die mit dem Schlagstock blutergusserzeugend
den Arm aufhebelt
Sich wegtragen lassen (müssen) von den Schienen.
Hubschrauber, Pferdestaffeln, Hundeführer, Hundertschaften, weiße
Helme
Ein Aufkleber auf einem Mannschaftswagen: »Hier liegt Power auf
der Lauer«
Diese Power überrannte friedlichen Protest
Neben dem Castor junge Polizisten,
Polizistinnen sollen nicht so nah ran
Nee gefährlich ist das nicht!
Und Atomkraft heißt übrigens Kernkraft
Klingt ja auch gleich viel besser.

UranabbautödlichverseuchteTaubeninSellafieldLöcherimSarkophagAtom-
mülltransporte
atomwaffenfähiges Plutonium
Terroranschläge?
Verwundbare Technologiegesellschaft
Nein, es gibt keine friedliche Nutzung der Atomenergie.
Da helfen auch die Schnittchen der Informationszentrale im Zwischen-
lager Gorleben nicht
Wermutstropfen sind überall

Juliane Grüning

Epilog

Jede von uns hat diesen 26. April 1986 anders erlebt, ist anderen Wahrnehmungen begegnet in Elternhaus, Schule und Freundeskreis. Was uns verband, war: Wir waren jung. Fast noch Kinder – zwischen 10 und 13 Jahre alt. Der GAU stand ganz zu Beginn unseres politisch bewussten Lebens. Und, unabhängig von den Orten, an denen wir wohnten: Der Anti-Atom-Widerstand wurde ein wichtiges politisches Thema, das uns alle vier weiter politisierte und uns dazu brachte, uns auf zu machen, um nach Alternativen zu suchen. Nach Alternativen, die Gerechtigkeit und Solidarität ins Zentrum setzen, die das gute und schöne Leben für alle möglich machen und die den Respekt vor der lebendigen und (ver)wund(er)baren Welt bewahren.

Eine unserer Aktivitäten in diese Richtung führte uns im Forum Umwelt und Entwicklung zusammen. Das Forum von Umwelt- und Entwicklungsorganisationen wurde im Zuge des Weltgipfels in Rio gegründet. Und weil für uns zu einer solidarischen Welt Geschlechtergerechtigkeit unbedingt dazu gehört, engagieren wir uns dort in der AG Frauen – auch gegen die menschenverachtende Risikotechnologie Atomkraft. Deren Gefährdungen beginnen beim Uranabbau, setzen sich bei Verarbeitung und Transport fort, wohnen der potenziellen Verwendung als Massenvernichtungswaffen inne, bestehen beim Betrieb in Kraftwerken und wirken unendlich fort bei der niemals sicheren Lagerung des verstrahlten Mülls. Dem setzen wir unseren Widerstand und unser Recht auf eine friedliche und gesunde Welt entgegen.

Anmerkungen:

1 Pausewang, Gudrun (1987): Die Wolke. Ravensburger Verlag

2 Gudrun Pausewang erzählt in ihrem Buch »Die Wolke« die Geschichte zweier Kinder, die nach einem Reaktorunfall in Grafenrheinfeld unweit von Schweinfurth vor der Katastrophe zu flüchten versuchen.

3 333 böse Witze, Deutscher Taschenbuch Verlag, 2005, versammelt von Sophie C. Wolff, die 17 Jahre alt ist. Der Tschernobyl-Witz steht gleich auf der erste Seite der Sammlung.

4 SPIEGEL Spezial: Bericht des Club of Rome 1991. Die Globale Revolution, Nr. 2/1991, S. 26

5 1984 – in Zeiten des Kalten Krieges – schrieb der Fantasieautor Wolfgang Hohlbein einen Jugendroman über einen Atomkrieg, der die Erde verwüstet.

6 Stadt in nächster Nähe des Kraftwerks

7 »Tschernobyl-Aids« wurde die rätselhafte Immunschwäche genannt, die bei vielen Kindern aus der Region auftrat.

8 www.kinderstern.com

9 Tschornobyl (ukrainisch) bedeutet Beifuß, wird aber oft fälschlicherweise mit Wermut übersetzt. Da Wermut in der Offenbarung eine Rolle spielt, sahen viele Menschen in der Havarie des Atomkraftwerkes Verbindungen mit der dort beschriebenen Apokalypse.

Antje Vollmer

Unsere ungeheure Macht

Als dieser Mai den Strahlenregen bei uns heruntergebracht hat, haben das viele als etwas wie ein Zeichen der Zeit verstanden oder wie das, was in der Bibel steht, wie eine Flammenschrift, die man richtig deuten muß.

Ich möchte damit anfangen zu sagen, was ich mir ganz fest vorgenommen habe in diesen Maitagen. Ich habe nämlich gefunden, dass wir, obwohl wir uns ja eigentlich im Bund Naturschutz, bei den Grünen, in der Ökologiebewegung, in der Frauenbewegung, sehr lange schon mit den ungeheueren Gefahren der Atomkraft beschäftigt hatten und mit dem, was kommen könnte, wenn es zu diesem größten anzunehmenden Unfall kommen würde, so habe ich gefunden, dass wir doch ganz schlecht vorbereitet waren. Wir haben emotional und gefühlsmäßig sehr unsicher reagiert. Es ist klar geworden, dass, gerade weil wir so viel wussten, wir sehr dicht daran waren, Panik zu kriegen und flüchten zu wollen. Ich denke, Panik ist eine sehr schlechte Lehrmeisterin in solchen Situationen, weil sie nämlich häufig dazu führt, dass man die Solidarität aufkündigt. Etwas von diesem Panischen war darin, wenn insbesondere schwangere Frauen gesagt haben, ich fahre weit weg, ganz ganz weit weg – was ich gut verstehen kann. Aber klar ist auch, dass man dabei ja nur sich selbst retten kann. Panik war auch darin, wenn man in den Läden nach dem Milchpulver »gegrapscht« hat, von dem ja für alle nicht genug dagewesen ist, und Panik war sicher auch darin, dass die ersten Flugblätter, die gewarnt haben, worauf die Mütter bei ihren Kindern achten sollten, nur in deutsch erschienen sind – und die ausländischen Mütter mit ihren Kindern saßen noch auf den Spielplätzen und waren sehr schlecht informiert. Ich glaube, die erste und die wichtigste Lehre ist: Diese Panik hilft wenig, und sie kündigt die Solidarität auf, die wir eigentlich brauchen, denn sonst sind es wieder die Ärmsten, die am wenigsten gerettet und am wenigsten geschützt sind.

Das Zweite war, dass wir gerade in unserem Wissen von der Größe der Gefahr das noch Mögliche teilweise versäumt haben. Gerade weil wir wussten, dagegen gibt es überhaupt keinen Schutz, haben wir den kleinen Schutz, die kleine Warnung versäumt. Es sind in diesen Maitagen Bauern auf ihre Felder gefahren, ohne zu wissen, dass gerade dieser Regen die tausendfache und hunderttausendfache Belastung bringt. Es wäre ja z. B. möglich gewesen, dass viele der Bauern mit riesengroßen Folien ihre Felder hätten abdecken können. Das sind natürlich nur kleine Hilfen, und sie bedeuten wenig im Bezug auf die Belastung über ein ganzes Leben, die auf uns zukommt. Aber das zeigt, wie wichtig es ist, gerade in solchen Situationen den Kopf frei zu haben für das, was es an Hilfen, an Vorsorge und an Fürsorge noch gibt.

Eine Mentalität des Krieges

Aber wichtiger noch als unsere Versäumnisse ist, dass wir eines haben lernen können. Dass es nämlich stimmt, was wir schon immer wussten und immer befürchtet haben, dass denen da oben nicht zu trauen ist. Nicht zu trauen war ihrer Informationspolitik. Nicht zu trauen war ihren Beruhigungsreden. Nicht zu trauen war auch ihren wirklich dummen Gesten, mit denen sie die Bevölkerung einlullen wollten, mit denen sie sich häufig selbst geschädigt haben, bis zu denen, öffentlich vor der Presse frisches Gemüse vorzuessen, um zu sagen, wie ungeheuer tapfer man ist. Eine Mentalität, mit der man Kriege versucht hat zu überstehen, aber mit der man diese neue Gefahr, diesen Krieg gegen die Natur, eben nicht überstehen kann. Nicht zu trauen war auch ihrem Abwiegeln. Schließlich, als die Sorgen der Bevölkerung nicht mehr zu verdecken waren, haben sie gesagt, ja das sind natürlich berechtigte Ängste, die sich da zu Worte melden. Es waren nicht berechtigte Ängste, die sich zu Worte gemeldet haben, sondern es waren Rechte von uns und berechtigte Ansprüche darauf, dass wir informiert werden, und zwar umfassend und nach dem besten Stand der Wissenschaften.

Als wir das alles gelernt hatten, unsere eigene unvollkommene Vorbereitung auf die Situation und das schlechte und unvollkommene und teilweise dumme Reagieren der Herrschenden, da haben wir eines gemerkt: unsere eigene Macht. In dieser Situation ist zum Beispiel etwas zutage getreten, was ich so noch nie gemerkt habe, die Macht der Verbraucher. Irgendwann konnte man sagen und reden und veröffentlichen, was man wollte – irgendwann haben die Leute gesagt, wir tun es nicht mehr, wir kaufen es nicht mehr, wir glauben es nicht mehr. Wenn wir das in Erinnerung behielten, welche Macht wir dann haben, wenn wir auf der Höhe der Zeit sind, wenn wir begreifen, was jetzt angesagt ist, und wenn wir uns gemeinsam den Manipulationen verweigern, mit denen man uns in eine bestimmte Richtung bewegen will, dann haben wir diese ganz ungeheure Macht.

Dafür aber gibt es eine ganz wesentliche Forderung an die Politik: Politik muss einfach sein, und ich sage auch ganz deutlich: Die Politik des Überlebens, der Entscheidungen, die für das Überleben wichtig sind, die ist auch einfach. Das sind keine Expertenentscheidungen – gerade die Experten sind ja in diesem Mai nach und nach vom Thron gepurzelt – sondern in der Politik, die für das Überleben notwendig ist, können und wollen und müssen wir auch alle mitreden. Deswegen bin ich an dem Punkt auch für direkte Demokratie und dafür, dass diese Entscheidungen in die Hände der Bevölkerung gehören.

Ebenso wichtig ist aber, dass der Widerstand, auch der Widerstand gegen Wackersdorf, der Widerstand gegen die Atomenergie, dass auch der in gewissem Sinne einfach sein muss und einfach ist, obwohl er ungeheuer viel Mut erfordert. Aber er muss so einfach sein, dass er von Frauen und von Kindern mit zu vollziehen ist. Das darf man im Widerstand nie einführen, was sonst immer in der Gesellschaft der Fall ist, dass es eine erste Reihe gibt, wo der Platz ist für die großen Helden, und eine zweite und eine dritte und eine vierte Reihe und dann das Hinterland für den Rest der Welt. Ich denke, gerade in diesem Widerstand gehören Frauen und Kinder von Anfang an und immer mit in die erste Reihe. Und das macht auch unsere Kraft und unsere Stärke aus.

Ein Wort noch zu den vielen Plänen, die es im Augenblick für Ausstiege und Umstiege und eine

allmähliche Trennung von dieser Wahnsinns-Ener-
giepolitik gibt. Ich freue mich über jeden, der
begreift, dass diese Entscheidung für die Atomenergie falsch war. Und ich hoffe, dass sie es so
gründlich und so tiefgehend begreifen, dass sie
auch Schlüsse daraus ziehen und sagen: Wir haben keine Zeit mehr, auch keine Zeit für lange
Um- und Ausstiegsexperimente, sondern dies
muss sofort geschehen. Aber von denen, die es
jetzt erst begreifen, obwohl es schon 20 Jahre
diesen Widerstand gegeben hat, ist auch etwas
wiedergutzumachen: an denen, die dafür Gefäng-
nisstrafen haben; an denen, die immer noch diese Prozesse haben; an denen, die ihr Vertrauen in
ein demokratisches Funktionieren dieses Staates
verloren haben in diesen Prozessen. Da haben die
Politiker noch eine Menge zu tun, nicht nur die
Sachentscheidungen zu fällen, sondern auch ein
Stück demokratischen Konsenses mit der Bevölkerung wiederherzustellen.

Und ganz falsch ist es – und davor habe ich
ehrlich gesagt auch ein bisschen Angst –, diese
Erkenntnis jetzt in eine neue Wut und Aggression
gegen die Mahner umzurichten. Es macht mir
ziemlich Sorge, dass, nachdem es diese tiefsit-
zende Unruhe und diesen tiefen Vertrauensverlust
in der Bevölkerung nach Tschernobyl gegeben
hat, dass es jetzt eine innenpolitische Stimmung
gibt, die neue Aggressionsobjekte sucht. Ob das
nun die Ausländer sind, ob das innenpolitische
Auseinandersetzungen sind, ob das die Frauen als
Objekte sind, dies alles scheint mir ein Versuch
zu sein, das, was es an Wut gibt, nicht in die Bereitschaft zur Veränderung umzuwandeln, sondern
die Mahner von früher zu strafen. Da sollten wir
nicht mitmachen und da sollten wir ungeheuer
aufpassen.

Ich freue mich, dass der Kardinal Höffner gesagt hat, der Weg der Atomenergie war falsch.
Ich denke, er sollte einiges dazu tun, dass wir

möglichst schnell raus kommen. Er sollte aber
auch wissen, mit welchem Bewusstsein wir Frau-
en in diesem Widerstand sind. Er sollte wissen,
dass er uns nicht zu neuen Objekten von Aggres-
sionen machen kann. Unser Bewusstsein ist: Unsere Körper gehören nicht den Männern, unsere
Seelen gehören nicht den Kardinälen, unser Geist
und unsere Sprache gehören nicht dieser Art von
Männerkultur und Männerlogik, die in der Indus-
triekultur gegipfelt hat. Aber unsere Kinder, die
gehören nur sich selbst und ihrer Zukunft.

aus: Bund für Umwelt und Naturschutz Deutsch-
land e.V.: Gegen die Wiederaufbereitung der Atom-
politik nach Tschernobyl. Eine Dokumentation des
BUND-Wackersdorf-Forum vom 19. – 21. September
1986 in Schwandorf.
Wir danken dem Bund für Umwelt und Naturschutz
Deutschland e.V. für die freundliche Genehmigung
zum Nachdruck.

Beate Seitz-Weinzierl

Wir Frauen können die WAA verhindern!

Rede auf der Frauendemonstration am 20.7.1986 in Wackersdorf

Grün kaputt – Seele kaputt ist zur Gleichung der modernen Gesellschaft geworden. Mit der Verstümmelung der Natur Hand in Hand geht die schleichende Zersetzung der geistigen und psychischen Kräfte. Weil unsere Seelen nicht plastikbeschichtet und strahlensicher sind, haben wir Angst vor der radioaktiven Verstrahlung und vor der Verätzung durch sauren Regen. Darüber aber gibt es keine Zahlen in den Strahlenbelastungstabellen der Herren Atomfabrikanten und Regierungsgutachter. Der Mensch wird dort vielmehr wissenschaftlich aufgegliedert in Gesamtkörper, Knochen, Haut und Schilddrüse. Was durch das naturwissenschaftlich-technische Raster der fast ausschließlich männlichen Experten fällt, ist das öko-soziale Elend, das jetzt schon bei sensiblerem Hinsehen Menschen und Landschaften entstellt.

Nur ein Beispiel für die Schattenwirklichkeit des sogenannten technischen Fortschritts: 1979 war zum ersten Mal in der BRD die Selbstmordziffer höher als die Zahl der Verkehrstoten, es gab 12.783 Tote auf den Straßen, 13.167 Tote durch Selbsttötungen. Die Dunkelziffer ist dabei nicht eingerechnet. Die Selbstmordversuche werden 10 Mal höher geschätzt. Und diese rasante Todesspirale wirbelt durch die gesamte Schöpfung: In den letzten 40 Jahren wurden mehr Tiere und Pflanzen von dieser Erde gefegt als in der Jahr-

hunderttausende dauernden Artgeschichte des Menschen zuvor.

7.000 Storchenpaare gab es zur Zeit der Großeltern, 700 zur Zeit der Eltern, 70 in unseren Tagen und die nächste Generation steht vor Glasvitrinen.

Auch wenn uns immer wieder in sündteuren Reklameanzeigen der Mythos vom Glück aus der Steckdose vorgegaukelt wird, haben die meisten längst begriffen, dass das Immer-mehr-haben-wollen zum Märchen vom Fischer und seiner Frau führt.

Warum sind wir Frauen heute hierher gekommen? Vielleicht sollten die Machtmänner, die uns diese Demonstration verbieten wollten, einmal nachdenken, warum wir – statt am Sonntag mit unseren Kindern und Freunden an Waldrändern zu spielen und durch den Sommer zu wandern – hier stehen:

Weil wir in Not und Sorge sind um das Leben und weil wir auch morgen noch an Waldrändern spielen und durch den Sommer wandern wollen. Weil wir wissen, dass hinter den Zäunen des Starrsinns unsere Heimat und unser Glück begraben werden.

Nicht, dass wir denken, dass Frauen die charakterlich besseren Menschen sind; spätestens Mrs. Margaret Thatcher hat uns die Utopie der sanften Weiblichkeit genommen.

»In Wahrheit sind es die Mächtigen, die die Welt beherrschen«, sagt Margarete Mitscherlich. »Dazu gehört die Macht der Männer über die Frauen, die Macht der Eltern über die Kinder«, fährt sie fort, und ich ergänze diese Reihe aus dem ökologischen Blickwinkel: Auch die Macht der Politik-, Industrie- und Kirchen-Gewaltigen über die Natur.

Wer war es denn, der die atomare Wiederaufarbeitungsanlage in der Oberpfalz geplant und beschlossen hat? Wer ist es, der diese jetzt trotz großer Ängste der Bevölkerung, über die Köpfe von Frauen, Kindern und Männern hinweg, durchzusetzen versucht? Wer schweigt zu alledem, weil er es sich mit den Polit-Mächtigen nicht verderben will? Wer wird nach dem Atomunfall in der Sowjetunion heldenhaft gefeiert? Wer waren die Experten, die uns mit ihren nebligen Zahlenaussagen nach der Katastrophe beruhigen wollten? Wer sitzt auf den Podien, um das Atomdebakel wissenschaftlich aufzuarbeiten?

Es waren und sind mächtige Männergesellschaften: Atomfabrikanten, Politiker, Kirchenmänner, Ingenieure, Techniker – die sogenannten »Experten«, die hochkarätig bezahlten Wissenschaftspäpste, die Supermänner der Nation, die Oberpriester der Atomgemeinde.

Und diese männliche Einseitigkeit, dieser Größenwahn, diese Veruntreuung des Lebens haben wir Frauen endgültig satt.

Denn die ökologische Krise ist auch eine Krise der einseitig männlich geprägten Politik und Wissenschaft. Solange sich Politik am Machbaren und nicht am Verletzlichen orientiert, solange Techniker Maß an perfekt funktionierenden Menschenmaschinen und nicht an der Fehlbarkeit des Menschen nehmen, werden wir Frauen keine Ruhe geben.

Eine sich »christlich« nennende Politik, an deren Ende Baumleichen, jämmerliche Industrieruinen und eine Rote Liste des Sterbens von Tieren und Pflanzen stehen, kann keine Politik der Mitgeschöpflichkeit sein.

Stellvertretend für die geschundene, vergewaltigte und zubetonierte Mutter Erde stellen wir Frauen heute fest: Das Maß ist voll! Hört auf! Hört endlich auf! Noch reiche ich, Mutter Erde, Euch meine gütigen Hände – ergreift sie, noch ist es nicht zu spät ...

Immer mehr Frauen aus der Friedens-, Dritte Welt-, Frauen- und Ökologiebewegung schließen sich zusammen. Eine neue Denkweise ist im Kommen, eine zärtliche Kultur, die gegen die zynische Vernunftkälte der Macher antritt.

Wir setzen auf den Triumph der Phantasie über den männlichen Starrsinn. Gottseidank können gegen die Kräfte des Herzens keine Wasserwerfer und Gummigeschosse eingesetzt werden. Nur so ist es auch zu erklären, warum uns die Mächtigen fürchten, die diese vollkommen friedliche Demonstration verbieten wollten: Der Friede entlarvt ihre Macht, Steine bestätigen sie!

Frauen verkriecht Euch nicht in die Sofaecke! Legt das Strickzeug weg und informiert Euch! Ihr seid stark! Ihr habt mehr als die Hälfte der Wählerstimmen! Setzen wir sie für eine Politik des Lebens ein, geben wir denen einen Denkzettel, die unsere Träume verfinstern, die uns die Lust an Kindern und Gärten kaputtmachen: Wir Frauen können die WAA verhindern!

aus: Bund für Umwelt und Naturschutz Deutschland e.V.: Gegen die Wiederaufbereitung der Atompolitik nach Tschernobyl. Eine Dokumentation des BUND-Wackersdorf-Forum vom 19. – 21. September 1986 in Schwandorf
Wir danken dem Bund für Umwelt und Naturschutz Deutschland e.V. für die freundliche Genehmigung zum Nachdruck.

Anja Becker

Ein Leben lang gegen Atomkraft
Interview mit Renée Meyer zur Capellen

Mein erster Blick im Flur fällt auf eine Reihe von Plakaten, gegenüber der Haustür angebracht. Eines zeigt ein Kind und trägt die Aufschrift »Bitte wählt keine Atompartei«. Andere künden vom Recht auf Asyl. Renée Meyer zur Capellen, meine Interviewpartnerin, hat mich vor der Haustür begrüßt und ist meinem interessierten Blick gefolgt. »Ich habe gegen die atomare Bedrohung hier immer Plakate hängen, auch zum Thema Asylrecht, die meine Besucher und meine Patienten sehen, wenn sie zur Tür herein kommen. Das finde ich wichtig, dass sie wissen, das ist meine Einstellung. Denn ich denke mir, wenn ich Patienten behandle, möchte ich sie, wie meine Kinder und Enkelkinder in eine Welt entlassen, in der es Zukunft gibt und nicht eine Endzeit schrecklichster Zerstörung.« Renée Meyer zur Capellen ist 82 Jahre alt und immer noch als Psychoanalytikerin tätig.

Wir (ich Jahrgang 1973, sie Jahrgang 1923) nehmen an einem großen runden Holztisch Platz. Überall an der Wand stehen Bücherregale, an etlichen Stellen stapeln sich weitere Bücher und Mappen.

Anja Becker: Viele der Texte in unserem Buch handeln von Initiativen, die sich nach Tschernobyl gegründet haben. Doch Sie kämpften bereits davor gegen Atomenergie und Atomwaffen. Was brachte Sie 1983 zur Gründung Ihrer Gruppe »Frauen gegen Atomtod – Unsere Kinder sollen leben!«?

Renée Meyer zur Capellen: Als in Deutschland die Mittelstreckenraketen stationiert wurden, ging es nicht mehr anders: Ich musste handeln. Ich dachte schon die ganze Zeit, man müsste etwas tun.

Anja Becker: Was war der direkte Auslöser?

Renée Meyer zur Capellen: In Madrid war der internationale Psychoanalytische Kongress. Dort war Karl Nedelmann aus Hamburg, der gemeinsam mit Martin Wangh aus den USA in der Zeitschrift »Psyche« einen Artikel über die atomare Bedrohung veröffentlicht hatte. Die waren weiter als wir. Ich hatte diesen Artikel gelesen. Die Gespräche mit den beiden haben mich dazu angeregt, aktiv zu werden. In Frankfurt gründete ich mit einer Reihe von Kolleginnen und Frauen aus dem Freundeskreis das »Aktionskomitee Frauen gegen Atomtod – Unsere Kinder sollen leben!« Wir waren studierte Mütter, fast alle berufstätig.

Wir waren damals einfach überwiegend Frauen

Anja Becker: Was bewog Sie dazu, im Namen explizit die »Frauen« zu erwähnen?

Renée Meyer zur Capellen: [Lacht verblüfft] Wir waren damals einfach überwiegend Frauen! Es war vollkommen klar, dass sich Frauen als Mütter darum zu kümmern hatten! Es hatten zwar alle Männer, aber die hatten keine Zeit. Es waren immer die Frauen, die aktiv wurden. Ich hatte z. B. acht Jahre lang Supervision in einem selbst verwalteten Kindergarten in Oberursel mit dem Ziel einer möglichst repressionsfreien Erziehung. Auch den hatten Frauen gegründet. Die Männer sprachen »IBM-Sprache«, die Frauen, die mit den Kindern zu tun hatten, sprachen anders. Die Beziehung der Frauen untereinander war besonders gut.

Nein, es ist nicht so, dass die Männer total apolitisch waren – im Gegenteil! –, aber es war delegiert an uns, an die Frauen.

Anja Becker: Haben die Männer das im Hintergrund moralisch unterstützt?

Renée Meyer zur Capellen: Oh ja. Wenn wir irgend etwas vorhatten, eine Demonstration organisierten oder ähnliches, dann haben sie die Kinder übernommen! [lacht]

Anja Becker: Das heißt, Sie haben die Gruppe nicht aus frauenbewegten Gründen als Frauengruppe konzipiert?

Renée Meyer zur Capellen: Nein überhaupt nicht. Mit Feminismus hatten wir wenig zu tun. Es ist auch jetzt so, ich habe immer gesagt, die Frauen haben ihre Probleme – ich habe das als geschiedene Frau mit zwei Kindern durchaus erlebt – aber die Männer haben auch in der Berufswelt ihre Probleme und die sind ziemlich hart. Ich habe immer gefunden, es geht um die Menschen, und nicht um Männer und Frauen.

Anja Becker: Wenn ich in meiner Generation eine Gruppe gründen und sie »Frauen gegen ...« nennen würde, würde der Name signalisieren, dass wir dezidiert eine feministische Perspektive betonen wollen – und nicht in erster Linie, dass sie einfach aus Frauen besteht.

Renée Meyer zur Capellen: Es ging uns um die Kinder. Die Feministinnen waren teilweise Frauen ohne Kinder. Und die Mütterlichkeit war ja teilweise verpönt, oder die Mutterrolle, ganz schlimm. Es gibt doch, weiß Gott, noch andere Qualitäten als die Selbstverwirklichung. Die Sorge für einen Menschen, die Sorge für Kinder, für die Natur ist etwas ganz Zentrales und Kreatives.

Der Feminismus hat für mich nie eine Rolle gespielt. Nicht, dass ich ihn ablehne, ich finde, die Alice Schwarzer ist gut, und was sie macht; auch Margarete Mitscherlich, »unsere« Feministin [Psychoanalytikerin]. Es muss auch solche geben, die die extremen Positionen vertreten, aber es ist meine Sache nicht.

Ich finde auch diese Form, »Bürger und Bürgerinnen« zu schreiben, unnötig. Ich habe immer gedacht: »Was soll das, es geht doch um Menschen, nicht um Menschen und Menschinnen«.

Anja Becker: Da widersprechen aber viele und argumentieren, dass Sprache auch Wirklichkeit konstituiert. Für uns junge Frauen ist es selbstverständlich, auch sprachlich sichtbar zu machen, dass ich als Frau direkt angesprochen bin ...

Renée Meyer zur Capellen: Ja ich weiß, aber für mich ist »Bürger« gleich »Mensch«, ich würde mich nicht als Bürgerin bezeichnen, sondern ich bin ein Bürger der BRD. Und da die Probleme, die ich sehe, alle Menschen angehen und nicht die verschiedenen Geschlechter, ist mir das sehr fern.

Frauen gegen Atomtod – Unsere Kinder sollen leben! Die Zeit vor 1986

Anja Becker: Was hat die Gruppe vor allem gemacht?

Renée Meyer zur Capellen: Ganz wichtig war für uns Aufklärungsarbeit. Wir haben Informationen herausgegeben, beispielsweise eine Reihe von Flugblättern »Frauen informieren Frauen«. Wir haben eine Menge gemacht, uns auch um alternative Energien gekümmert, weil wir wussten, dass der Kampf »dagegen« nicht ausreicht.

Anja Becker: Was unterschied die Gruppe von der restlichen Anti-Atom-Bewegung?

Renée Meyer zur Capellen: Mit der Anti-Atom-Bewegung konnte ich nicht so viel anfangen. Das war so basisdemokratisch. [Lacht] Nicht dass ich Basisdemokratie per se abgelehnt hätte, aber diese ewigen Diskussionen, das nahm kein Ende! Da bin ich zu ungeduldig, ich will lieber was tun! Heute bin ich ungeduldig wegen meines Alters, da läuft mir die Zeit weg, ich denke, ich werde es nicht mehr erleben. Aber damals war ich auch ungeduldig. Dieses Darstellungsgehabe von einigen Männern, das hat mich auch genervt. Ich hatte vergessen, dass aus diesen Gruppen aber wertvolle Informationen für die einzelnen AKWs kamen!

Anja Becker: Sie haben die 1950er/60er Jahre miterlebt, als die Nutzung der Atomenergie noch als völlig unproblematisch galt. Ich kenne die Zeit nur aus Geschichtsbüchern – war es denn so, dass fast jeder geglaubt hat, dass eine friedliche Nutzung der Atomenergie wünschenswert sei?

Renée Meyer zur Capellen: Glauben Sie vielleicht, alle hätten damals gewusst, was das überhaupt ist?! Ich meine, so politisch waren wir damals noch gar nicht. In den 1950er Jahren waren meine beiden Kinder klein. Wir waren Studenten, wir arbeiteten gleichzeitig und wir hatten kein Geld. Da hat man sich politisch nicht sehr interessiert. Für die politische Vergangenheit schon, für die Aufarbeitung, die wahnsinnigen Schuldgefühle, die man hatte. Die Wiederbewaffnung – das war schrecklich. Ich weiß noch, in Bonn gab es einen Aufmarsch mit Militärmusik, ich hab' geheult, ich war wirklich so entsetzt, dass das wieder passieren sollte. Und dann natürlich die Notstandsgesetze. Da bin ich beim

Sternmarsch nach Bonn mit dabei gewesen. Das waren Dinge, die uns sehr berührt haben. Was außerdem noch alles passierte, energiepolitische Diskussionen, das erfuhr man nicht, wenn man nicht in irgendeiner Partei war.

Anja Becker: Kamen Ihnen Zweifel an der Problemlosigkeit der friedlichen Nutzung?

Renée Meyer zur Capellen: Ja, es hatte Harrisburg schon gegeben, und Sellafield. In dem Moment, in dem man sich um die Raketen, um die kriegerische Nutzung kümmerte, da war es vollkommen klar: die sogenannte friedliche Nutzung war eine Phantasie. Als könnte man damit etwas gutmachen.

**Das Entscheidende war die intensive Politisierung –
Reaktion auf den GAU von Tschernobyl**

Anja Becker: Wie reagierten Sie auf die Nachricht des GAUs von Tschernobyl?

Renée Meyer zur Capellen: An jenem Tag waren wir alle in Freiburg, das weiß ich noch. Wir hatten ein Treffen, saßen draußen auf der Terrasse. Wir waren sehr geschockt, als wir später die Nachricht hörten. Wir dachten sofort an unser Treffen in der Sonne, bei guter Frühlingsluft. Zu jenem Zeitpunkt war das schon nicht mehr der harmlose Himmel gewesen. Es war bereits »böse«, verseucht gewesen, was bis dahin immer gut war. Wir waren geschockt. Wir haben uns dann gegenseitig angerufen, abends.

Anja Becker: Was tat die Gruppe in der ersten Zeit danach?

Renée Meyer zur Capellen: Wir trafen uns mit anderen Initiativen in Detmold beim Treffen der »Initiativen nach Tschernobyl«. Dort ging es zum einen um ganz praktische Dinge (welches Essen ist unbelastet). Es gab auch eine politischere Gruppe, die mehr tun wollte und sich nicht auf die klassische Versorgungsrolle beschränken wollte, sondern auch politisch etwas verändern wollte.
Aus dem Detmolder Treffen gingen zwei konkrete Initiativen hervor. Zum einen die Schönauer Stromrebellen, zum anderen wir, die wir auf Stilllegung der AKW's klagen wollten. Es gab zwei Gruppen, wir in Biblis und eine in Würgassen.
Die Frauengruppe löste sich auf. Sie wollten keinen Verein, den wir für die Biblis-Klage aber brauchten. Wir brauchten den »Verein gegen Umweltzerstörung – Für das Leben unserer Kinder e.V.«, um Geld zu sammeln für die Kosten der Kläger, für Sachverständigen-Gutachten, für Rechtsanwalt und Gerichtskosten. Einige Frauen der alten Gruppe wurden Mitglieder des neuen Vereins. Hier um diesen Tisch haben sich immer alle versammelt. Hier haben wir auch unsere Klage vorbereitet. Hier saßen manchmal 25 Professoren, Physiker, Juristen etc. Denn es war klar, dass wir juristischen Sachverstand brauchten.

Anja Becker: Hatten Sie das Gefühl, dass Ihre Gruppe, die sich ja schon früher mit den Gefahren der Atomenergie auseinandergesetzt hatte, Tschernobyl anders wahrgenommen hat als jene, die sich erst dann mit dem Thema beschäftigten?

Renée Meyer zur Capellen: Das glaube ich, ja. Wir waren so gut informiert, hatten über die Gefahren bei der Nutzung ja bereits im Jahr 1984 in unseren Flugblättern geschrieben. Es war uns von Anfang an klar, dass es keine ungefährliche friedliche Nutzung der Atomenergie gibt. Das Flugblatt »Warum gegen JEDE Atomenergie?« warnt vor der militärischen UND der zivilen Nutzung.

Anja Becker: Was für Auswirkungen hatte die Tschernobyl-Katastrophe auf Ihr persönliches Leben?

Renée Meyer zur Capellen: Auf mein persönliches? Meine Politisierung ist passiert!! Gut, es war vorher schon so, dass ich mich für alles interessierte, was insgesamt in der Welt passierte. Als direkte Alltagskonsequenz haben wir wie alle darauf geachtet, was für Nahrungsmittel wir kauften. Das Entscheidende aber war die intensive Politisierung, die passiert ist. Und die Gewissheit, dass Gesetze da sind, aber dass wir sie nicht benutzen. Vor allem das Grundgesetz, da muss man immer wieder hinein schauen und pochen auf das Recht auf Leben, das dort festgeschrieben ist.

Anja Becker: Gab es bei dem Treffen in Detmold auch feministische Gruppen?

Renée Meyer zur Capellen: Die waren alle Eltern. Ach, Sie müssen sich draußen mal ein Plakat anschauen [wir sehen uns im Hausflur das Plakat ›Bitte wählt keine Atompartei‹ an]. Wahrscheinlich ist es so, dass die Aktivsten der Anti-Atombewegung nach Tschernobyl Frauen waren. Vorher war es eher gemischt, es gab auch viele junge Männer. Ich denke, bereits im Zusammenhang mit der Raketenstationierung änderte sich dies, und mehr und mehr Frauen gründeten Gruppen. Es ging ihnen ganz direkt um das Leben, die Bewahrung des Lebens. Die Initiativen nach Tschernobyl thematisierten dies später ausdrücklich.

57

Ein Restrisiko, dass man nicht hinnehmen kann – Der lange juristische Kampf

Anja Becker: Sie hatten eine Klage auf Stilllegung von Biblis A angestrengt?

Renée Meyer zur Capellen: Ja, wir sind zum Bundesgericht in Berlin gekommen. Aber die Richter hielten sich für die Beurteilung der »erheblichen Gefährdung« (§ 17.5 Atomgesetz) nicht für kompetent. Und so bleibt uns das »hinzunehmende« Restrisiko erhalten, was eben nicht hinzunehmen ist, weil bei einem möglichen GAU die Schaden für Mensch und Erde riesenhaft sind. Abgesehen von den bestehenden Sicherheitslücken von Biblis B (49 laut inzwischen laufendem Verfahren der IPPNW auf Stilllegung von Biblis B) bleibt die Möglichkeit menschlichen Versagens, die bei allen großen Industrie-Unfällen zum technischen Versagen hinzukommt.

Anja Becker: Wie ist es, wenn man einen so langen Kampf kämpft: Gab es da auch kleine Erfolge?

Renée Meyer zur Capellen: Eine unserer Veranstaltungen für die Öffentlichkeit im Jahr 1989 hatten wir direkt in Biblis. In Biblis gab es auch eine Initiative. Die Frauen waren sehr aktiv, aber auch wieder nur die Frauen – die Männer arbeiteten teilweise im AKW. Es war heikel für sie, dagegen zu sein, weil das AKW der Brotgeber war. In meinem Vortrag habe ich gesagt, dass es völlig verständlich ist, dass Leute, die dort arbeiten, das AKW unterstützen. Es wäre vergleichbar mit Menschen, die am Vulkan leben und dort in fruchtbarer Erde ihren Wein bestellen. Die gehen von dort nicht weg, obwohl sie genau wissen, dass irgendwann der Vulkan wieder ausbrechen wird. An diesem Abend haben sich dann die Landräte von Heppenheim und Dieburg unserer Klage angeschlossen. Da hatte ich das Gefühl, jetzt schaffen wir es, wir werden bekannt.

Anja Becker: Wie ist ihre heutige politische Bilanz des Ganzen?

Renée Meyer zur Capellen: Auf der einen Seite ist da ein Stück Resignation. Dass man erlebt, dass eine Gefahr ganz unmittelbar da sein muss, damit man sich wehrt, aber sobald es wieder anscheinend normal erscheint, hat man alles vergessen und weggeschoben. Der Einzelne – selbst wenn man sich zusammen schließt – ist sehr machtlos. Auf jeden Fall ist jede Art von Zusammenschluss wichtig, Europa ist wichtiger als die BRD beispielsweise. Aber – was versuchen wir denn in der Welt, in Afghanistan oder Irak, um den Terror und die Gewalt oder die Ungerechtigkeit wirklich zu besiegen?

Anja Becker: Sind politisch Chancen vertan worden in den letzten 20 Jahren, um die Atomenergie zurückzudrängen?

Renée Meyer zur Capellen: Die SPD hat keine Ahnung gehabt, was sie gemacht hat. Und sie haben noch so viel Geld in die Forschung gesteckt! Das ist unglaublich! In die Forschung für alternative Energien ist immer viel zu wenig investiert worden. Ich freue mich, wenn ich ein Feld mit Windanlagen sehe! Viele Leute empören sich wegen der Zerstörung des Landschaftsbildes. Ich denke: »Gottseidank, aber wenigstens nicht die Zerstörung unseres Lebens.« Ich finde es großartig, was da für Möglichkeiten bestehen. Ich hätte am liebsten auf mein Haus auch noch eine Solaranlage gesetzt, aber ich habe kein Geld mehr.

Anja Becker: Sie sagten, dass Trittin, als er 1998 Umweltminister wurde, zu rasch zu viel wollte – wie meinen Sie das?

Renée Meyer zur Capellen: Er wollte gleich zu Anfang bei allen AKWs die Zeiten reduzieren oder sogar welche abstellen. Das erwarteten ja auch alle, die gegen

Atomkraft waren, von ihm. Es ging aber nicht so einfach. All die festgezogenen Verträge, die die Vorgängerregierungen den Betreibern zugestanden hatten – auf diese rechtlichen Dinge war er nicht vorbereitet. Wir fanden, er kannte sich nicht genügend in der Gesetzeslage aus. Er hatte sich immer mit dem Protest beschäftigt und das reicht nicht.

Man muss wütend werden können!

Anja Becker: Sie hatten vorhin von Aufklärungsarbeit gesprochen. Wie sehen Sie die Möglichkeit von erfolgreicher Aufklärung?

Renée Meyer zur Capellen: Das ist etwas Schwieriges. Unsere Flugblätter »Frauen informieren Frauen« waren ja ein solcher Versuch. Kurz und klar sollten sie sein, alles muss auf eine Seite passen. Ich denke, Aufklärung ist bei größeren Gruppen nur möglich, wenn gleichzeitig eine unmittelbare Erfahrung da ist. Sonst ist es ganz schwierig. Nur abstrakt zu arbeiten oder mit historischen Daten, das funktioniert nicht. Offenbar muss man immer, um etwas zu tun, bedroht sein. Es muss vor der eigenen Tür passieren. Das ist das Gefährliche an der Atomkraft: Man merkt ja nichts davon.

Ansonsten, bei Leuten, die an Aufklärung interessiert sind, ist sie fast immer möglich, das ist klar. Wer an der Universität ist und sich informiert, für den ist das selbstverständlich. Aber aufzuklären über auch politische Inhalte – das ist fast unmöglich. Vor allem, wenn Ideologien da sind. Gegen Ideologien, gegen Vorurteile kommt man nicht an. Es gibt ja ganz private Ideologien. Auch bei bestimmten Patienten gibt es die. Man kann dann versuchen neue zu vermitteln, zu erklären, dass man das auch anders verstehen kann – es geht nicht. Es sind Barrieren da, weil ganz bestimmte feste Überzeugungen bestehen. Und diese hängen meist mit kleinen Allmachtsvorstellungen zusammen. Als sei man allein der Einzige, der richtig beurteilen kann und alles weiß. Das ist sehr sehr schwer, dem müsste man noch mehr nachgehen. Ich sehe das auch bei den IPPNW [Internationale Ärzte für die Verhütung des Atomkriegs], die haben so großartige Tagungen. Aber wer geht da hin? Immer nur die, die es schon wissen.

Bei dieser Veranstaltung in Biblis, von der ich sprach, da hatte ich den Eindruck, es war schon ein bisschen möglich. Natürlich spielt auch die Autorität eine Rolle. Leider. Wenn einer einen Namen hat und etwas vorzuweisen hat, dann wirkt das eher. »Der muss ja Bescheid wissen«, denkt sich der Mensch. So wie man früher glaubte, was schwarz auf weiß zu lesen steht, ist die Wahrheit.

Anja Becker: Sie sind mittlerweile über zweieinhalb Jahrzehnte engagiert. Was treibt Sie an?

Renée Meyer zur Capellen: Man muss wütend werden können [lacht] und muss die Wut dann lenken können, dorthin wo sie nützen kann. Das ist sicher bei mir ein Grund gewesen. Dieser wahnsinnige Zorn, dass man so ohnmächtig sein soll und nichts tun kann. Das ist auch jetzt so, bei dem was gegenwärtig passiert. Und auf der anderen Seite ist da natürlich die Liebe zum Menschen. So wie ich meine Kinder liebe und meine Enkelkinder, so liebe ich meine Patienten, und ich möchte, dass sie alle eine Zukunft haben. Sonst ist auch mein Bemühen, die Seelen zu heilen, zum Scheitern verurteilt. Und es wird ja immer schlimmer. Auch mein Enkel sagt schon – der jüngste ist 17 Jahre alt: »Omi, du hast es gut, du stirbst bald, aber was steht uns bevor? Wir werden das Ganze noch miterleben!« Wann hat es das gegeben, dass Alter ein Vorzug ist!!

Anja Becker: Hatten Sie Vorbilder oder Leitmotive, die Sie anspornten?

Renée Meyer zur Capellen: Im Gegenteil – ich würde sagen, wir selbst wurden zu Vorbildern [lacht] für unsere Kinder! Neulich war ich zu einem Geburtstag bei einer Dame eingeladen. Ihr Sohn war dabei. Es wurde plötzlich von der Zeit damals gesprochen und ich erzählte von der Klage auf Stilllegung von Biblis. Nach dem Gespräch hat sich der junge Mann bei uns bedankt für das unglaublich interessante Gespräch. Ich habe den Eindruck, dass die Enkelkinder sehr viel eher unsere Gedanken aufnehmen als die Kinder. Die Kinder haben teilweise auch darunter gelitten, dass die Eltern weg waren.

Zum Schluss: Das Aufnahmegerät ist abgeschaltet. Wir plaudern noch weiter. Ich erzähle, dass Gudrun Pausewangs Buch »Die Wolke« jetzt verfilmt worden ist und im Frühjahr 2006, zum 20. Jahrestag von Tschernobyl, in die Kinos kommen soll.

Renée Meyer zur Capellen: »DAS ist Aufklärung! Wenn man solche Themen ins Fernsehen bringt! Die breite Bevölkerung hat auch den Holocaust erst verstanden, als er in Filmen wie ›Schindlers Liste‹ auftauchte. Wo man sich mit den Menschen identifizieren kann. Ich denke, Film und Fernsehen ist das einzige, das heute noch Aufklärung ermöglichen kann, jedenfalls für eine größere Menge von Menschen gesprochen. Natürlich nur, wenn man diese Medien auch so einsetzen will.«

DEM WIDERSTAND KRAFT VERLEIHEN

Ulrike Röhr

Natalia Manzurova, Liquidatorin in Tschernobyl: »Wir waren da, als unser Land uns brauchte«

Natalia Manzurova ist eine der LiquidatorInnen, die nach dem Reaktorunfall aus der gesamten früheren Sowjetunion für die Aufräumarbeiten – freiwillig oder zwangsverpflichtet – zusammengezogen wurden. Insgesamt wird von 600.000 bis 1 Million LiqudatorInnen berichtet.

Die Radiobiologin und alleinerziehende Mutter war vom Sommer 1987 bis Weihnachten 1991 in Tschernobyl eingesetzt. Sie hatte gerade ihre Doktorarbeit als Radiobiologin beendet, als der Reaktor explodierte. Ihr Doktorvater war einer der ersten Wissenschaftler, der zu dem Ort der Katastrophe gerufen wurde. Er starb innerhalb weniger Monate und sie konnte ihre Doktorarbeit nie abschließen.

Sie war damals Mitte 30, hatte eine kleine Tochter und hätte es deshalb ablehnen können, nach Tschernobyl zu gehen. Auf meine Frage, warum sie trotzdem und in Kenntnis der Gefahren hingegangen sei, erklärt sie mir, dass es dafür viele Gründe gäbe. Einer sei, dass sie genau dafür ja ausgebildet wurde. »Es gab nicht viele Menschen mit unseren Kenntnissen. Wir wurden gebraucht um zu entscheiden, was passiert ist und wie die verstrahlte Region abzugrenzen und zu säubern ist. Entscheidungen, die Leben retten könnten. Niemand kannte zu dem Zeitpunkt das Ausmaß der Zerstörung und deren Konsequenzen.« Neben der moralischen Verpflichtung gab

es aber auch den »freiwilligen Zwang«, wie Natalia es nennt. Eine ganz andere Frage sei, wie es für sie unter Tausenden von Männern gewesen sei, die sie obendrein auch noch anzuweisen hatte, für die sie aber auch die Verantwortung hatte. Und die schrecklichen Lebensbedingungen dort ... Darüber möchte sie lieber nicht reden.

Ihr Büro war in Pripjat, einer blühenden Stadt mit damals 50.000 EinwohnerInnen. Direkt nach der Katastrophe war die Regierung der Sowjetunion vor allem damit beschäftigt, den Unfall vor der Welt geheim zu halten. So war Pripjat erst evakuiert worden, als der Reaktor schon 1 ½ Tage brannte. Selbst dann wurde den Menschen nur gesagt, dass es ein kleines Problem gäbe und dass sie nur für eine drei Tage dauernde Evakuation Sachen mitzunehmen bräuchten. Sie haben ihre Heimat verlassen ohne zu realisieren, dass sie niemals wiederkehren würden.

Ihre Arbeit bestand darin, alles zu katalogisieren und zu vernichten oder zu vergraben was die Leute zurückgelassen hatten. Sie konfiszierte verstrahltes Kinderspielzeug ebenso wie Möbel, Kleidung, Bücher, Haushaltsgeräte, T-Träger – ja, sogar ganze Häuser um zu verhindern, dass deren ehemalige BewohnerInnen das tödliche Eigentum in die Welt heraustragen. Es war eine zermürbende, seelisch extrem belastende Arbeit, diese sehr privaten und geschätzten Sachen der Menschen zu entsorgen. Auf dem Weg zur Arbeit, im Bus, hätten jeden Morgen viele geweint, sagt sie. Und um das Erlebte in der Nacht zu vergessen, wurde abends viel getrunken. Nach einiger Zeit sei sie emotional so abgestumpft gewesen, dass sie noch nicht mal zusammengezuckt sei, als sie die Leichen von Kindern in einem verlassenen Dorf fand.

Kindergarten in Pripyat nach der Evakuierung 1987

Bald nachdem sie Tschernobyl verlassen hatte begannen die Leiden, die sie für drei Jahre ans Bett fesselten. Sie wird auch heute noch von Kopfschmerzen geplagt, von Müdigkeit, ihr Immunsystem ist so geschwächt, dass »ich an kalten Tagen nicht rausgehen kann oder krank werde, sobald ich mit Leuten in Kontakt komme, die auch nur eine Erkältung haben. Ein normales Leben ist so nicht möglich.« Auf ihrem Hals sehe man eine dünne Narbe, beschreibt sie mir. Das sei das »Tschernobyl-Kollier«, wie es die überlebenden LiquidatorInnen nennen. Zeichen einer Schilddrüsenoperation. Viele LiquidatorInnen haben Schilddrüsenkrankheiten und Schilddrüsenkrebs durch die Exposition mit radioaktivem Jod bekommen. »Mit vielen meiner Krankheiten bin

ich inzwischen ›befreundet‹, ich habe mit ihnen einen ›Kontrakt‹ abgeschlossen, dass sie mich nicht zu sehr zerstören«, schreibt sie mir. Wahrscheinlich ist die Situation nur mit einer gehörigen Portion Humor zu überleben, aber sie habe auch oft Depressionen, nicht zuletzt, weil sie befürchtet, den ihr Nahestehenden zu viele Probleme zu bereiten.

»Weißt du, was ein post-traumatisches Syndrom bedeutet?« fragt sie mich, »die Ärzte hier haben es inzwischen gelernt. Viele Menschen, die großem oder langanhaltendem Stress ausgesetzt waren, leiden darunter. Du versteckst all deine Erinnerungen und Gefühle ganz tief in dir selbst – bis du irgendein entsprechendes Programm im Fernsehen siehst oder einen Zeitungsartikel liest. Dann kommen die Emotionen aus ihrem Versteck und verletzen dich sehr.« Besonders schlimm war es im ersten Jahr, nachdem sie aus der Tschernobyl-Zone zurück kam. Die Leute haben sie nicht verstanden, manchmal wurde sie sogar verhöhnt. Die meisten ihrer Ärzte hielten ihre Krankheiten für Einbildung und wollten sie in ein psychiatrisches Krankenhaus überweisen. Einer erklärte ihr, dass sie »Tschernobyl AIDS« habe.

63

Natalia Manzurova in Pripyat, Sommer 1988

Mit 42 Jahren wurde sie als Invalide eingestuft. Damals dachte sie, ihr Leben sei vorbei. Mehr als ein Mal dachte sie über Selbstmord nach. Schließlich rappelte sie sich aber immer wieder auf, dank Medikamenten, einer vertrauenswürdigen Psychiaterin und einer ehemaligen Klassenkameradin, die ihr Yoga beibrachte. Viele Jahre habe sie gar nicht über Tschernobyl sprechen können, bis sie eine Psychotherapie gemacht habe. Auch das, was sie mir beschreibt, sei immer noch nur ein kleines Bruchstück dessen, was sie in Tschernobyl gesehen und erlebt habe. Aber die Tatsache, dass sie überhaupt darüber reden könne, sei ein großer Fortschritt für sie. Niemand in Russland interessiere sich dafür, alle haben gerade harte Zeiten zu überstehen.

Vor sieben Jahren gründete sie den »Verband der Tschernobyl-Invaliden«, den sie seither auch leitet. Die Nichtregierungsorganisation berät Tschernobyl-Liquidatoren, deren verwitwete Ehefrauen und deren Kinder. Ob sie denn wenigstens gut versorgt sei, frage ich sie. »Nein«, antwortet sie, »wir waren da, als unser Land uns brauchte, mit unseren Händen und unseren Köpfen. Aber jetzt, wo wir krank sind, interessiert das niemanden. Die Politiker würden uns am liebsten tot sehen. Aber vielleicht ist es ja gerade diese Situation, die uns am Leben erhält, die uns kämpfen lässt zwischen unseren Leidensattacken.« Natalia Manzurova lebt von einer Berufsunfähigkeitzahlung, einer Arbeitspension und einem kleinen Nahrungsmittelzuschuss. Alles in allem 6.300 Rubel im Monat, weniger als 180 Euro. Die finanzielle Situation sieht für alle LiquidatorInnen, für AktivistInnen und Überlebende ähnlich mager aus.

Viele ihrer damaligen Kollegen und Kolleginnen sind bereits gestorben. Der »Verband der Tschernobyl-Invaliden« will eine Dokumentation über die verstorbenen LiquidatorInnen machen, und möchte ein Denkmal bauen, das an all die Menschen erinnert, die durch radioaktive Strahlung bei Unfällen und Katastrophen getötet wurden. »Es ist schlecht, wenn die Menschen ihre Helden vergessen. Die jungen Leute wissen heute gar nicht mehr, vor welchen tiefgreifenden Problemen diese Menschen sie gerettet haben. Sie begreifen gar nicht, dass hier direkt in ihrer Nähe Geschichte geschrieben wurde.«

Zum Abschluss unseres Interviews betont Natalia Manzurova, dass sie gern auf Einladung nach Deutschland kommt, sie kann Filme zeigen, Fotos, und natürlich über ihre Erfahrungen berichten. »Ich weiß nicht, wie viele Jahre mir noch bleiben werden, aber ich möchte den Menschen von Tschernobyl berichten, mein Leben lang! Das ist nicht nur mein Leben und meine Lebensgeschichte, sondern die Geschichte unseres ganzen Landes.«

Der Beitrag basiert auf einem schriftlich mit Natalia Manzurova geführten Interview, ergänzt mit Informationen, die sie uns schickte. Ich danke Tatiana Dereviago / Women in Europe for a Common Future (WECF) für ihre Unterstützung und die Übersetzung des Interviews und des weiteren Materials von Russisch in Englisch.

Natalia Manzurova hat eine Broschüre über ihre Arbeit in Tschernobyl und die Folgen der Reaktorkatastrophe geschrieben »Unangenehme Pflicht: Die Erfahrungen einer Frau in Tschernobyl«, die es bisher leider nur in Russisch gibt. In Planung ist eine englische Übersetzung und Veröffentlichung in den USA.

Kristin Mühlenhardt-Jentz

20 Jahre nach Tschernobyl – 20 Jahre Leben mit Tschernobyl
Versuch einer Bilanz[1]

Heute bin ich 60 Jahre alt. Zum Zeitpunkt der Reaktorkatastrophe von Tschernobyl war ich also bereits 40 und hatte eine neunjährige Tochter und einen vierjährigen Sohn. In meine Erinnerung eingebrannt ist der Moment, als ich aus den Nachrichten von der Explosion des Reaktors erfuhr. Es war an einem traumhaften Frühlingstag, einem Sonntagvormittag, wir hatten uns genussvoll im Garten mit geöffneten Sinnen ausgebreitet, und hörten von irgendwoher Musik aus dem Radio. Es gab eine Unterbrechung, und einem Einschlag gleich erlebte ich dann die trocken vermittelte Nachricht vom Reaktorunglück in Tschernobyl.

Rückblickend weiß ich, dass dieses Ereignis mein Leben, meine Biographie zweigeteilt hat. Seitdem gibt es für mich ein Leben vor und ein Leben nach Tschernobyl.

Damals dachte und fühlte ich zugleich in diesem Moment: jetzt ist es wirklich passiert, so als habe ich es tief im Inneren immer gewusst, dass es passieren würde. Dieses Wissen war immer schon vorhanden und durchfuhr mich jetzt wie ein scharfer physischer Schmerz, den ich als eine rasende Gleichzeitigkeit quälender Bilder und Gedanken, erdrückender Trauer und Ohnmachtsängste erlebte.

Heute nenne ich es ein Schlüsselerlebnis, wie es nachweislich sehr vielen Menschen bei der Nachricht des Super GAUs von Tschernobyl widerfuhr.

Ein derart komplex und intensiv erfahrenes Erlebnis wird nicht vergessen und auch wohl nur schwer verdrängt, denn es erfasst den ganzen Menschen und vermittelt ein tieferes Wissen von der eigenen Verbundenheit mit dem Leben, welches gewöhnlich in den Routinen und den vermeintlichen Sachzwängen des Alltags mehr oder weniger verschüttet wird.

Wenn ich heute versuche, dieses Erlebnis zu bezeichnen, kann ich mich nur auf eine Erinnerung beziehen, die mit den Jahren immer mehr die Erinnerung einer Erinnerung geworden ist; vielleicht ist es inzwischen eine Art Erinnerung 2. Grades, welche aber trotzdem bis heute von der Wucht des Erlebnisses weiß und inzwischen konnotiert ist mit all dem Wissen, das ich aufgrund dieses Ereignisses erworben habe, das zugleich konnotiert ist mit einer schärferen Wahrnehmung der versteckten Hintergründe, Interessenszusammenhänge und Machtbestrebungen der Drahtzieher der Atomtechnologienutzung. So problematisch es auch sein mag, mit diesem Wissen, das theoretisch jede(r) wissen kann, die oder der es wissen will, kann und will ich seit Tschernobyl nicht hinter dem Berg halten. Ich habe inzwischen aufgegeben, um jeden Preis bekehren zu wollen; ich diskutiere aus Gründen der Kräfteökonomie nur noch bis zur Erschöpfung mit den Menschen, von denen ich glaube, dass sie offen genug sein könnten für die einleuchtenden Argumente gegen die Atomtechnologie oder an denen mir viel liegt. Aber ich mache nunmehr seit 20 Jahren nirgendwo einen Hehl aus meiner Überzeugung, auch dort nicht, wo allein das Berühren des Themas eine Art Erschrecken hervorzurufen scheint wie bei einem Tabubruch. Es gab und gibt erstaunlicherweise solche Kreise, wo eine gewisse Autoritätshörigkeit, gepaart mit ausgeprägten ökonomischen Ängsten bzw. Eigeninteressen, offenbar dazu führt, sich aus der atomaren Frage lieber raus halten zu wollen und entweder auf die Befürworter-Experten oder auf Gott zu vertrauen. Und es ist eine bittere Erkenntnis aus Erfahrung und aus dem historischen Rückblick geworden, dass es diesen Menschenschlag querbeet wohl auf unabsehbare Zeit geben wird.

Mein Leben nach Tschernobyl ist gekennzeichnet durch das fast immer gegenwärtige Bewusstsein von der weltweiten atomaren täglichen Bedrohung, die gleichermaßen von der zivilen wie von der militärischen Atomkraftnutzung ausgeht – einschließlich der auf Jahrtausende strahlenden täglich anwachsenden Atommüllberge ohne sichere Endlager. (Auch dies kann inzwischen von jedermann und jeder Frau in unserer Mediengesellschaft gewusst werden.) Das nicht mehr hintergehbare Bewusstsein dieses Wahnsinns hat dazu geführt, dass ich einen großen Teil meiner Lebenszeit – zusammen mit meinen gleich gesinnten Mitstreiterinnen – dafür verwendet habe, mal mit mehr und mal mit weniger verfügbaren Kräften gegen die Fortsetzung des bundes- und europaweiten Atomkurses und für eine Energiewende politisch tätig zu werden.

Die Vielen mit dem Tschernobylschlüsselerlebnis waren vorwiegend Frauen, Mütter, die sich damals spontan an vielen verschiedenen Orten gefunden, erkannt und zusammengetan haben, weil sie ihre Erschütterung, ihre Ohnmachtsempfindungen und ihre Empörung in politisch wirksamen, gemeinsamen Protest verwandeln wollten. Das subjektive Erleben konnte so gemeinsam objektiviert werden, und dieses Gleichzeitige im Aufbegehren fühlte sich so stark an, dass die Betroffenen hoffen konnten, mit ihrem Willen und ihrer Kraft die politischen Entscheidungsträger öffentlich zu demaskieren und zum Abschalten der Atomanlagen zu bewegen.

Aus heutiger Perspektive staune ich, wie unglaublich naiv und wie pathetisch wir doch auftraten, wir erwachsenen Frauen, Mütter, verbunden durch eine gleich gelagerte Empfindsamkeit und unseren gemeinsamen Traum von der sofortigen Abschaltung aller Atomanlagen. Ich schäme mich nicht nachträglich dafür, auch wenn ich selbst heute wohl andere Worte der Mitteilung als damals wählen würde. Eher fühle ich mich angerührt von unserer unbedingten Bereitschaft, uns mit unseren Gefühlen zu offenbaren und preiszugeben, weil wir davon ausgingen, wir könnten so am ehesten die bis jetzt noch nicht widerständigen Mitmenschen erreichen. Es war, wie es war. Aber ich staune auch über die Art und Weise unseres Muts, mit dem wir öffentlich unsere Gefühle, unsere Sorgen und Ängste zum Ausdruck brachten, über unseren Mut, mit dem wir unserer Empörung über die Ignoranz und die Lügen der damals verantwortlichen Politiker Luft machten, mit dem wir ihre Verantwortungslosigkeit, ihre Dummheit und Gewissenlosigkeit, ihre fragwürdigen Interessen und Verfilzungen bloß stellten.

Und wie kreativ, wie kommunikativ, wie wissbegierig waren wir alle auch in unserer Hoffnung: Ich lese die öffentlichen Reden aus zwei Jahrzehnten nach, die wir auf Veranstaltungen, Marktplätzen, vor Kirchen, in Wirtshäusern oder in Wackersdorf gehalten haben. Oder die Dokumentation unserer Theateraufführung, in der wir in einem Schattenspiel dem Publikum von unseren Gedanken und Empfindungen mitteilten, unterbrochen von sachlichen Informationen zu den Gefahren der atomaren Strahlung und der wiederkehrenden Affirmation eines grauen Politikerherrn: »Es besteht kein Grund zur Beunruhigung!« Ich erinnere mich an einen gemeinsamen, hausgemachten Song unter freiem Himmel nach der Melodie von: »Ein Loch ist im Eimer ...« mit HTR (Hochtemperaturreaktor) – Masken über unseren Stirnen, welches das schier aussichtslose Wechselspiel zwischen den Propagandisten der Atomnutzung und uns als den abwehrenden Schildbürgern persiflieren sollte. Wir sangen: »Im System ist der Wurm drin, oh Bürger, oh Bürger ...« und weiter dann: »Ein Loch ist im Kraftwerk, Herr Töpfer, Herr Töpfer ...« usw. Gegen Ende des Liedes setzten wir den dicken Kohl auf das Loch im Kraftwerk, um es zu stopfen »... Wenn der Kohl aber in die Luft fliegt, bedenkt doch Experten, ... weil der Druck viel zu groß ist ... wer regiert uns denn dann?!«

Wir dichteten, schrieben, sangen, hielten Mahnwachen, sprachen mit Behörden, redeten mit der Bevölkerung an Info-Tischen, verteilten Flugblätter, demonstrierten, bastelten und beschrieben große Transparente mit aussagekräftigen Sätzen, z. B. mit: »Wer sich des Vergangenen nicht erin-

nert, ist dazu verurteilt, es noch einmal zu erleben.« (Damit stehen wir noch immer jedes Jahr am 26.4., dem Tag des Unglücks, vor der Nürnberger Lorenzkirche.) Wir rollten in Strahlenanzügen Atommüllfässer in den Innenhof des Rathauses, und begehrten, sie aufgrund eines fehlenden Endlagers im städtischen Brunnen »zwischenzulagern«; wir wanderten als meterlanger Atomwurm über den Nürnberger Christkindlmarkt; wir sammelten Spenden für die Tschernobylopfer; wir organisierten Veranstaltungen zu den gerade anstehenden Atomthemen mit »unseren« Experten; wir veranstalteten Benefizkonzerte und spektakuläre Gegenveranstaltungen zu den bundesweiten Kerntechnischen Tagungen in Nürnberg, wir plakatierten Wände und Bäume. Wir fuhren zu den jährlich stattfindenden bundesweiten Anti-Atom-Treffen, wo wir uns mit der so genannten alten Anti-Atomkraft-Bewegung austauschten und unser Selbstverständnis herausbildeten und darlegten. Und wir hielten über Jahre Kurse in der Volkshochschule ab unter dem Motto: »Aus Betroffenheit muss Widerstand werden«. Dort lasen und erarbeiteten wir gemeinsam Texte, die uns wichtig zur Fundierung unserer weiteren Widerstandsarbeit erschienen. Im Nebenraum beaufsichtigte eine bezahlte Hilfskraft die mitgebrachten Kleinkinder, damit wir einen Freiraum zum ungestörten gemeinsamen Denken hatten. Diese Stunden habe ich in besonders schöner Erinnerung, weil uns oft miteinander in konzentrierter Atmosphäre der frei schwebende Gedankenaustausch gelang.

Viele dieser ausgewählten Texte eröffneten uns eine patriarchatskritische Perspektive, und über lange Zeit verfochten wir die These, dass Frauen, insbesondere Mütter, einen »heißeren Draht zum Leben« hätten, dass technokratisches Denken und Handeln vor allem den Männern eigen sei und zu den Ereignissen von Bhopal, Seveso und Tschernobyl geführt habe. Unser Wille, solche Verhältnisse zu ändern, und die Tatsache, dass vor allem die sich um ihre Kinder und die Zukunft sorgenden Mütter überall im Land gegen Atomkraft tätig wurden, schien dieser These recht zu geben. Die Blut- und Zerstörungsspur des Patriarchats ließ sich ja durch die Jahrhunderte zurück verfolgen. Warum protestierten die Männer nicht auch so laut und öffentlich wie wir? Warum reagierten die Väter viel lauer, eben anders als die Mütter? Waren sie grundsätzlich autoritätshöriger, weniger mutig, weniger emotional; hatten sie andere Antennen als wir?

Aber die prominenten feinfühligen, widerständigen, ehrwürdigen Ausnahmemänner wie Günther Anders, H. E. Richter oder Robert Jungk setzten öffentlich auf uns, ermutigten uns und erklärten in ihren Reden und Schriften, dass sich mit den politisch aktiv werdenden Müttern und Frauen das falsche Denken, das beschränkte Fühlen der Männer verändern und sich ihr Größen- und Machbarkeitswahn so vielleicht aufhalten ließe. Sollten wir wieder mal nur ihre Trümmerfrauen werden, fragten einige standhaft ungeschmeichelte Feministinnen misstrauisch.

Wir studierten das »male system« und blickten irgendwie immer mehr durch, so glaubten wir.

Heute ist die feministische Diskussion hierzu, so weit ich es beurteilen kann, weiter gekommen: Ja, es stimmt, dass das Patriarchat des Abendlandes die Geschlechter hierarchisch geordnet hat und dass Eigenschaften weiblich oder männlich und damit tiefer oder höher stehend konnotiert wurden. Ja, die Männer waren die Herrschenden, die beherrscht, untergeordnet, erobert haben; ja, sie hatten die Definitionsmacht, und sie wollten sich mit ihren Wissenschaften der Natur bemächtigen und sie sich untertan machen.

Dieses Wissen ist hilfreich, um fragwürdig gewordene patriarchale, kulturell überlieferte Wertungen mutig in Frage stellen zu können und eine Veränderung der bisherigen Werteordnungen einzufordern. Aber sofern damit – von welcher Seite auch immer – eine Essentialisierung des Weiblichen und des Männlichen verbunden, gemutmaßt bzw. beabsichtigt wurde und wird, kam und kommt es – bis heute – zu einer Fülle von Missverständnissen und Bezichtigungen sowohl zwischen den Frauen wie auch zwischen Frauen und Männern. Am Beispiel des berühmt berüchtigten Müttermanifestes der Grünen gegen Ende der 80er Jahre und der damit einsetzenden uferlosen Diskussion über die Differenzen zwischen Müttern und den so genannten Karrierefrauen lassen sich die erfolgten Spaltungen und Missverständnisse in diesen Jahren heute noch nachvollziehen.

So wurde beispielsweise auch den »Müttern gegen Atomkraft« angriffig unterstellt, sie würden mit ihrer Namensgebung einem neuen Mütterlichkeitskult huldigen; der Mutterbegriff, der seit dem Dritten Reich negativ besetzt sei, müsse darum vermieden werden; er spalte die Frauen. Aber wir widerständigen Frauen waren nun mal Mütter, hatten uns auch als solche darüber ausgetauscht, wie wir noch das alltägliche nunmehr verseuchte Leben mit unseren Kindern meistern und wie wir trotz und zugleich wegen unserer Kinder politisch tätig werden könnten; wir wollten diesen Zusammenhang nicht in Frage stellen. Vor allem wollten wir, dass der bewusst gewählte Name als Appell verstanden wird. Auch andere Mütter – und gerade auch die sich meist vornehm zurückhaltenden Mittelschichtmütter – wollten wir erreichen, sie sollten sich durch unseren Namen aufgerufen und durch unsere Power angesteckt fühlen, ihr Leben nicht im unpolitischen Privaten zu belassen.

Auch sie sollten sich eigenverantwortlich für

eine lebenswerte Zukunft ihrer Kinder einsetzen und mit uns auf die Straßen und Plätze gehen.

Die eigenen Kinder bei Bedrohung schützen zu wollen, ist mit Sicherheit eine wesentliche, nicht weg zu diskutierende Triebfeder von Müttern (und Vätern); so denke ich – unbiologistisch! – noch heute.

Mit einem sozialkonstruktivistischen Denken, das Frauen und Männer in ihrem soziokulturellen und psychosozialen Gewordensein in der Geschichte betrachtet, lassen sich die üblichen Missverständnisse und Essentialisierungen der Geschlechter umschiffen, und die Hierarchisierung der Geschlechter sowie der ihnen jeweils zugeschriebenen Eigenschaften lässt sich dennoch kritisch betrachten. Aus dieser hinterfragenden Perspektive können wir Frauen ein neues, mit dem Leben verbundenes Denken einfordern, ohne uns anklagend als die besseren Menschen zu gerieren. Wir können die Männer aufrufen und ermutigen, nicht wie wir werden zu sollen, aber sich die fürsorglichen Eigenschaften und verbundenen Denkungsweisen anzueignen, die unser aller Überleben ermöglichen. Allerdings müssten sie auf lange Sicht verstehen und lernen wollen, dass das Festhalten an bestimmten Formen konstruierter Männlichkeit, die auf Beherrschen und Überlegenheit setzen, nicht dazu angetan sein kann, die zerstörerischen technokratischen Entwicklungen aufzuhalten.

69

Und wir Frauen hätten unseren Teil zu einer neuen Geschlechterordnung beizutragen, indem wir die begriffsfreudigen Männer in dieser Richtung bestärken, ihre Unterstützung einfordern und damit fortfahren, ohne Herrschsucht unsere Handlungsräume zu erweitern und uns als politisch Handelnde zu verstehen.

Im Lauf der Jahre bröckelte die Gruppe der aktiven Frauen. Viele Frauen waren nach der Kinderpause wieder ins Berufsleben eingestiegen, manche ertrugen es einfach nicht mehr, sich über so lange Zeit durchgehend mit dem Thema der atomaren Bedrohung auseinandersetzen zu sollen. Manchen waren die wöchentlichen Treffen inzwischen vielleicht lästig geworden, oder sie konnten diese nicht mehr in ihren angefüllten Alltag integrieren, und einige fanden unsere Arbeit vielleicht auch nicht mehr Erfolg versprechend. Viele der ehemaligen Mitstreiterinnen bestärken uns aber im Weitermachen; sie kommen bis heute zu unseren großen Veranstaltungen und Mahnwachen und bleiben Mitglieder im Verein »Mütter gegen Atomkraft«.

Wir ließen die anderen verständnisvoll ziehen und blieben.

Wir stellen immer wieder fest, dass wir auch als kleinere Kerngruppe effizient arbeiten können. Allmählich können wir auch haushälterischer mit unseren Kräften umgehen, wir treffen uns seltener und gezielter, fahren weiterhin zu Demos, Kongressen und Symposien, organisieren Informationsveranstaltungen mit den ProtagonistInnen der Anti-Atom- und Energiewende-Szene, sammeln Unterschriften für einen europaweiten Atomausstieg, und seit einigen Jahren haben wir dank Internet-Nutzung die Zusammenarbeit mit anderen wichtigen Gruppierungen der Anti-Atom-Szene ausweiten können. Seitdem haben wir uns auch noch enger an den Münchner Verein der »Mütter gegen Atomkraft« angeschlossen, wo wir kontinuierlich im Vorstand mitarbeiten, uns fast täglich per E-Mail oder Telefon austauschen und auch gemeinsame Aktionen absprechen. Eng arbeiten wir auch vor Ort mit dem »Nürnberger Energiewendebündnis« zusammen, dessen Schwerpunktthemen die Atomtransporte und die kommunale Energiepolitik sind. Wir unterstützen uns gegenseitig; vieles planen und organisieren wir gemeinsam. So propagieren wir z. B. auf Veranstaltungen und an Info-Tischen den leicht zu vollziehenden Wechsel zu einem unabhängigen »grünen« Stromanbieter ohne Atomstrom, wie beispielsweise zu »Greenpeace Energy« oder zu

den »Schönauer Stromrebellen«, nachdem jede(r) einzelne von uns inzwischen diesen Wechsel als »persönlichen Atomausstieg« auch für sich selbst vollzogen hat.

Seit Tschernobyl haben wir die hiesige, in unseren Augen nicht verantwortbare Atompolitik – auch unter »Rot-Grün« – mit kritischen, aufklärenden Veranstaltungen und Informationen begleitet und immer wieder aufgezeigt, dass die Atomenergienutzung nicht vereinbar ist mit unserem im Grundgesetz verankerten Recht auf den Schutz des Lebens und auf körperliche Unversehrtheit, dass die Wege zu einer alternativen Energiepolitik mit dem Ausbau erneuerbarer Energien, mit effizienterer Energienutzung und mit Energiesparmaßnahmen jetzt eingeschlagen werden müssen und – bei politischem Wollen – auch jederzeit eingeschlagen werden könnten.

Mit dem Wechsel zu »Rot-Schwarz« sehen wir uns vor der Herausforderung, den Ausstieg aus dem unter »Rot-Grün« beschlossenen Atomausstieg mit allen Kräften zu verhindern und die immer wieder ungeniert herausposaunten Irreführungen und Propagandalügen der Atomindustrie und der mit ihnen verbandelten Politiker durch sachliche Gegeninformationen aufzudecken und klarzustellen.

Manchmal werde ich erstaunt gefragt: Ach, gibt es Euch immer noch?, oder auch: Warum gibt es Euch denn immer noch?, so als halte man seit »Rot-Grün« das Atomproblem für abgehandelt.

In solchen Momenten frage ich mich dann wieder einmal nach dem Sinn unseres Tuns. Wenn wir inzwischen offenbar schon von vielen für wunderlich gehalten werden, kann das doch nur heißen, dass viele der nach Tschernobyl besorgten BürgerInnen sich wieder eingerichtet haben im Vergessen und Verdrängen und dass sie dies auch so wollen.

Wir haben nach Tschernobyl diesen Kampf aufgenommen: Gleich Sisyphus wälzen wir immer von neuem den Felsbrocken bergan, ohne dass ein Ende dieses mühsamen Tuns zu unseren Lebzeiten in Sicht wäre. Oder doch? Wer wird unsere Arbeit einmal fortsetzen? Wie wird sich ein Generationswechsel auf den Anti-Atom-Widerstand auswirken? Kann ein Ausstieg aus der so genannten friedlichen Nutzung der Atomenergie überhaupt verwirklicht werden, solange noch die großen Mächte von Ost bis West drohen, ihre Interessen notfalls mit Atomwaffen durchzusetzen? Muss erst noch ein zweites Tschernobyl geschehen, um eine Bewusstseinswende herbeizuführen? Oder wäre es doch möglich, dass es wie eine plötzliche Erleuchtung über die Menschen kommt, indem sie die evidenten Vorzüge einer alternativen Energiepolitik endlich begreifen können?

Fragen, über die wir immer wieder spekulieren, ohne eine sichere Antwort zu erhalten.

Mit Blick auf die nahe und ferne Zukunft werden wir den Stein weiter wälzen müssen.

In all den zurückliegenden Jahren war dieser öffentliche Kampf für sauberen Strom und gegen Atom-Strom immer zugleich auch ein innerer Kampf.

Immer wieder stellte ich mir, stellten wir uns die Fragen: wie sinnvoll ist es überhaupt weiterzumachen? Wie vieles stelle ich zurück, das mir wichtig(er) wäre, das mich wahrscheinlich viel erfüllter, ausgeglichener und zufriedener machen würde? Wie vieles verpasse ich an Leben – beruflich, privat? Warum mache ich diese Arbeit noch? Halte ich damit nicht an einer Utopie fest, die doch längst gescheitert ist? Mache ich mir etwas vor, will ich mich nur wichtig fühlen, überschätze ich das, was ich so gerade eben noch schaffe? Geschieht doch am Ende alles so, wie es die Mächtigen wollen, egal was wir Wenigen tun? Können wir noch glauben, für die Mehrheit in

der Bevölkerung zu sprechen, wenn das öffentliche Interesse an unserer Arbeit in all den Jahren doch immer mehr abgenommen hat? Drehe ich mich nicht schon längst im Kreise?

Auch dieser innere Kampf gleicht dem Bergaufrollen des Steines. Doch ich muss mir nur mutig vor Augen halten, was Tschernobyl für die in der Region lebenden Menschen bedeutet haben muss und immer noch bedeutet, welch unvorstellbares Unglück so eine Katastrophe im dicht besiedelten Deutschland auslösen würde; und dann denke und fühle ich immer noch, ich muss es tun, wir müssen es tun, schon um die besonders Tatkräftigen auf unserer Seite, die es für uns alle tun, nicht allein zu lassen. Denn wenn wir etwas in unserem Sinne erreichen, dann nur gemeinsam, und nur dann lässt es sich aushalten, und nur dann kann es ab und zu sogar Spaß machen.

Manchmal bringen mich meine Überlegungen und Zweifel auch an den Punkt, an dem ich mich einfach nur fragen muss, ob ich für meine tieferen Einsichten auch einstehen und leben will, oder ob ich eine Alternative habe. Und dann ist es mir wieder ganz klar: nach Tschernobyl habe ich keine Alternative.

Anmerkung:

1 für die Nürnberger Gruppe der »Mütter gegen Atomkraft« und für mich selbst

Cornelia Stadler

Meine persönlichen Erinnerungen an Tschernobyl und die Zeit danach

Dieses Datum, der 26. April 1986, hat sich eingebrannt in meinem Kopf. Wie die radioaktiven Strahlen auf dem Filmmaterial, das in den ersten Tagen nach der Katastrophe in der verseuchten Stadt Pribjat abgedreht wurde. Eigentlich wollte ich mich völlig auf meine kleine Tochter konzentrieren, die 20 Tage vorher auf die Welt gekommen ist. Ein gesundes Kind, Erziehungsurlaub, Rückzug ins Private, all diese Wunschvorstellungen haben mit einmal ihre Gültigkeit verloren.

Demonstration in München gegen Atomkraft am 3. Juni 1989

Eine globale, unsichtbare Bedrohung ist in meine kleine Welt eingebrochen. Nicht, dass ich vorher politisch abstinent gewesen wäre, nein, ich habe mich engagiert in der Kommunalpolitik, für Chancengleichheit, bei der SPD, in sozialer Arbeit. Umweltfragen haben dabei nur eine Randbedeutung, mit Naturwissenschaften habe ich mich kaum beschäftigt. Aber nun ist das Thema brandaktuell: was ist überhaupt Radioaktivität, wie gelangt sie in den Körper und wie wirkt sie sich dort aus? Welche Spätschäden sind möglich und vor allem – wie kann man sich vor der Strahlung schützen?

Informationsüberflutung auf der einen Seite, das Gefühl der hilflosen Unwissenheit auf der anderen. Ich erinnere mich an ein Telefongespräch mit einem Arzt, den ich frage, ob sich bei meinem Kind eine Schilddrüsenveränderung feststellen ließe. Er darauf: Ein Baby könne man wohl kaum in einen Computertomographen schieben und außerdem würde eine Tumorerkrankung sowieso erst viel später auftreten. Also weiter das Gefühl der Ohnmacht aushalten, statt Milch Sojanahrung füttern, statt frischem Gemüse das tiefgekühlte aus dem letzten Jahr verwenden und den Sack mit Trockenmilchpulver für alle Fälle im Keller lagern. Rundherum im Freundeskreis und in der Nachbarschaft geraten die Familien in Hektik. Versorgen sich mit Infomaterial, organisieren

72

Geigerzähler zum Messen der Gartenerde, karren gemeinsam den Sand vom Spielplatz. Als Gruppe kaufen wir gemeinsam ein Jungrind vom Biobauern, nachdem er uns garantiert, dass dieses Tier nie auf einer Wiese stand. Das Rindfleisch ist, weil nicht genügend abgehangen, dermaßen zäh, dass es einige Überwindung kostet, die einzelnen Portionen zu braten oder zu dünsten.

Doch alle Diskussionen um die richtige Ernährung und den Aufenthalt im Freien können nicht darüber hinwegtäuschen: Das Problem liegt tiefer. Die Folgen der atomaren Katastrophe sind damit nicht aus der Welt zu schaffen, ja schlimmer, die Katastrophe könnte sich jederzeit wiederholen. Wenn eine Entfernung von 1.600 Kilometer zwischen uns und dem Brandherd in der Ukraine schon keinen Schutz bietet, was würde dann geschehen, wenn ein GAU im näheren Umkreis passiert? Um wie viel näher wären die Atommeiler in Frankreich, die 19 Reaktoren in der Bundesrepublik oder die nach russischem Muster gebauten in der DDR? Es gibt so viele Gründe, Wut zu empfinden. Darüber, wie unsere Politiker immer noch so tun, als sei alles halb so schlimm. Ihr ewiges Gerede, bei uns könne sich »das« sowieso nicht ereignen. Wut über den Versuch eines namhaften Herstellers, verstrahlte Babynahrung auf den Markt zu bringen. Über die Unverfrorenheit vieler Behörden, deren Vorsorge für einen Ernstfall geradezu lächerlich erscheint. Ich lese damals Gudrun Pausewangs »Die Wolke«. Ihre apokalyptische Schilderung, was sich in Deutschland nach einem großen Störfall abspielen würde, halte ich für realistisch. Jeder wäre auf sich allein gestellt, mit öffentlicher Fürsorge im Chaos sei nicht zu rechnen.

Sonntagsspaziergang am Bauzaun der WAA Wackersdorf am 10. Juli 1988

Wohin mit dieser ohnmächtigen Wut? Allein oder in der Kleinfamilie ist sie nicht zu bewältigen. Da spricht es sich bayernweit schnell herum, dass sich Frauen zusammengetan haben, um nicht zu sagen, sich auf dem Münchner Marienplatz zusammengerottet haben. Als »Mütter gegen Atomkraft« protestieren sie mit ihren Muttertagssträußen gegen den Irrsinn und die (männliche) Verantwortungslosigkeit. Ja, man/frau muss etwas tun, etwas gegen diese Politik des technikgläubigen Wahnsinns. Es gibt ein Ziel, das besonders ins Auge springt: die geplante Wiederaufarbeitungsanlage, kurz WAA, in Wackersdorf. Eine Gegend in der Oberpfalz, nicht weit weg von der tschechischen Grenze, von der Franz Josef Strauß, seinerzeit bayerischer Ministerpräsident, und die regierende CSU dachten, hier seien die Menschen schlicht und obrigkeitshörig genug für so ein atomares Großprojekt. Sie haben nicht mit der Zähigkeit der dortigen Bewohner gerechnet, allen voran Vertretern der Kirche, dem SPD-Landrat und weiteren Honoratioren. Wackersdorf wird in den kommenden Jahren zum Ausflugsort für Sonntagsspaziergänge am Bauzaun. Immer dabei die Polizei mit einem Riesenaufgebot an Hubschraubern und Wasserwerfern, die Stimmung anheizend. Dazu Medienvertreter auf der Suche nach martialischen Schlachtenbildern, die ihnen Demonstranten liefern sollen. Was haben wir Mütter dort zu suchen? Wir gehören doch nicht zum Schwarzen Block? Wir wollen uns weder verprügeln noch anderweitig polizeilich behandeln lassen. Aber einfach nur klein beigeben, weil wir Frauen und außerdem friedlich sind? Nein. Ich erinnere mich an eine langwierige Prozedur bis vors bayerische Verwaltungsgericht, ehe wir die Genehmigung für eine Demonstration auf dem Wackersdorfer Marktplatz erhalten. Auf der Fahrt dorthin filzt eine hochgerüstete Spezialeinheit der Polizei unseren Bus, beschlagnahmt Mineralwasserflaschen, nimmt Kinderbuggys auseinander und kontrolliert die Länge der Transparentstangen. Dass trotz alledem die Staatsmacht unseren Protest nicht verhindern kann, sondern dass wir so eine starke Zusammengehörigkeit mit den Menschen der Oberpfalz erleben und das abgegriffene Wort von der Solidarität hier begreifbar wird, das hat unserer Protestbewegung und mir persönlich großen Schwung gegeben. Mag ja sein, dass der Weiterbau an der WAA, die Strauß ironisch als so sicher wie eine »Fahrradspeichenfabrik« bezeichnet hat, nach einem Machtwort aus der Wirtschaft fallen gelassen wurde. Uns, die wir auf mehreren Ebenen, am kriegerischen Bauzaun wie im Anhörungsverfahren in Neuburg vorm Wald (im Juli 1988), vehement dagegen kämpfen, erscheint der Rückzug als echter Sieg. Ohne den Mut, die Ausdauer und die Phantasie der verschiedenen Anti-Atom-Gruppen wäre der nicht zustande gekommen.

Aber – müssen wir nicht weiter bohren? Haben all diese Mahnwachen, Demos, Resolutionen und anderen kreativen Formen des Widerstands wirklich etwas dauerhaft bewirkt? Vielleicht waren wir, die UmweltaktivistInnen, so beschäftigt, dass wir die tatsächliche Stimmung in der Bevölkerung verkannt haben. Das erste Erwachen kommt schon bei der nächsten Landtagswahl in Bayern, Oktober 1986. Die Christsozialen büßen grade mal 2,5 Prozentpunkte ein. Zwar ziehen nun auch die Grünen mit 15 Abgeordneten ins bayerische Parlament, doch gegen die satte absolute CSU-Mehrheit von 55,8 % haben weder sie noch die magere SPD-Riege (27,5 %) eine reelle Chance. Unsere und meine Überzeugung, in Deutschland, in Europa und weltweit muss eine grundlegende Energiewende stattfinden, Lösungen dazu haben namhafte Wissenschaftler erarbeitet, diese Vorstellung ist bisher nicht mal ansatzweise verwirklicht. Ziemlich fassungslos erlebe ich, wie die bundesdeutschen WählerInnen in der ersten Nach-Tschernobyl-Wahl 1987 Kohls schwarz-gelbe Regierung bestätigen. Wo kein Druck vorhanden ist, gibt es auch keinen Zwang politisch etwas zu verändern. Nicht in der Politik und ebenso wenig bei der Energieerzeugung. Die Mächtigen der Stromwirtschaft haben ein feines Gespür und setzen auf Zeit und die Vergesslichkeit der Menschen. Jedes Jahr zum Tschernobyl-Tag prangern wir das Fortbestehen der Atomkraftwerke mit all ihren Risiken an. Wir lassen uns einiges einfallen um Aufmerksamkeit auf der Straße zu erregen: Unterschriftslisten und Umfragen auf Bodenzeitungen, überlebensgroße Puppen und Nebelwerfer, Infotische sowieso und plakative Poster. Währenddessen kaufen die Bayernwerke immer mehr Stromversorger auf, bis sie zu Europas größtem Energieproduzenten Eon angeschwollen sind. So marktbeherrschend ist seine Stellung, dass ihn die gesetzlich freigegebene Wahl des Stromlieferanten, die sogenannte Liberalisierung, in keiner Weise erschüttert. Wenn wir

*Sprechende Puppen demonstrieren zum Tschernobyl-Jahrestag 2004
auf dem Marienplatz München*

aktive Mitarbeit zu gewinnen. Klar, Lebensphasen ändern sich, manche von uns sind Großmütter, andere haben Partner verloren oder sind selbst gesundheitlich angeschlagen. Wenn ich nach langer Zeit mit einer Mitgliedsfrau am Telefon spreche, frage ich ganz vorsichtig nach ihrer privaten Situation. Es könnte sich bei ihr so viel geändert haben, oft nicht zum Guten. Was ist mit den Frauen, die heute kleine Kinder großziehen und Verantwortung übernehmen für deren Zukunft? Ja, die Jüngeren zwischen Ende zwanzig und vierzig erinnern sich noch an die Zeit nach 1986, an die heftige Auseinandersetzung um Atomkraftwerke. Ja, sie machen sich Gedanken über nachhaltige Energieversorgung, über unbelastete Lebensmittel und gesundes Klima für ihre Kinder. Aber die Bedrohung erleben sie offensichtlich als noch irrealer als wir damals. Vielleicht sind ja auch die Gefahren heute vielfältiger, diffuser geworden. Eine Umweltgefahr verdrängt die vorherige, wer kann schon einschätzen, welche ganz besonders bedrohlich ist? Gar nicht beachten ist eine beliebte Gegenstrategie. Falls die nicht mehr funktioniert, beschränken sich viele der jüngeren Mütter auf die Abwehr des allernächsten Risikos, zum Beispiel einer Allergie. Was ich den jungen Eltern, den Müttern und Vätern nicht wünsche, dass sie grausam herausgerissen werden durch einen »Störfall«, weit schlimmer und näherliegend als den, den wir 1986 miterlebten.

in Clinch gehen mit Eon, RWE und deren Töchtern, dann ist das ein ziemlich ungleicher Kampf. Trotzdem versuche ich im eigenen Bekanntenkreis wie auf Vereinsebene, andere Verbraucher/innen vom Nutzen eines Stromwechsels zu überzeugen. Sich nicht frustrieren lassen angesichts millionenschwerer Werbekampagnen, genauso wenig wie von der Trägheit oder Unsicherheit der Nachbarn, die einen Stromwechsel für eventuell doch schädlich halten.

So sehe ich im Rückblick diese zwanzig Jahre als ständiges Auf und Ab der Gefühle: enthusiastische über die rasante Zunahme an Solarmodulen auf derart vielen Haus- und Scheunendächern, dann wieder deprimierte über den wachsenden Berg von Atommüll. Der darf sich in den neu eingerichteten Zwischenlagern ganz legal auftürmen – und das noch über mehrere Jahrzehnte! Ich freue mich über die Spenden vieler Menschen, die die LKW-Transporte in die ferne Ukraine jährlich neu ermöglichen und bin gleichzeitig enttäuscht, weil es jedes Jahr schwieriger wird, Frauen für die

*Cornelia Studler ist Mitglied der Mütter gegen
Atomkraft e.V.*

Cornelia Stadler

Kurzinformationen zum Verein »Mütter gegen Atomkraft« e.V.

Gründung und organisatorischer Aufbau

Gegründet im Mai 1986 von Frauen

Anlass: Der Atomreaktorunfall in Tschernobyl, damals Sowjetrussland, am 26.4.1986.

Mitgliederzusammensetzung: zu 95 % weiblich,

Männer können Mitglied werden.

Zahl der Mitgliedsfrauen: aktuell ca. 1.100

Verbreitung: deutschlandweit, Schwerpunkt Raum München und Nürnberg

Geschäftssitz: München

Führungsstruktur gemäß Satzung vom 5.3.1988: Mitgliederversammlung (1 x jährlich)

Vorstand: 3–5 gleichberechtigte Vorsitzende für 1 Jahr gewählt, 1 Kassenfrau, 2 Revisorinnen

Kontaktfrauen als Delegierte der regionalen Gruppen und Projektgruppen: 3 x jährliche Treffen

Büroleitung: Teilzeitstelle

Finanzierung: ausschließlich durch Mitgliedsbeiträge, keine Zuschüsse

Ziele des Vereins und Maßnahmen diese zu erreichen:

Information einer breiten Bevölkerung über die Gefahren der Nutzung der Atomenergie durch den Betrieb und die Lagerung des radioaktiven Materials

Eintreten für den Ausstieg aus der Atomenergie unter Ausschöpfung aller legalen Mittel

Hilfe für die vom Atomunfall betroffenen Menschen in Weißrussland und der Ukraine

Selbstverständnis: politische Arbeit zu leisten ohne parteipolitische oder religiöse Ausrichtung

Beteiligte Personen und Gruppen

Die eigene Arbeit wurde aus den Reihen der Mitglieder während der 20 Jahre seit Bestehen des Vereins weiter geführt

Zusätzliche Vernetzung mit Anti-Atom- und Friedensgruppen regional, bundes- und europaweit (z. B. Bürger gegen den Atomreaktor Garching, IPPNW, Green City München, Salzburger Plattform gegen Atomgefahren, Atomstopp International, Bund Naturschutz u. a.)

Aufbau und Beteiligung an Bürgersolarkraftwerken in München und Bayern

Überwindung von Benachteiligung als Frauen

Zu Beginn unseres Engagements haben wir häufig erfahren, dass Frauen als inkompetent gelten, weil das Thema Atomenergie als technisch-männlich angesehen wird. Die Glaubwürdigkeit unserer Argumente wurde angezweifelt. Durch intensive inhaltliche Auseinandersetzung mit Fragen der Atomtechnik und ihren Folgen können Mitgliedsfrauen die sogenannte Fachkompetenz der Atom-Befürworter widerlegen.

In Anhörungsverfahren (z. B. gegen die WAA-Wackersdorf) und zu Diskussionsforen über Gesundheit und Katastrophenschutz traten Frauen unseres Vereins als Fachreferentinnen auf.

Positive Wirkungen der Arbeit unseres Vereins

Die empirisch belegte atomkritische Haltung der deutschen Öffentlichkeit führen wir auch auf unsere Informationsarbeit zurück.

Umweltpolitische Folgen: u.a. Aufgabe der geplanten Wiederaufarbeitungsanlage in Wackersdorf, Verhinderung von neuen Atomreaktoren, Erfolg beim Ausbau regenerativer Energien.

Im Vergleich dazu die wesentlich unkritischere Öffentlichkeit in Frankreich oder den östlichen EU-Staaten, in denen eine bürgerschaftliche Anti-Atombewegung fehlt.

Durch unsere langfristige Unterstützung konnte die Situation für strahlenkranke und immungeschwächte Kinder in der Ukraine verbessert werden. Seit 1990 wurden Geldspenden für medizinische Geräte und Medikamente in Höhe von 500.000 Euro gesammelt und nach Kiew transportiert, außerdem Lebensmittel und Sachspenden gezielt an Bedürftige in der Ukraine verteilt.

Anstöße zur Gleichberechtigung

Der spontane Protest zum Muttertag 1986, wenige Tage nach dem Reaktor-GAU in Tschernobyl, führte bei einer größeren Zahl von Frauen unserer Organisation zu einer dauerhaften politischen Aktion, z. B. Anfragen und Briefe an Politiker/innen, Teilnahme an Friedenskundgebungen, Demonstrationen oder atomkritischen Konferenzen. Mehrere Mitgliedsfrauen sind heute in Stadt- und Gemeinderäten vertreten oder arbeiten aktiv in Agenda21-Gruppen vor Ort mit.

Zusammenstellung vom 10. Oktober 2005
Cornelia Stadler, Sprecherin der Mütter gegen Atomkraft

Ludmilla Fromme

20 Jahre Mütter gegen Atomkraft Stuttgart (1986 – 2006)

Bereits vor »Tschernobyl« hatten sich in unserem Stadtteil (Sillenbuch) Frauen in loser Form zusammengefunden, um Formen des direkten Protests gegen eine Politik zu finden, die die Zukunft ihrer Kinder bedrohte. Anlässe wie der Natodoppelbeschluss 1979 und die Stationierung von Raketen in unserer unmittelbaren Nähe gab es immer wieder.

Als dann Ende April 1986 sich die Auswirkungen des Reaktorunglücks in Tschernobyl in Form einer nichtsichtbaren Wolke näherten und sich über uns niedersenkten, wurde vielen klar: Wir machten uns schuldig, mischten wir uns nicht in die Politik unseres Landes ein, die den Ausbau der Atomenergie aktiv fördert.

Dieses Gefühl, aus der politischen Reserve heraustreten zu müssen, war deshalb so stark – und vielleicht auch besonders stark – bei Frauen mit Kindern, vor allem mit kleinen Kindern ausgeprägt, da diese sich mit den Folgen radioaktiver Verseuchung am eigenen Leib auseinander zusetzen hatten: physisch, wenn sie schwanger waren oder stillten, psychisch, wenn es ihnen schier das Herz brach, wenn sie bei schönstem Wetter ihren Kindern verbieten mussten, im Freien zu spielen, wenn sie im Laden standen und nicht wussten, was sie kaufen sollten: Milchpulver statt frischer Milch, Dosengemüse statt frischem. Wenn sie orientierungslos anfingen, irgendwelche

Hamsterkäufe zu tätigen, wenn sie nachts nicht schlafen konnten, nachdem sie in den Medien erfahren hatten, die erhöhte Radioaktivität sei für Kinder besonders gefährlich. Wenn sie Angst hatten oder sonstige Symptome, wenn sie die Angst verdrängten.

Der einzige Lichtblick, der einzige sich auftuende Ausweg war, sich mit anderen gleich Gesinnten zu treffen, sich auszutauschen, die Ängste zu teilen und sich zu überlegen, was man dagegen tun könnte. Die einzige Form, sich an den Kindern nicht schuldig zu machen: sich informieren, hinstehn und sich politisch einmischen.

Das Gefühl der Dankbarkeit, diesen Weg gefunden zu haben, war unser Antrieb, das tragende Element, das sehr unterschiedliche Frauen aus unterschiedlichen Hintergründen verband und immer noch nach 20 Jahren verbindet. Im Münchner Verein »Mütter gegen Atomkraft e.V.« fanden wir unsere »Heimat«. An sie lehnten wir uns inhaltlich an, ohne selbst einen Verein zu gründen.

Von den anfangs 100 später 30 sind nach 20 Jahren 10 Frauen in der Gruppe übrig geblieben. Die Aktionen und Aktivitäten sind spärlich geworden. Die Kinder sind groß, die Frauen sind verstärkt berufstätig. Aber, kaum droht wieder ein Ungemach wie z. B. 2000 die plötzliche Idee von Bundeskanzler Schröder, die Atomanlage von

Hanau nach China zu verkaufen oder jetzt die Pläne der Regierung, den beschlossenen Zeitplan für die Stilllegung der deutschen Atomreaktoren zu verwässern, schon treffen wir uns, schreiben Protestbriefe, sammeln Unterschriften. Und einmal im Jahr stehen wir auf jeden Fall auf der Straße: Ende April, um an Tschernobyl zu erinnern.

Inzwischen tun wir dies professionell: Wir sind informiert, kennen die Zusammenhänge, sind in unseren Argumenten unschlagbar. Allerdings sind wir auch nachsichtiger geworden, gegen uns selbst: zünden auch mal eine Adventslichterkette im Garten an oder fahren mit dem Auto – aus Bequemlichkeit – irgendwohin. Aber auch gegen andere. Auch mussten wir einsehen, dass selbst nach 20 Jahren viele Leute die Atomenergie im-

mer noch für sauber, sicher und billig halten und auch durch nichts davon abzuhalten sind, die entsprechenden Parteien zu wählen. So hat unser missionarischer Eifer nachgelassen.

Unglaublich lang und vielfältig die Liste unserer Aktivitäten:

- Milchpulveraktion
- Forderung nach Untersuchung der Muttermilch auf radioaktive Rückstände
- Sammeln von Milchzähnen zur Untersuchung auf die Einlagerung von Strontium
- Unterschriften sammeln
- Organisation eines Familientags für Frieden und Umwelt mit allen lokalen Gruppierungen, Aufbau eines Netzwerks
- Briefe an lokale, Landes- und Bundespolitiker und -politikerinnen

- Informationsveranstaltungen, Podiumsdiskussionen, Ausstellungen und Dichterlesungen zu Themen wie: Atomenergie, Katastrophenschutz, Energiesparen, Alternative Energien, Gesunde Ernährung
- Lokale Umwelttage organisieren, Beteiligung an großen Umweltveranstaltungen
- Beteiligung an Demonstrationen, Mahnwachen
- Anzeigen schalten, Umweltquiz, Umwelttipps veröffentlichen
- Ökumenische Gedenkgottesdienste
- Unterstützung und Beteiligung bei der »Lokalen Agenda«
- Organisation von Spendenaktionen für direkte Hilfe vor Ort in Weißrussland, Packen von Paketen
- Pressearbeit, Aufbau von Kontakten zu Journalisten

Dies alles in Zusammenarbeit mit anderen lokalen, regionalen, nationalen und internationalen Gruppierungen, mit Verwaltungsbehörden, Schulen, Kirchen.

Wenn wir gefragt werden, was unsere Aktionen »bringen«, was wir denn erreichen, antworten wir stolz:

▶ In unserem Stadtteil hatten der Gemeinderat und die Energieversorger geplant, ein Neubaugebiet komplett zu »verstromen«, d. h. kein Gas zu

legen, nur Nachtstromheizungen mit Strom aus Neckarwestheim. Das haben wir durch das hartnäckiges Engagement unserer Gruppe verhindert. Nicht zuletzt hierfür bekamen wir einen Umweltpreis der Stadt Stuttgart.

▶ Und dass der Bau der Wiederaufbereitungsanlage in Wackersdorf gestoppt wurde und die Produktionsanlage für MOX-Brennelemente in Hanau ihren Betrieb nicht aufnahm, dass eine rot-grüne Regierung sieben Jahre regieren konnte und einen konkreten Plan zum Ausstieg aus der Atomenergie vorlegen konnte: dass dies Akzeptanz in der Bevölkerung gefunden hat, an diesen umweltpolitischen Erfolgen sind auch Gruppen wie die unsere beteiligt.

Mathilde Halla

Von Tschernobyl bis Temelin – oberösterreichische Frauen im Widerstand
Antiatomarer Widerstand im Wandel der Jahrzehnte

Die »Mütter gegen Atomgefahr« gründete ich 1986 gemeinsam mit zwei anderen Frauen, die ich schon vorher viele Jahre als engagierte Umweltschützerinnen kannte. Nach der Katastrophe von Tschernobyl und den Erfahrungen mit den Behörden (tot stellen, verharmlosen, nicht informieren und uns besorgte Mütter zum Teil sogar lächerlich machend) war uns klar, dass wir zur Selbsthilfe greifen mussten. Diese Situation wollten wir nicht noch einmal erleben. Gleichzeitig ging es uns darum, den betroffenen Menschen in der (damaligen) Sowjetunion zu helfen. Gemeinsam fühlten wir uns stärker und konnten auch von Politikern und Beamten nicht mehr so einfach ignoriert werden. Jede von uns aktivierte andere Frauen in ihrem Bekannten- und Freundeskreis, und so waren wir bald über 20 Frauen, die bei den »Müttern gegen Atomgefahr« mitmachten. Wir entschieden uns gegen die Gründung eines Verein, sondern arbeiteten als informelle Gruppe, die sich monatlich einmal traf und mich zu ihrer Sprecherin wählte. In der Folgezeit organisierten wir Lebensmittelmessungen, Demonstrationen, druckten Flugblätter, veröffentlichten später auch kleine Broschüren, gingen zu Behörden und Politikern, machten monatlich einen Infostand in der Fußgängerzone, um die Bevölkerung zu informierten. Wir veranstalteten sogar Podiumsdiskussionen. Unsere gesamten

Mütter gegen Atomgefahren

Kann man Zukunft schenken ?

Wir versuchen es !

Rußlands Behörden rechnen mit einer neuen Atomkatastrophe innerhalb der nächsten Zukunft. Das darf nicht passieren!
Nicht in Rußland. Nicht in Temelin. Nicht in Mohovce. Nie wieder. Nirgends.

Wir tun, was in unserer Macht steht? Tun Sie mit?

Aktivitäten wurden finanziell durch einen kleinen Beitrag gedeckt, den wir selbst aufbrachten. Vereinzelt fanden wir Unterstützer, die uns vor allem Sachspenden zur Verfügung stellten.

Mein Credo war immer, die Menschen nicht vor den Kopf zu stoßen, sondern Freunde oder zumindest uns Tolerierende zu gewinnen. Wichtig war für mich auch, dass es keine politische Vereinnahmung geben sollte und dass Frauen von der Mitte bis links bei uns mitarbeiten könnten. Dabei war mir eine Abgrenzung nach stärker rechts aber wichtig, weil gerade diese Richtung von einer der Gründerinnen vertreten wurde – von der wir uns dann auch trennten

Im Laufe der Zeit zogen sich einige Frauen zurück, da entweder ihre Familiensituation eine Mitarbeit nicht mehr erlaubte oder sie nach Jahren der Arbeit keinen Sinn mehr darin sahen. Andere waren von Anfang an dabei. Nach zwei Jahren kamen wir mit einigen Personen in Kontakt, die ich zum Teil schon aus meiner Antizwentendorfzeit[1] kannte. Sie schlugen vor, die Anti-Atomarbeit zu verbreitern, und so kam es nach einigem Hin und Her zur Gründung der »Plattform gegen Atomgefahr«. Ich war von Anfang an der Idee, eine Plattform zu gründen, nicht abgeneigt, aber einige unserer Frauen konnten sich nicht so recht damit anfreunden. Für sie war eben die Betonung der »Mütter gegen Atomgefahr« sehr wichtig. Das führte im Ergebnis dazu, dass sich ein Teil ganz zurückzog, doch der größte Teil arbeitete bei der Plattform mit.

Die Plattform wurde als Verein mit Statuten festgelegt und ich zur Obfrau gewählt. Die »Mütter gegen Atomgefahr« waren von Anfang an Mitglied und ein wesentlicher Bestandteil der Plattform in den nächsten Jahren, haben aber weiterhin auch eigenständige Aktionen durchgeführt.

Nach zehn Jahren veränderte sich die Struktur, im Vorstand waren neben mir und einer anderen Person von den »Müttern gegen Atomkraft« jetzt nur noch Männer, die zudem teilweise stark parteipolitisch orientiert waren. Damit änderte sich gleichzeitig die Struktur der Ehrenamtlichkeit: Ein Teil des Vorstandes – darunter auch ich – arbeitete weiterhin ehrenamtlich, ein anderer

Teil wurde von der Plattform angestellt. Öffentliche Subventionen und Spendengelder versetzten uns inzwischen in die Lage ein Büro mit Angestellten zu betreiben. Das war zunächst eine, später zwei Halbzeitsekretärinnen, die aus den Reihen unserer Mütter kamen. Etwas später kamen ein angestellter Geschäftsführer und eine weitere Mitarbeiterin dazu, beide aus den Reihen des Vorstandes. Und wir gründeten eine Niederlassung in Südböhmen, die wiederum von einer Frau geleitet wurde. Von nun an führten wir viele gemeinsame grenzübergreifende Veranstaltungen durch, von Vorträgen bis hin zu großen Demonstrationen.

Die zunehmende Größe unserer Organisation brachte aber auch neue Probleme mit sich. So mussten wir beispielsweise jedes Jahr aufs Neue um die Subventionen kämpfen. Wir waren aber inzwischen zu einer nicht mehr zu übersehenden Institution in unserem Bundesland geworden und dadurch in der Lage, Druck zu machen. Durch die immer größer werdende Zahl der angestellten Mitarbeiter und die parallel dazu schwindende Zahl der Freiwilligen – dieser Trend lässt sich bei allen Umwelt- und Sozialorganisationen verfolgen – mussten wir unsere Arbeitsweise umstellen. Auch die Zusammenarbeit des Büros in Linz mit den einzelnen Gruppen der Plattform erforderte viel Fingerspitzengefühl. Umso wichtiger war es, bei der Arbeit immer auf engagierte Frauen aus der Zeit der »Mütter gegen Atomgefahr« zurückgreifen zu können. Aus der Zusammenarbeit hatten sich im Laufe der Zeit echte Freundschaften entwickelt.

Im Februar 2005 zog ich mich aus persönlichen Gründen von der Funktion als Obfrau der Plattform zurück. Dieser Rückzug war eng mit den immer schwieriger werdenden Arbeitsbedingungen verknüpft: Die ehemals freundschaftlichen Strukturen der Plattform hatten sich im Laufe der Jahre zu einem trocken und sachlich funktionierenden Arbeitsverhältnis gewandelt. Wir waren medial und politisch sehr erfolgreich und arbeiteten sehr professionell. Ich persönlich vermisste aber immer stärker die Möglichkeit, eine weibliche Komponente in die Arbeit einfließen zu lassen. Um weiterhin ernstgenommen zu werden und erfolgreich an der Spitze zu sein, hatte ich das Gefühl geschlechtsneutral funktionieren zu müssen – und das machte mir immer weniger Freude. Meine Vorstellung von erfolgreicher Arbeit in einer Umweltorganisation war immer, dass es unbedingt auch Spaß machen müsse. Ich beobachtete auch zunehmend bei anderen Umweltorganisationen, dass, ähnlich wie in der Politik, nur die Frauen ernst genommen werden, die noch männlicher agieren als die Männer. Ich bin aber fest davon überzeugt, dass eine Veränderung der Welt zum Besseren nur dann möglich ist, wenn Frauen ihre weibliche Kraft einbringen können – und dies auch wollen.

Der zweite Grund meines Rückzugs war meine familiäre Situation und auch dies ist ein typisch weibliches Phänomen. Ich habe inzwischen mehrere Enkelkinder, die sehr liebe, die mich als Großmutter aber auch stark in Anspruch nehmen – das ist eben auch ein wichtiger Teil des Lebens einer Frau. Wenn man wirklich erfolgreich sein will, muss aber man nach wie vor darauf verzichten, Kinder zu haben oder sich seinen Enkelkindern intensiv zu widmen. Gerade letzteres ist aber wiederum wichtig um zu verhindern, dass die eigenen Töchtern wegen der Kinder aus dem Berufsleben aussteigen müssen. Die Gesellschaft nimmt nach wie vor keine Rücksicht auf Mütter oder auf Großmütter. Kinder zu haben – oder auch Enkelkinder – ist reine Privatsache.

Seit Februar wurde deshalb unsere Plattform von meinem Assistenten übernommen, der sie professionell und engagiert leitet. Ich bin froh, dass es die Plattform weiter gibt, habe ich doch mehr als dreißig Jahre lang viel Kraft und Herz in den Anti-Atomwiderstand investiert. Es ist aber ein bisschen wie Kindesweglegung. Mein Kind – die Plattform – ist in guten Händen, aber es fehlt das Feuer der Liebe. Dies kann man vielleicht nur verstehen, wenn man so etwas selbst erlebt hat.

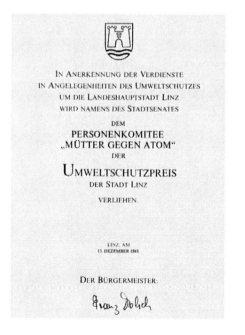

IN ANERKENNUNG DER VERDIENSTE
IN ANGELEGENHEITEN DES UMWELTSCHUTZES
UM DIE LANDESHAUPTSTADT LINZ
WIRD NAMENS DES STADTSENATES

DEM

PERSONENKOMITEE
„MÜTTER GEGEN ATOM“
DER

UMWELTSCHUTZPREIS
DER STADT LINZ

VERLIEHEN.

LINZ, AM
13. DEZEMBER 1985

DER BÜRGERMEISTER:

Anmerkung der HerausgeberInnen:

1 In Zwentendorf (Niederösterreich) wurde in den 70er Jahren ein AKW geplant und auch gebaut, dessen Inbetriebnahme aber durch eine Volksabstimmung mit knapper Mehrheit abgelehnt wurde.

Dorothee Neumann / Vera Choulant

Widerständige Geschwister:
Demonstrieren gegen Atomenergie

Gorleben, 1977: Das Gebiet für die Lagerung des Atommülls ist bereits oberirdisch gerodet

Hiermit kommen wir Eurer Aufforderung nach, über den Widerstand von Frauen gegen die Atomenergie – nämlich von uns – zu berichten. Als wir 1972 erfuhren, welche Gefahren von der Atomenergie ausgehen, schlossen wir uns dem Bremer »Arbeitskreis gegen radioaktive Verseuchung e.V.« an und waren in diesem Verein längere Zeit gegen das AKW Esensham aktiv.

Als sich nach Jahren der Arbeitskreis auflöste, bestand unser Widerstand in der finanziellen Unterstützung von Anti-Atom-Organisationen und in der Beteiligung an Demonstrationen. Davon übersenden wir Euch einige Fotos.

Die Tschernobyl-Katastrophe haben wir – aufgrund unserer Kenntnisse über die Folgen – mit großer Bestürzung erfahren. Am 1.5.1986 haben wir bei schönstem Wetter fast den ganzen Tag im Garten gesessen, nichtsahnend, dass gerade dann die radioaktive Wolke über Bremen zog.

Wir haben Lebensmittel, Getreide u. a. eingekauft, die noch nicht verstrahlt sein konnten. Die Kinder erhielten lange Zeit keine Milch. Die Erde unseres Gemüsegartens habe ich um 5 cm abgetragen.

Seither verfolgen und sammeln wir alle Berichte über die Folgen der Katastrophe für die dortige Bevölkerung, auch, um sich der Gefahren bewusst zu bleiben.

84

Anti-Atom-Demo in Bremen 1981:
Ab jetzt tragen wir eine selbstgenähte
blaue Anti-Atom-Fahne mit Friedens-
taube(n)

Friedensmarsch
Bremen-Wildeshausen 1981

Evangelischer Kirchentag in Hamburg 1981: Wir mit unserem selbstgebasteltem Stand für Flugblätter! Das Kirchentagsmotto lautete (für uns zu unpolitisch) »Fürchte dich nicht«, wir ergänzten »… aber wehre dich gegen die Zerstörung der Erde«

Schienenbesetzung bei Ahaus 1999

Kreuzweg für die Schöpfung von Wackersdorf nach Gorleben, 1988: Von diesem Kreuzweg aus sandten wir dem damaligen Ministerpräsidenten von Bayern, Franz-Josef Strauß, eine Ansichtskarte mit dem Text »Wir laufen den Kreuzweg, damit Wackersdorf nicht gebaut wird«. Damals wagten wir noch nicht zu hoffen, dass die geplante Wiederaufbereitungsanlage Wackersdorf tatsächlich verhindert werden wird.

Hitzacker, 19.11.2005: Mit unseren selbstgenähten Fahnen.

Angesichts der Gorleben-Problematik und der Langlebigkeit der Radionuklide (ca. 1 Mio. Jahre, d. h.: 40.000 Generationen müssen sich vor unserem Atommüll schützen!) haben wir noch diese gelbe Fahne gefertigt: »Keinen Atommüll für die Nachwelt«.

Gisela Hirth

Meine Wut nutzte ich so manches Mal als Antrieb zum Handeln

Vertreibung aus dem Paradies

1986 – Die Gefühle und Gedanken, die Ängste und die Fragen der Maitage sind eingebrannt in meinem Gedächtnis, in meinem Leib, in meiner Seele.

Ich erinnere mich an ungewöhnlich warme, sonnige Frühlingstage und heftige nächtliche Gewitter.

Während der Unwetter stehe ich wie gelähmt am Fenster des Südgiebels und beobachte den Regen, der die Radionuklide in das Erdreich unseres Gartens spült.

Unter mir schlafen unsere Kinder und ich beginne zu begreifen, dass nichts mehr so sein würde wie vorher.

Die Scheiben des Frühbeetes – bei Regen sonst stets geöffnet – sind geschlossen.

Das Wasser in der Regentonne, sonst hoch willkommen zum Gießen im Gurken- und Tomatenhaus, wird an den Zaun geschüttet (wie sich auch sonst brisante Standorte in Grenznähe befinden; aber so denken wir erst eine Weile später).

Meine Mutter spricht hingegen schon bald von der Vertreibung aus dem Paradies.

Zunächst hören wir, das sind drei Generationen unter einem Dach, tagelang Radio. Nicht zu fassen ist die Meldung: »Die Radioaktivität der Luft darf nicht bekannt gegeben werden«. An dieser Stelle möchte ich heute noch meinen Respekt vor dem Mut des Nachrichtensprechers kundtun, der mit diesem Satz verdeutlichte, dass es nicht um den Schutz der Bevölkerung, sondern um Beschwichtigung ging.

Wir fangen an, Zeitungsartikel zu sammeln, wie z. B. Maulkorberlass für Offenburg und vertiefen uns in Physikbücher, lernen mit rem, jetzt Sievert umzugehen und umzurechnen in Becquerel.

Haben wir bis dahin Lebensmittel, besonders Milchprodukte, mit möglichst langer Haltbarkeit bevorzugt, unterscheiden wir jetzt nach dem Zeitpunkt der Produktion – vor oder nach Tschernobyl. Der Beginn einer neuen Zeitrechnung.

Wir beobachten, dass die Bauern trotz Verbot ihren Raps ernten und verfüttern. Nun lassen wir Milchprodukte im Regal stehen, befassen uns mit Halbwertszeiten, studieren den Weg »der« Wolke, treiben ein Raster über Niederschlagsmengen in verschiedenen Regionen auf und stellen wie erwartet fest, dass sie mit der Nuklidverseuchung (die Amtssprache war »Belastung«) korrelieren.

Wir halten nichts von Hamsterkäufen in Form von Dosen und entschließen uns, noch Wochen vor der Roggen- und Weizenernte, zum Kauf mehrer

Zentner Brotgetreide aus dem Vorjahr und integrieren das wöchentliche Brotbacken in unseren Alltag. Wir entdecken Vollwertkost, den Keimapparat, Sojaprodukte und grünen Tee.

So weit ist mir das Geschehen so gegenwärtig, dass ich es nur in der Gegenwart schreiben konnte.

Die Dinge beim Namen nennen

Wir blieben nicht in der Lähmung stecken, weigerten uns zu verdrängen, lernten die Dinge beim Namen zu nennen und wurden richtig kreativ.

Meine Wut nutzte ich so manches Mal als Antrieb zum Handeln, auch wenn es zunächst nur der Griff zum Telefon war, den Satz »Für die Bevölkerung besteht keine Gefahr« konnte ich nicht mehr hören. Schnell kam ich der Konfusion und Ratlosigkeit der Behörden auf die Schliche.

So erhielt ich z. B. beim Amt für Katastrophenschutz die Auskunft, dass das Trocknen der Wäsche im Freien völlig unbedenklich sei. Am nächsten Tag war in der Zeitung zu lesen, dass von Trocknen der Wäsche im Freien abzuraten sei. Die Katastrophe traf offensichtlich auch Angestellte und Beamte unvorbereitet.

Der Besuch einer Umweltmesse in Würzburg war für mich der Auslöser, politisch aktiv zu werden. Auf der Heimfahrt im Zug sichtete ich das mitgenommene Material und vertiefte mich in die Broschüre »Strom ohne Atom«. Ich bestellte 1.000 Exemplare, mietete den Nebenraum einer Gaststätte und gab eine Zeitungsanzeige auf.

Aus der Initiative »Strom ohne Atom« entstand innerhalb weniger Monate die »regionale Arbeitsgruppe Fürth der Mütter gegen Atomkraft e.V.«, in der sich vor allem Mütter mit kleinen Kindern und couragierte Großmüttern zusammenfanden.

Sommer 1988, Am Solarkocher (Enkeltochter und Großmutter)

In den folgenden Jahren steckten wir unsere Kräfte in die Entwicklung von Flugblättern (eines der ersten trug den Titel »Mut zur Angst«), die Betreuung von Infoständen, das Sammeln von Unterschriften, das Durchführen von Mahnwachen und Veranstaltungen, die Erhebung von Einwendungen, die Teilnahme an den Erörterungsterminen, Demonstrationen und die Unterstützung der Kinder von Tschernobyl.

Wir besuchten Informationsveranstaltungen und Namen wie z. B.

Ludwig Bölkow
Landrat Schuirer
Holger Strom
Carl Friedrich von Weizsäcker
Franz Alt
das Ehepaar Weinzierl

sind mit dieser »ersten Zeit« verbunden.

Langfristig wurden viele wertvolle Frauenbegegnungen tragend für unser Engagement:

▪ Monika Ott von den Sandkörnern, die sich nach einer Ankettaktion in Wackersdorf durch die gerichtlichen Instanzen kämpfte,

89

die Philosophin Annegret Stopczyk-Pfundstein, deren Bücher alle in meinem Regal stehen. Von ihr stammt: »Ich möchte eine Philosophie ausdenken, die mehr dazu imstande wäre, unseren Leib und unser Leben zu schützen, als die bisherigen Philosophen es taten.«

die Steiner Friedensfrauen, die mir die »Kokosnusstheologie« nahe brachten und die Pazifikarbeit.

Der Ostermarsch und der Hiroshima-Tag haben ihren festen Platz im Jahreslauf.

Die Menschenkette von Ulm nach Stuttgart 1983, und der Kreuzweg für die Schöpfung 1988 von Wackersdorf nach Gorleben, den wir am Ostersonntag mitgestalteten und begleiteten, waren für uns herausragende Erlebnisse.

Einen kleinen Erfolg konnte ich für die Kinder von Tschernobyl in doppelter Hinsicht verbuchen.

Als im Jahr 1992 der Tschernobyltag auf einen Sonntag fiel, konnte ich einige evang. Pfarrer als Fürsprecher für unsere Sache gewinnen. Mehrere Kirchengemeinden stellten daraufhin die Kollekte dieses Sonntages für die Kinder von Tschernobyl zur Verfügung. Das Ergebnis waren 2.000 DM.

Plakat der Mütter gegen Atomkraft e.V. zur Bundestagswahl 2005.

Unvergessen bleibt unsere »nackte Frau«, von Barbara gezeichnet. Manchmal sogar ausgeliehen, zog sie bei Veranstaltungen stets das Interesse auf sich. Sie demonstrierte anschaulich, welche Radionuklide von welchen Organen bevorzugt eingelagert werden.

Durch unsere Betroffenheit als Frauen und Mütter nehmen wir auch heute noch am Fürther Frauenforum und am Internationalen Frauentag teil.

Das Faltblatt »7 Jahre nach Tschernobyl – Energiepolitik (k)ein Frauenthema?« wurde erstmals zu einem Internationalen Frauentag aufgelegt und ist zu Zeiten der Globalisierung mit dem zitierten Artikel von Andrèe Collard mit Joyce Contrucci aktueller denn je (s. Seite 8).

Langer Atem

Dass unsere Gruppe noch besteht, sich einmischt, vernetzt und Kontakte pflegt, ist nicht zuletzt der Mitarbeit und Unterstützung ganzer Familien zu verdanken.

Wir beweisen einen langen Atem und bleiben dran, auch in diesem Jahr wieder mit der Gestaltung einer Plakatwand zur Bundestagswahl.

Erfolg?

Vielleicht haben wir ein bisschen dazu beigetragen, das Tempo, in dem unsere Lebensgrundlagen und die der nächsten Generationen zerstört werden, etwas zu bremsen, Sand ins Getriebe zu streuen, Alternativen zu entwickeln, zu erproben, zu leben.

Bei aller Ungeduld und Unzufriedenheit will ich anerkennen, dass z. B. mit dem Erneuerbaren Energiengesetz, aber auch z.B. durch die Förderung ökologischer Landwirtschaft wichtige Weichen gestellt wurden.

In Anbetracht der Klimakatastrophe, die ab diesem Jahr mit Überschwemmungen und Hurrikans wohl von niemandem mehr negiert werden kann, meine ich, dass wir die Frage nach den Ursachen und Lösungen noch anders stellen müssen.

Mich interessieren nicht nur alle Möglichkeiten der CO_2-Einsparung, mich interessiert, inwieweit die Philosophie eines ständigen Wirtschaftswachstums, was einen enormen Ressourcenverbrauch bedingt, verbunden mit der gängigen Kapitalwirtschaft und Zinspolitik ursächlich für die Klimaveränderungen sind.

Es könnte sich der Schwerpunkt unserer künftigen Arbeit verlagern, ohne dabei den Kampf gegen den Weiterbetrieb und Neubau von AKWs zu vernachlässigen. Zum Schluss eine echt positive Meldung:

»Erstmals haben die erneuerbaren Energien in Deutschland die Kernkraft überholt: Während letztere im ersten Halbjahr 2005 5,7 Prozent zum deutschen Gesamtenergieverbrauch beitrug, lagen Wind, Wasserkraft, Sonne, Bioenergie und Erdwärme bei 6,4 Prozent, teilte der Bundesverband Erneuerbare Energie (BEE) mit. Die Branche zählte 150.000 Arbeitsplätze und damit 20.000 mehr als im Jahr 2004. Laut dem Mittelstandsverband BVMW seien 5.000 kleine und mittlere Unternehmen im Geschäft mit erneuerbaren Energien tätig. Deutschland sei hier Technologieführer.« (Aus »Der Umweltbrief aus der Evang. Luth. Kirche in Bayern«, Nr. 36, November 2005, Seite 11)

Ganz persönlich freuen wir uns, gemeint sind die drei Generationen unter einem Dach, dass wir vor einem Jahr eine solargestützte Holzpelletheizung in Betrieb nehmen konnten.

Heike Mahlke

»Ich stelle mich quer« – Frauenwiderstand im Wendland

Als 1977 die deutsche Bundesregierung beschloss, im Wendland, das ist im Nordosten von Niedersachsen, einen nationalen »Entsorgungspark« der Atomenergie zu schaffen, wusste ich wenig von den Gefährdungen dieser Technologie. Hellhörig wurde ich durch die Art und Weise, wie Land- und Waldbesitzer durch riesige Geldsummen verführt werden sollten, ihren Besitz an die Atomindustrie zu verkaufen. Die kommunalen Politiker wurden durch das Versprechen von Arbeitsplätzen, durch immense Geldgeschenke für Investitionen, durch Reisen ins In- und Ausland bestochen, um den Plänen der Atomindustrie zuzustimmen. Menschen, die protestierten, wurden diffamiert bzw. kriminalisiert. Bei Demonstrationen wurden Polizeikräfte aus der weiteren Umgebung, später aus dem ganzen Bundesgebiet herangezogen, und das Wendland wurde allmählich zu einem Landstrich, in dem Telefonüberwachungen und Hausdurchsuchungen an der Tagesordnung sind. Mir wurde klar, dass eine Technologie, die Familien, Dorfgemeinschaften entzweit und nur mithilfe eines Polizeistaates durchgesetzt werden kann, nicht lebensbewahrend ist. Als in den anfangs veranstalteten Hearings und öffentlichen Verfahren Frauen, die sich zu Wort meldeten, Sachverstand und Intelligenz abgesprochen wurde, beschloss ich, mich kundig zu machen und gemeinsam mit anderen Frauen das zu nutzen,

was man uns nicht zubilligte bzw. nicht zutraute: unseren Verstand, unsere Emotionalität, unsere Kreativität und unseren Mut.

Als 1979 die ersten Baumaßnahmen für ein Atommüll-Zwischenlager in Gorleben begannen, trafen sich zum ersten Mal Frauen aus dem Wendland zu einer Protestaktion und nannten sich fortan »Gorlebenfrauen«. Sie waren eine bunte Mischung von jungen bis alten, von einheimischen und aus der Großstadt zugewanderten, in heterogenen und in lesbischen Beziehungen sowie allein lebenden Frauen. Vielfältig, phantasievoll und kreativ waren ihre Aktionen von Beginn an. Unter dem Motto »Frauen kämpfen für das Leben« pflanzten sie im Herbst 1979 im ganzen Land Narzissen als Vorbereitung für das erste internationale Frauentreffen im Wendland im Frühjahr 1980. Sie verblüfften und irritierten immer wieder in ihren Aktionen die Polizei und Betreiber der Atomindustrie. Darin lag für viele Jahre ihre Stärke. Zwischenzeitlich bekam immer wieder das Privatleben Vorrang. Die kämpferischen Frauen zogen ihre Kinder groß, bauten an ihren Beziehungen und an ihren Häusern, waren berufstätig. Wenn sie das Gefühl hatten, dass sie zu katastrophalen und politischen Ereignissen – wie Tschernobyl, dem Golfkrieg, der Asylgesetzgebung, den Castortransporten mit hochradioaktivem Müll – nicht schweigen konnten, gingen sie auf die Straße. Einige Frauen zogen fort, wanderten in die Politik ab, wechselten zu anderen Gruppen. Es kamen immer wieder neue Gesichter dazu, vor allem eine neue Generation. Die kleinen Töchter aus der Anfangszeit wurden zu jungen Frauen und nehmen jetzt ihren Platz im Gorleben-Widerstand ein.

Meistens hat eine Frau eine Idee, bespricht diese mit ihren Freundinnen, und wenn aus dieser Idee ein Plan für eine Aktion erwächst, fragt jede Frau noch 10 weitere. Auf diese Weise werden immer viele Frauen beteiligt.

Die Gorlebenfrauen haben viele Aktionen im Wendland gemacht. Sie sind aber auch auf Reisen gegangen zu verschiedenen AKW-Standorten in der Deutschland, nach Belarus und nach Tschechien. Ihr Bemühen war, Kontakte herzustellen mit betroffenen Frauen an anderen Standorten und ein internationales Netz zu knüpfen von Frauenwiderstand. So haben wir 1997 aus Anlass des 20 Jahre andauernden Widerstands gegen Atomenergie im Wendland ein internationales Frauenforum gegen Atomenergie organisiert, zu dem wir Frauen von anderen Standorten in Europa eingeladen haben. Der Wunsch der Teilnehmerinnen dieses Forums war, die Treffen fortzusetzen, um uns gegenseitig zu stärken und zu informieren. Uns Frauen im Wendland ist bewusst, dass es dringend notwendig ist, unseren Widerstand mit Frauen in Europa und weltweit gemeinsam zu führen, zumal die Atomindustrie global arbeitet mit Unterstützungen vieler Regierungen wie z. B. der Bundesregierung Deutschland.

Im Augenblick fehlt uns die Kraft, den Frauenprotest zu vernetzen. Die Castortransporte mit hochradioaktivem Müll nach Gorleben und Ahaus der letzten drei Jahre, die mit polizeistaatlichen Mitteln durchgeführt worden sind, haben uns müde werden lassen, so dass der Frauenwiderstand im Wendland zur Zeit nicht wahrnehmbar ist. Einzig der Boykott-Aufruf »Siemens kommt uns nicht ins Haus«, bis Siemens aus der Atomwirtschaft ausgestiegen ist, hat noch eine Stimme. Wir ermutigen Frauen, sich auf diese Weise querzustellen und keine Produkte der Firma »Siemens« zu kaufen und diese Entscheidung dem Konzern mitzuteilen. Das ist kein besonders mutiger Akt, aber er hätte eine große Wirkung, wenn viele Frauen auf diese Weise gegen den Bau von Atomkraftwerken unter der Beteiligung der deutschen Firma »Siemens« in der Türkei, in der Ukraine, in Russland u. a. protestierten.

Frauenwiderstand setzt Kraft und Lebensfreude voraus. Beides erfahren die Frauen im Wendland im gemeinsamen Planen und Durchführen von Aktionen und im Atemholen nach Phasen der Auseinandersetzung mit den Staatsgewalten.

aus: World Information Service on Energy – WISE, News Communique 509/10, May 11, 1999 (in englisch). Wir danken WISE für die freundliche Erlaubnis zum Druck der deutschen Fassung.

Castorproteste 1997: warten auf den Castor

Demorede am Vorabend des Castortransportes in Dannenberg, 6.5.1996

Liebe Freundinnen und Freunde!

Der Castor wird in den nächsten Stunden in La Hague losfahren. Das macht mir Herzklopfen, wenn ich an die morgige Nacht denke im Blick auf die belagerte Provinz, in der wir uns seit Tagen befinden.

Und ich bin besorgt, dass wieder ein Stück Demokratie auf der Strecke bleibt angesichts einiger schon gestern und heute eingegangenen Berichte über rüde und unverhältnismäßige Polizeieinsätze.

Auch wenn mir ziemlich mulmig zumute ist, so bin ich froh, dass in diesen Tagen in dieser belagerten Provinz so viele Menschen auf den Beinen sind, um zu zeigen, dass sie keinen Castor wollen und keine Atomwirtschaft. Viele Menschen aus allen Teilen der Bundesrepublik – aus Ost und West – haben in diesen Tagen im Büro der Bürgerinitiative angerufen, um zu sagen, dass sie sich auf den Weg machen zu uns bzw. an ihrem Ort demonstrieren wollen – und das ist toll und ermutigend. Ich möchte gerne an dieser Stelle allen denjenigen besonders danken, die sich bis zur Erschöpfung einsetzen in der Bürgerinitiative, in der Organisation, im Informationsbereich ... Das ist eine schwierige Aufgabe aufgrund der Anspannung, in der wir uns befinden.

Am Tschernobyl-Tag bin ich in diesem Jahr in Minsk, in Belarus, gewesen. Gemeinsam mit Frauen aus Belarus und aus ganz Europa haben wir am Vormittag einen Garten der Hoffnung gepflanzt. »Einen Garten der Hoffnung im Lande der Hoffnungslosigkeit«, so haben die belarussischen Frauen diese Aktion genannt. Die Hoffnungslosigkeit beschreibt die schreckliche Situation, in der sich die Menschen seit der Katastrophe von

Tschernobyl befinden, und sie sagt gleichzeitig etwas aus über die politischen Verhältnisse in diesem Lande, das sich mehr und mehr zu einem totalitären Staatsgebilde entwickelt, in dem oppositionelle Parteien ihre Stimme nicht mehr erheben dürfen, oppositionelle Presse außer Landes gehen muss. Am Nachmittag fand eine Demonstration statt, in der die Menschen ein Bekenntnis zu ihrer Heimat ablegen und ihre Trauer über das Leid, das Tschernobyl ihnen gebracht hat, öffentlich machen wollten. Es stand kaum etwas in unserer Presse darüber, dass die Demonstration mit schweren Übergriffen der Polizei endete, mit Verhaftungen von Journalisten und Oppositionsführern und bitteren Repressalien.

Als meine Freundin Irina Gruschewaja am Beginn der Demonstration von einem Polizeioffizier am Reden gehindert werden sollte, hat sie zunächst mutig weitergemacht, und ich stand mit Herzklopfen daneben. Hinterher hat sie mir gesagt: »Als du neben mir gestanden hast, habe ich bei dir all die Menschen im Wendland gesehen, die bei euch auf die Straße gehen. Und das hat mir Mut gemacht.« Als kurze Zeit später den Menschen nicht nur das Reden, sondern auch das Singen verboten worden war, haben wir Frauen, die wir aus ganz Europa dort zusammengekommen waren, angefangen zu singen, und mit uns unsere belarussischen Schwestern. Selten habe ich in einer Zeit des Schreckens und der Trauer eine solche Verbundenheit und Kraft unter Menschen gespürt wie in diesem Augenblick. Wenn in der morgigen Nacht der Castor mit kriegsähnlichen Methoden von Dannenberg nach Gorleben gebracht wird, werde ich auf der Straße sein, und der Mut und die Tapferkeit der belarussischen Frauen werden mit mir sein und mir helfen, meine Ängste zu überwinden.

Als ich aus Belarus zurückgekommen bin, habe ich in der Presse gelesen, dass Frau Merkel und Herr Rexrodt ausgerechnet am Tschernobyl-Tag sich für die weitere Nutzung der Atomenergie in Deutschland ausgesprochen haben. Ich möchte von dieser Stelle noch einmal betonen: Indem wir uns im Wendland querstellen gegen den Castortransport, stellen wir uns quer gegen die Atomwirtschaft und die Atompolitik der Bundesregierung.

Wir stellen uns quer, weil wir verhindern wollen, dass deutsche Firmen – wie der Siemenskonzern – mit der Aufrüstung der maroden Atomkraftwerke in Osteuropa und dem Bau eines Atomkraftwerkes in Belarus immense Summen verdienen. Wir stellen uns quer, weil wir nicht wollen, dass eine tödliche Technologie uns und die kommenden Generationen in Angst und Schrecken versetzt. Wir stellen uns quer, weil wir keinen Atomstaat wollen, wie wir ihn in diesen Tagen erleben.

Wir stellen uns quer und um es mit dem Motto der Gorlebenfrauen nach dem letzten Castortransport zu sagen: Wir geben nicht auf!

Regine Suling

Wenn der Horizont ganz weit wird

Der Verein »Heim-statt Tschernobyl« engagiert sich in Belarus – mit ökologischem Häuserbau, Mutter-Kind-Urlauben, Frauenfreizeiten und viel Ideenreichtum

Der Himmel ist hier viel weiter als anderswo. Und die Sterne leuchten viel klarer als zu Hause. So scheint es jedenfalls. Und so kommt es auch in jedem Jahr wieder den weißrussischen und deutschen Frauen vor, die sich anlässlich der Frauenbegegnung im Sommer in Weißrussland treffen und den Hals allabendlich nur zu gerne verrenken, um die Sternbilder genau in Augenschein zu nehmen.

Auf Einladung des Vereins »Heim-statt Tschernobyl« kommen die rund dreißig Frauen stets ins weißrussische Dorf Drushnaja. Hier hat der Verein in den vergangenen Jahren Häuser für und mit Menschen gebaut, die so die Möglichkeit hatten, aus den durch den Reaktorunfall von Tschernobyl verstrahlten südlichen Gefilden in den unverseuchten Norden umzusiedeln. Heute sind die Häuser an dieser Stelle fertig, Familien sind eingezogen und bieten Gästen wie den Teilnehmerinnen der Freizeit eine Unterkunft auf Zeit – Familienanschluss inklusive. Im Fokus der Begegnung steht indes immer der Austausch. Wie sieht das Leben der Frauen in beiden Ländern aus? Mit welchen Problemen haben sie zu kämpfen? Was macht ihnen besondere Freude? Auf all diese Fragen finden die Frauen Antworten und stellen nur allzu oft fest, dass sich zwar ihre Lebensumstände deutlich unterscheiden, ihre Einstellung zum Leben jedoch nicht. Zusammen wird gebastelt und gesungen, getanzt und geradelt – das Gemeinsame rückt dabei stets in den Mittelpunkt. Besonders die deutschen Teilnehmerinnen erfahren viel über die Probleme, die das Leben nach Tschernobyl den Weißrussinnen bereitet. Zum Beispiel über die Tochter von Valentina, die bereits mehrere schwere Operationen über sich ergehen lassen musste, weil ihr Magen immer wieder zu bluten beginnt. Oder über das Leben von Mila, die ihre Arbeit als Ärztin immer wieder unterbrechen muss, um zum Ernteeinsatz auf die Felder der Kolchose auszurücken und Kartoffeln auszugraben. Zudem raubt der von Präsident Alexander Lukaschenko geprägte »Marktsozialismus« den Menschen den Freiraum, so scheint es, und verwehrt ihnen die Möglichkeit, sich umfassend und zumindest einigermaßen objektiv zu informieren. So listet beispielsweise die hauptstädtische Zeitung im Hochsommer auf ihrer Titelseite die besten Mähdrescherfahrer des Landes auf – Informationen aus anderen Ländern sucht man in den Medien des neuen EU-Grenzlandes indes vergebens. Umso wichtiger ist den Frauen daher der Austausch untereinander. Manches Vorurteil bleibt so auf der Strecke – und manche Freundschaft mit Bestand wird durch die Initiative von Irmgard von Bodelschwingh geschlossen. Sie hatte die Frauenbegegnung ins Leben gerufen, nachdem bei den sommerlichen Mutter-Kind-Freizeiten immer deutlicher wurde, dass sich auch die Frauen ein eigenes Forum wünschten. Ein Engagement, das sich gelohnt hat. Und das ein wichtiges Mosaik in der Arbeit von »Heim-statt Tschernobyl« darstellt. Denn in Weißrussland, dem Staat, der durch den GAU im Atomkraftwerk Tschernobyl am stärksten in Mitleidenschaft gezogen wurde, begannen die von Bodelschwinghs Anfang der neunziger Jahre zu helfen. »Unsere erste Begegnung mit Strahlenopfern in einem Krankenhaus in Belarus löste bei uns Bestürzung aus. Wir standen vor den Betten verstrahlter Kinder und ahnten das Ausmaß ihrer Erkrankung«, beschreibt Dietrich von Bodelschwingh seine Gedanken.

Gemeinsam mit seiner Frau Irmgard und den Kindern begann der Pastor nach Möglichkeiten zu suchen, den Betroffenen im eigenen Land ein neues Zuhause auf gesundem Boden zu verschaffen. Und das auf ganz ökologische Weise: In der Nähe der Hauptstadt Minsk entstand am Narotsch-See das Dorf Druschnaja, übersetzt heißt das soviel wie »das freundschaftliche Dorf«. Weißrussen und deutsche Helfer bauten hier gemeinsam Häuser in Lehmbauweise, um Menschen aus den verstrahlten Gebieten hierhin umzusiedeln. Viele Deutsche verbringen seit Jahren ihren Urlaub immer wieder in Work-Camps in Weißrussland, um ehrenamtlich anzupacken. So entstanden in Druschnaja mittlerweile 31 Häuser, alle versehen mit einem großen Garten. Nebenbei stiftete das gemeinsame Bauen auch manche Freundschaft. Damit nicht genug: 1999 wurde auf einer Anhöhe von Druschnaja ein allein aus Spendengeldern finanziertes Windrad errichtet, 2002 folgte das zweite, für das u.a. auch die Bundesregierung Mittel locker machte. Die beiden Energie-Spargel erfüllen dabei mehrere Zwecke: Einerseits sind sie ein Zeichen für ökologisch erzeugten Strom und damit auch ein sichtbares Zeichen gegen Atomkraft, auf der anderen Seite wird mit Hilfe der so erzielten Stromerträge der weitere Hausbau durch den weißrussischen Partnerverein »ÖkoDom« finanziert. In Druschnaja ist der Hausbau unterdessen beendet worden, die Arbeit jedoch geht weiter. Die hier lebenden Umsiedler stellen Zimmer für Familienfreizeiten zur Verfügung, außerdem wird ganz in der Nähe der ökologische Hausbau in eine andere, innovative Richtung getrieben: In einer Produktionshalle werden Schilfrohrmatten für die Wärmedämmung der Häuser hergestellt. Denn der Bau wird fortgesetzt. Die Siedlung Druschnaja ist zwar komplett, im etwa zwei Autostunden entfernt liegenden Lepel entsteht aber ein neues Dorf. Und in Druschnajas Nachbardorf Sanarotsch wird momentan am Ambulatorium gebaut, das die medizinische Versorgung der Menschen auf dem Land verbessern soll. Soviel Engagement wusste auch die ZEIT-Stiftung zu würdigen und verlieh dem Verein den Förderpreis der Marion Dönhoff Stiftung für internationale Verständigung und Versöhnung. Das Motto des Preises: »Für Menschen, die wissen, worum es geht«. Denn die Ideen gehen den Ehrenamtlichen um Irmgard und Dietrich von Bodelschwingh so schnell nicht aus. Und das ist zu begrüßen – denn sie sorgen auch dafür, dass noch manche Teilnehmerin einer Freizeit in Belarus ihren Horizont um ein ganzes Stück erweitern kann.

Gute Reise

Fahrt weg und
Findet zu Euch.

Hört und seht,
was man euch nicht sagt und zeigt.

Denkt mit Eurem Herzen,
fühlt mit Eurem Kopf.

Sucht nicht nach Unterschieden und Gemeinsamkeiten,
akzeptiert das Anderssein.

Verzweifelt nicht, dass wir die Welt nicht ändern können,
stärkt euch an den Blicken in die Gesichter.

Schaut dem Tod hinter seine Fratze,
entdeckt das pulsierende Leben.

Lacht, wenn Euch danach ist,
weint, wenn Ihr nicht anders könnt.

Kommt wieder und
Bleibt doch dort.

Heike Sabel

Ulrike Röhr

Frauen gegen Atomenergie – Daten, Fakten, Argumente

Viele Beiträge dieses Buches beschreiben auf sehr persönliche und sehr eindrückliche Weise die Erfahrungen von Frauen mit der nuklearen Katastrophe von Tschernobyl und/oder ihren Widerstand gegen die Nutzung der Atomenergie. An dieser Stelle soll nun die Verbindung – oder Nicht-Verbindung – von Frauen mit Energieproduktion, Energiepolitik, Energieplanung anhand von sogenannten »harten« Daten und Fakten dargestellt werden. Dabei geht es vor allem, aber nicht nur, um die deutlich höhere Ablehnung der Atomenergienutzung durch Frauen und deren Hintergründe. Ebenso wird ein kurzer Blick auf die »Geschlechterverhältnisse« bei den erneuerbaren Energien geworfen, und damit der Bogen zwischen dem ersten und dem dritten Kapitel des Buches geschlagen.

Frauen und Energie – eine schwierige Verbindung?

»Energie« ist traditionell und in hohem Maße ein »Männerthema« (Röhr 2001) schrieb ich vor einigen Jahren in ein Hintergrund-Papier, das sich mit dem Thema ›Frauen und Energie in industrialisierten Ländern‹ befasste. Heute frage ich mich: Ist es das wirklich? Oder hatte ich da vielleicht selbst schon eine Schere im Kopf, und betrachtete nur die Bereiche, die von Männern dominiert

werden – self-fulfilling prophecies nennt man das wohl. Oder anders gefragt: Kommt es nicht vielmehr auf den Standort an? Betrachtet aus der Perspektive ›wer entscheidet, wer plant, wer verdient daran‹ stimmt die Definition von Energie als Männerthema. Wenn ich aber die Perspektive wechsle, und das Augenmerk z. B. auf die Auswirkungen der Energieproduktion und -nutzung lege (z. B. Katastrophen wie in Tschernobyl oder auch Naturkatastrophen durch Klimaveränderungen aufgrund energiebedingter CO_2-Emissionen) sieht das Bild schon ganz anders aus. Die Beiträge in diesem Buch legen ein bewegendes Zeugnis darüber ab.

Frauen gegen Atomkraft: Untersuchungsergebnisse aus aller Frauen Länder

Der Kampf gegen die Atomenergie war in den 70er Jahren ein wesentlicher Ausgangspunkt der »Frauen-Umweltbewegung« in Industrieländern, der in den 80er Jahren seinen Höhepunkt erreichte. Auch wenn es um viele der Frauen- oder Müttergruppen inzwischen etwas ruhiger geworden ist, geblieben ist die grundsätzliche Ablehnung der Atomenergie von Frauen – nicht nur in Deutschland, sondern überall auf der Welt.

Eine der ersten Untersuchungen, die Geschlechterunterschiede bei den Präferenzen zur

Energieversorgung aufdeckte, kommt aus den USA. Dort wurde von der Annahme ausgegangen, dass Frauen eher den »sanften Weg« (Solarenergie, Windenergie, Biomasse, Wasserkraft) wählen würden, weil dieser umweltverantwortlicher sei und die Bedürfnisse jetziger und zukünftiger Generationen besser berücksichtige. Im Gegensatz dazu würden Männer aufgrund ihrer Neigung zu Kontrolle und Herrschaft über die Natur eher den »harten Weg« (Nuklearenergie, Kohle und Öl) bevorzugen (Longstreth et.al. 1989).

Das Ergebnis der Untersuchung bestätigt die Hypothese der wesentlich stärkeren Ablehnung der Atomenergie durch Frauen. Selbst bei gleichem Wissenstand über Nuklearenergie wird sie von Frauen als unsicherer empfunden wird. Für Männer spielten eher die (erhofften) ökonomischen Vorteile der Atomenergienutzung eine Rolle. Dies erklären die Autorinnen mit der unterschiedlichen Sozialisation von Frauen und Männern in Bezug auf Sicherheit und Risikowahrnehmung (s. u.).

Ähnliche Untersuchungsergebnisse finden wir in Untersuchungen von 1995 und 1997 aus Korea, wo als Begründung die mangelnden Kenntnisse der Frauen über Atomenergie angenommen werden (Lee/Lee 1999)

Auch in Finnland zeigen Untersuchungen vergleichbare Ergebnisse: Dort unterstützen 1999 nur 14 % der Frauen, aber 46 % der Männer die langfristige Nuklearenergienutzung – mit abnehmender Tendenz (1997 waren es noch 20 % der Frauen und 49 % der Männer). Widerlegt wird aber die Begründung der Koreaner, dass Ursache für die Geschlechterunterschiede die mangelnde Bildung der Frauen sei. In Finnland zumindest fand man genau das Gegenteil heraus: Je gebildeter die Frauen, desto vehementer ihre negative Einstellung zur Nuklearenergie. Im Gegensatz dazu die Männer, bei denen die positiven Einstel-

lungen zur Atomenergie mit steigendem Bildungsstand zunehmen. (Kärkkäinen 2001)

Finnland ist das erste Land der Europäischen Union, das nach der Reaktor-Katastrophe in Tschernobyl ein neues Atomkraftwerk bauen wird (s. dazu den Beitrag von Ulla Klötzer ab S. 162). Aus diesem Anlass wurden wiederholt Befragungen der Bevölkerung durchgeführt. Sie zeigen, dass auch in einem Land, das bei der Gleichstellung der Geschlechter im weltweiten Vergleich regelmäßig eine Spitzenposition einnimmt, eine große Lücke zwischen Männern und Frauen bei der Zustimmung und Ablehnung der Atomenergie klafft. Sie verdeutlichen aber leider auch, dass der Grad der Umsetzung der Gleichberechtigung ganz offensichtlich keine Garantie dafür ist, dass sich die Meinung der Mehrheit der Bevölkerung, der Frauen, durchsetzt. Die in Finnland lebende Ulla Klötzer schreibt dazu in einem 1999 veröffentlichten Artikel, dass »Frauen (...) für gleichen Status von Männern und Frauen im politischen und wirtschaftlichen Leben (kämpfen), was häufig dazu führt, dass sie männliche Denk- und Verhaltensweisen übernehmen. Gleichberechtigung ist aber keine wirkliche Gleichwertigkeit, wenn Frauen nur dann in Machtpositionen kommen, wenn sie männliche Werte unterstützen. Bei der Emanzipation geht es eben nicht nur um gleichen Lohn für gleiche Arbeit und Rotation bei dem Spülen. Wirkliche Geschlechtergerechtigkeit gibt es dann, wenn die Gesellschaft in gleichem Umfang von weiblichen wie von männlichen Werten gesteuert wird.« (WISE 1999, Übersetzung UR)

Das Ergebnis der Umfragen für 2003 zeigt beispielsweise, dass 28 % der Frauen und 62 % der Männer dem Bau eines 5. AKW in Finnland zustimmen. Abgelehnt wird er von 48 % der Frauen und 21 % der Männer. Unschlüssig in ihrer Einschätzung sind 24% der Frauen, 17% der Männer (FINENERGY 2003). Der höhere Prozentsatz an »unschlüssigen« Frauen ist ein Phänomen, das bei allen Umfragen im Energiebereich auffällt.

Eine schottische Untersuchung zu »Nuclear Waste« zum Beispiel zeigt geradezu erschreckende Unwissenheit: Obwohl 71 % der Befragten Atommüll als großes Problem einstufen, fühlen sich 66 % der Befragten unvertraut / sehr unvertraut (quite or very unfamiliar), und nur 30 % vertraut / sehr vertraut (quite or very familiar) mit dem Thema. Als vertraut / sehr vertraut schätzen sich 35 % der Männer, aber nur 26 % der Frauen ein. Noch höher ist der Informationsmangel bei der jungen Generation: von den 18 – 24-jährigen fühlen sich nur 17 % vertraut mit dem Thema des Atommülls. Das heißt, sowohl Frauen als auch jüngere Menschen konstatieren dringenden Informationsbedarf. (Rodger 2003)

In der gesamten Europäischen Union halten sich sogar nur 25 % der BürgerInnen für gut über radioaktive Abfälle informiert. Unter Informationsmangel leiden auch hier wieder vor allem die Frauen und junge Menschen. (Europäische Kommission 2005)

Ob diese Geschlechterunterschiede bei der Information tatsächlich vorhanden sind, oder nicht vielmehr mit Geschlechterrollen und -identitäten zu tun haben, kann an dieser Stelle nicht bewertet werden. Eine mögliche Erklärung wäre, dass die Angaben weniger mit real vorhandenem Wissen und Kenntnissen zu tun haben, als vielmehr damit, dass Männer sich qua Geschlecht in technischen Bereichen fit fühlen, es nicht mit ihrer Geschlechtsrollenidentität zu vereinbaren ist, hier Unwissenheit zuzugeben. Umgekehrt bei den Frauen, denen von Kindesbeinen an vermittelt wird, dass Technik Männersache sei, Mädchen/ Frauen davon keine Ahnung haben. Einen Hinweis darauf gibt die oben erwähnte Eurobarometer-Umfrage zur radiaktivem Müll. Dort zeigte sich, dass Männer sich zwar bei vielen Fragen häufiger in der Lage sehen, die Fragen zu beantworten, aber auch öfter eine falsche Antwort geben.

Eine weitere Ursache für die Geschlechterunterschiede könnte auch die Art der Kommunikation über Energie, Atommüll etc. sein: An wen wendet sie sich bewusst oder unbewusst als Zielgruppe? Wer wird durch die Sprache, die Terminologie, die Bilder angesprochen?

Zurück zu den Einstellungen: Die einzigen Umfragen, die eine positive Haltung der Bevölkerung zur Atomenergie feststellen, kommen aus der Atomindustrie oder ihr nahestehenden Organisationen selbst. So konstatiert das NEI (Nuclear Energy Institute, US) eine wachsende Zustimmung zur Atomenergie in den USA. Auch sie stellen zwar ein »Gender-GAP« fest, dies aber auf sehr hohem Zustimmungsniveau: 78 % der Männer, 62% der Frauen haben eine positive Einstellung zur Atomenergie. (NEI 2005)

Und es gibt auch die Gegenseite zu den Anti-Atom-Einstellungen der Frauen. WIN – Women in Nuclear ist ein sehr schnell wachsendes internationales Netzwerk von Frauen, die im Nuklearbereich arbeiten und es sich zur Aufgabe gemacht haben, Frauen die Vorzüge der Nukleartechnologien nahe zubringen. Sie konstatieren anlässlich ihres Jahrestreffens in Finnland 1998, dass die größten Sorgen von Frauen bei der Kernenergie der Atommüll und Auswirkungen auf die Gesundheit, vor allem die Angst vor Krebs seien (WIN 1998). Begegnen wollen sie diesen Sorgen vor allem durch Informationskampagnen, mit denen sie Frauen über die Vorzüge der Atomtechnologien aufklären wollen. Schließlich müsse man bedenken, so schreiben sie in ihrem Resümee, dass ein Industriemagnat, bestärkt durch die Sicherheit der Atomenergie, und die einfache Frau, besorgt über Brustkrebs, jeweils eine Stimme bei Wahlen haben. Unnötig zu sagen, dass WIN sich das vermutlich anders wünschen würde.

Einstellungen von Frauen und Männern zur Atomenergie in Deutschland

Vor dem Hintergrund der Bundestagswahl in Deutschland, bei der die jetzige Bundeskanzlerin im Wahlkampf der Atomenergieindustrie einen »Ausstieg aus dem Ausstieg aus der Atomenergie« versprach, den bis zum Schluss heftig umkämpften Koalitionsverhandlungen zu diesem Thema und der fortdauernden lautstarken Diskussion darüber nach Regierungsantritt – obwohl die Koalitionsvereinbarung mangels Einigung beim Ausstieg bleibt –, wurden und werden derzeit relativ viele Umfragen zur Einstellung der Bevölkerung zur Atomenergie und zum Ausstieg durchgeführt.

So stellte im Sommer 2005 das Meinungsforschungsinstitut Emnid im Auftrag von Greenpeace (Greenpeace 2005) fest, dass 46 % der Männer, aber nur 22 % der Frauen für eine Verzögerung des Ausstiegs bzw. gegen Laufzeitbegrenzungen oder sogar für den Ausbau der Atomenergie plädieren. Den Ausstieg beschleunigen bzw. am Ausstiegstempo festhalten will eine klare Mehrheit der Bevölkerung, nämlich 52 % der Männer und sogar 68 % der Frauen. Entsprechende Unterschiede finden sich bei der Frage, ob man den Atom-Ausstieg richtig oder falsch findet. Auffällig auch hier: bei allen Fragen ist der Anteil derer, die mit »weiß nicht« antworten, bei Frauen erheblich höher (bei der Frage nach dem Ausstieg sind dies 2 % der Männer, 10 % der Frauen, bei der Frage nach der Verlängerung der Restlaufzeiten 7 % der Männer, 14 % der Frauen) Diese Unsicherheit ist zwar auch bei der Frage, ob man akzeptieren würde, dass in unmittelbarer Wohnungsnähe (Umkreis 10 km) ein Atomkraftwerk gebaut würde, bei Frauen doppelt so hoch, liegt aber insgesamt sehr niedrig (1 bzw. 2 %). Nicht akzeptieren würden den Bau 86 % der Frauen, aber doch auch 62 % der Männer. Das heißt, dass ein großer Teil derjenigen, die Pro-Nuklear eingestellt sind, diese aber nicht bei sich in der Nähe haben möchten (das bezeichnet man als »Not in my backyard«-Syndrom). Nur 8 % aller Frauen, aber immerhin 27 % aller Männer würden ein AKW in Wohnortnähe akzeptieren.

Die Einrichtung eines atomaren Endlagers in Gorleben begrüßen in dieser Umfrage 44 % der Männer, 24 % der Frauen. Abgelehnt wird es umgekehrt von 48 % der Männer, 67 % der Frauen.

Auf die Frage, was das größte Umweltproblem sei, bezeichnen bei einer ebenfalls von Emnid im Auftrag von Greenpeace durchgeführten Befragung 68 % Frauen und 45 % Männer die Atomenergienutzung als größtes Problem. Dabei sorgen sich fast die Hälfte der Frauen (46 %), aber nur ein Viertel der Männer (26 %), dass Atomkraftwerke ein mögliches Terrorziel sein könnten. (Greenpeace Magazin 2005)

Die Anti-AKW-Haltung der Frauen schlägt sich auch bei den Gründen für den Wechsel des Stromversorgers nieder, wie eine Umfrage unter den Kunden und Kundinnen der Elektrizitätswerke Schönau (EWS), die ausschließlich Strom aus erneuerbaren Energien vertreiben, zeigt. Hintergründe für den Anbieterwechsel sind bei Frauen vor allem ihre Ablehnung der Atomenergie und das Aufzeigen, dass es auch anders geht. (EWS 2005)

Risikowahrnehmung von Frauen und Männern

Wie ist dieser generell große Unterschied zwischen Männern und Frauen in der Einstellung zur Atomenergie, der sich unabhängig vom Status der

Frauen in einer Gesellschaft, der Region, dem Bildungsgrad zeigt, zu erklären?

Drei Faktoren, die wiederum eng miteinander verbunden sind, spielen dabei eine maßgebliche Rolle. Da ist 1. die unterschiedliche Risikowahrnehmung von Männern und Frauen, 2. das höhere Gesundheitsbewusstsein von Frauen, ihre Sorge und Vorsorge für kommende Generationen, und 3. die Auswirkungen möglicher Risiken im Alltag und bei der bei Versorgungsarbeit, wie sie beispielsweise nach der Reaktorkatastrophe von Tschernobyl erlebt wurden und in diesem Buch an anderer Stelle eindrücklich beschrieben sind.

Während wissenschaftliche Experten Risikopotenziale bewerten, werden Risiken von der »Normal«bevölkerung *wahrgenommen*. Bewer-

tung erfolgt nach festgelegten Methoden und ist – zumindest in der Selbsteinschätzung der ExpertInnen – objektiv, rational und wertfrei. Im Gegensatz dazu basiert die Wahrnehmung von Risiken auf subjektiven Gefühlen, Wissen und Einstellungen der Bevölkerung. Dies sei vorausgeschickt, im Folgenden geht es ausschließlich um die Wahrnehmung von Risiken.

Dass Frauen und Männer Risiken unterschiedlich wahrnehmen, wird durch eine ganzen Reihe von Untersuchungen aus verschiedenen Regionen der Welt bestätigt. Die folgende Grafik gibt die Ergebnisse einer Untersuchung aus den USA wieder. Dargestellt wird, um wie viel Prozentpunkte häufiger Frauen etwas als hohes (gesundheitliches) Risiko einschätzen als Männer.

Geschlechterunterschiede bei der Wahrnehmung von Risiken (nach: Finucane 2000):

Prozentangaben: Anteil der Frauen, die mit »hohes« oder »sehr hohes« Risiko geantwortet haben, minus Anteil der Männer-Antworten »hohes« oder »sehr hohes« Risiko

Für knapp 17 % mehr Frauen als Männer stellen Atomkraftwerke danach ein großes Risiko dar, bei der Atommülllagerung beträgt der Unterschied 10 %.

Untersuchungen zum Umweltbewusstsein der Bevölkerung in Deutschland und Europa bestätigen die Daten: Sowohl die Risiken der Atommülllagerung (Europäische Kommission 2005), als auch das Risiko, dass AKWs Ziel von Terroranschlägen sein könnten (Greenpeace Magazin 2005), werden von Frauen viel höher eingeschätzt als von Männern.

Als Gründe für diese Unterschiede wurden lange Zeit ausschließlich die Sozialisation von Frauen sowie ihre größere Gesundheitsverantwortung (abgeleitet aus der Versorgung von Familie und speziell von Kindern) in Betracht gezogen. Zunehmend wird jetzt aber auch eine Verbindung hergestellt zwischen der Risikowahrnehmung von Personen und ihrem Einfluss auf Entscheidungen und/oder ihrer Kontrolle über Risiken. Die These: Je geringer die Möglichkeit der Einflussnahme auf Entscheidungen, desto höher das Risikoempfinden. Da Macht und Einflussmöglichkeiten bei Frauen in wesentlich geringerem Umfang vorhanden sind als bei Männern, würde dies zumindest teilweise die großen Unterschiede erklären.

Bestätigt wurde diese These durch eine sehr gründliche Sekundär-Analyse der Daten der zitierten Risikowahrnehmungsstudie aus den USA nach den Kategorien Ethnie, Geschlecht, Einkommen, Bildung. Damit konnte aufgedeckt werden, dass weiße Männer in allen Bereichen mit großem Abstand die niedrigste Risikoeinschätzung haben, weiße Frauen und schwarze Männer in etwa auf einer Ebene liegen (was eindeutig gegen die These der weiblichen Sozialisation spricht), während schwarze Frauen die höchsten Werte bei der Risikowahrnehmung haben. Diese Wahrnehmungen spiegeln in etwa den gesellschaftlichen und kulturellen Status der untersuchten Gruppen wider: Je geringer der Status, desto höher die Risikowahrnehmung. In einem weiteren Schritt wurden die Daten der weißen Männer genauer analysiert. Das Ergebnis: Es war vor allem das Drittel der sehr gut gebildeten, mit hohem Einkommen ausgestatteten und in hohen Positionen agierenden Männer, die ein extrem niedriges Risikobewusstsein zeigten – und damit die Werte der Gesamtgruppe »weiße Männer« in Richtung geringes Risikobewusstsein beeinflussten. Dies ist aber genau die Gruppe der Männer, die politische und wirtschaftliche Entscheidungen treffen – auch über den Einsatz von Risikotechnologien. Ob nun der Umkehrschluss erlaubt ist, dass, hätten Frauen mehr Macht, ihr Risikobewusstsein sinken würde, mag zumindest bezweifelt werden. Dagegen spricht deren enge Verbindung von Risikobewusstsein mit Gesundheitsbewusstsein und Vor- bzw. Fürsorge für nachwachsende Generationen.

Aber auch die immer wieder geäußerte Vermutung, dass die Angst der Frauen vor Risiken damit zusammenhängt, dass sie naturwissenschaftlich-technisch weniger qualifiziert sind, trifft nicht zu: Untersuchungen zur Risikowahrnehmung in den Berufsgruppen PhysikerInnen, ToxikologInnen und ChemikerInnen zeigen, dass dort die Unterschiede zwischen Männern und Frauen bei der Einschätzung von Risiken in ihren jeweiligen Fachgebieten ebenfalls gravierend sind (Slovic 1997; Jacobs, Mirham 2003).

Frauen im Bereich erneuerbarer Energien

Wenn nun Frauen so risikobewusst sind und sich so massiv gegen die Nutzung der Atomenergie einsetzen, kann eigentlich erwartet werden, dass sie sich ebenso vehement für alternative Energieproduktion, für Energie aus regenerativen Energiequellen einsetzen. Dies lässt sich für die

Hochphase des Kampfes gegen Atomenergie, vor allem in der Folge der Reaktorkatastrophe in Tschernobyl, auch aufzeigen. Die Nutzung der regenerativen Energien steckte damals noch in den Kinderschuhen. Rosemarie Rübsamen, die sich in einer Stellungnahme im nächsten Kapitel weniger positiv zu dem Einsatz von Frauen im Bereich der erneuerbaren Energien äußert, fragte damals: »Die Alternativenergie wird erwachsen – waren Frauen nur für die Kinderstube gut?« (Rübsamen 1994)

Inzwischen sind die erneuerbaren Energien der Alternativ-Nische entwachsen und zu einem ernstzunehmenden Wirtschaftssegment geworden. Aktuellere Daten aus der Erneuerbare-Energien-Wirtschaft zeigen, dass der Frauenanteil hier nicht (mehr?) wesentlich höher ist als in der konventionellen Energiewirtschaft auch. Dort liegt er insgesamt bei 20 %, darin enthalten aber auch die traditionellen Frauenarbeitsbereiche in der Verwaltung. In den technischen Bereichen liegt er bei 6 %, das Management der Energiewirtschaft wird traditionell fast ausschließlich von Männern gestellt – das ist auch in der Regenerative-Energien-Wirtschaft nicht viel anders. Einzelne Ausnahmen bestätigen die Regel. (vgl. genanet 2005)

Ausblick und Fazit

Der Kampf um den Ausstieg aus der Atomenergie geht weiter. Frauen müssen ihre Stimme weiterhin erheben und ihr mit ihren kreativen Aktionen Kraft verleihen. Sie sollten parallel dazu aber nicht verpassen, ihren Fuß in die Tür der erneuerbaren Energien zu setzen. Hier entstehen die Arbeitsplätze der Zukunft, erneuerbare Energien sind ein wachsender Wirtschaftssektor. Aber auch für die Frauen, die es nicht in technische Berufe zieht, gibt es Handlungsmöglichkeiten: Wir

haben inzwischen die Wahl, von wem und welchen Strom wir beziehen. Das heißt, jede/r kann selbst entscheiden, ob sie oder er Atomstrom oder Strom aus erneuerbaren Energiequellen konsumieren will. Diese Entscheidungs- und damit auch Einflussmöglichkeit auf die Stromproduktion wird in Deutschland noch viel zu wenig genutzt. Informationen darüber, wie sich der Strom der verschiedenen Anbieter zusammensetzt, sind heute sowohl im Internet als auch auf Nachfrage von den Stromversorgern erhältlich. Unwissenheit ist somit kein Argument.

Dass Frauen weniger Geld zur Verfügung haben als Männer ist allseits bekannt. Aber auch damit ist nicht zu rechtfertigen, dass der nur vordergründig billige Atomstrom bezogen wird. Folgekosten werden auf die Gesellschaft und, noch schlimmer, auf zukünftige Generationen verlagert. Außerdem sind die Preisunterschiede heute nicht mehr so groß, dass der Bezug von ›sauberem‹ Strom die Haushalte ernsthaft belasten würde.

Es gibt also keinen Grund, nicht aktiv zu werden. Worauf warten wir?

Literatur

Europäische Kommission: Eurobarometer Special. Radioaktiver Abfall. September 2005

EWS – Elektrizitätswerke Schönau (2005): EWS Kundenbefragung 2004. Unveröffentlicht (Themen Gender/Energie/EWS Kurzfassung.doc)

FINERGY – Finnish Energy Industries Federation: Energy Attitudes 2003. Results of a follow-up study concerning Finnish attitudes towards energy issues 1983–2003. http://www.sci.fi/~yhdys/eas_03/english/eas-etied_03.htm

Finucane, Melissa L./Slovic, Paul et.al. (2000): Gender, race, and perceived risk: the ›white male‹ effect. In: healthy risk and society, Vol. 2 No. 2/2000: 159–172

genanet (Hg) (2005): Frauen im Bereich der Erneuerbare Energien-Wirtschaft. Ergebnisse einer Umfrage bei Initiativen, Verbänden und Unternehmen. GenaStudie 6, Frankfurt a.M.

Greenpeace (2005): Ergebnisse der Emnid-Umfrage zur Einstellung der Bevölkerung zur Atomenergie.
http://www.greenpeace.de/fileadmin/gpd/user_upload/themen/atomkraft/Ergebnisse_Emnid_Umfrage.pdf und/Tabellen_Emnid_Umfrag.pdf

Greenpeace Magazin (2005): So grün ist Deutschland. Ergebnisse der Emnid-Umfrage.
http://www.greenpeace-magazin.de/magazin/extra/gruenes_de.php

Jacobs, Miriam; Dirham, Barbara (Hrsg.) 2003: Silent Invaders. Pesticides livelihoods and women's health. London. S. 225ff

Kärkkäinen, Kristi (2001): The Roles of Women and Men in Environmental Matters. Paper presented at the Closing Session of the EU-Green Week (unpublished)

Lee, Kun Jai/Lee, Young Eal (1999): Public Acceptance of Nuclear Energy in Korea. Taejon, Korea

Longstreth, Molly; Turner, Jean; Topliff, Michael; Iams, Donna R. (1989): Support for soft and hard path american energy policies: Does gender play a role? In: Women's Studies Int. Forum, Vol. 12 No. 2 pp. 213-226

NEI – Nuclear Energy Institute (2005): U.S. Public Opinion about Nuclear Energy. Washington DC

Rodger, Nicola (2003): Managing Radioactive Waste Safely: Awareness and attitudes of the Scottish public. Environment Group Research Findings No. 21

Röhr, Ulrike (2001): Der andere Blick: Energie und Klimaschutz aus Frauensicht. Hintergrundpapier für die Internationale Konferenz »Gender Perspectives on Earth Summit 2003: Energy, Transport, Information for Decision-Making. Berlin/Frankfurt a.M.

Rübsamen, Rosemarie (1994): Alternativenergie wird erwachsen – waren Frauen nur für die Kinderstube gut? In: Buchen, Judith, Buchholz, Kathrin et.al. (Hg): Das Umweltproblem ist nicht geschlechtsneutral – Feministische Perspektiven. Bielefeld

Slovic, Paul (1999): Trust, emotion, sex, politics, and science: surveying the risk assessment battlefield. In: Risk Analysis 19/4 (1999), S. 689-701

WIN – Women in Nuclear (1998): Women and Nuclear Power – Fire and Water? Resumé of Issue 1/98.
http://www.vtt.fi/ats-fns/women.htm

WISE (1999): Women respond to the nuclear threat. News Communiqué 509/10, May 11, 1999

JEDEM ZUSAMMENBRUCH WOHNT EIN NEUANFANG INNE

Anna Golubovska-Onisimova

MAMA-86 Ukraine am Vorabend des 20. Jahrestages von Tschernobyl

Wie alles anfing

Die ukrainische Umweltorganisation MAMA-86 wurde 1990 von einer Initiative junger Mütter gegründet, um die Gesundheit der Kinder von Kiew vor den Auswirkungen der Tschernobyl-Katastrophe zu schützen. Damals wurde von offizieller Seite davon ausgegangen, dass die BewohnerInnen von Kiew nicht unter den Strahlenbelastungen durch die Explosion des Atomkraftwerks Tschernobyl zu leiden haben. Mütter entschieden sich daraufhin aktiv zu werden. Sie wollten die Wahrheit aufdecken, sie öffentlich machen und einen Weg finden, um Schutzmaßnahmen einzuleiten. MAMA-86 begann die Arbeit zu einer Zeit, als Mediziner und Kinderärzte Angst hatten, öffentlich über die Auswirkungen der radioaktiven Strahlung auf Kinder zu reden. Im nicht-öffentlichen Raum sprachen sie von Tschernobyl Aids (die Zerstörung des Immunsystems), von Osteoporose und Schilddrüsenstörungen. In der Öffentlichkeit aber vermieden sie es mit JournalistInnen zu reden und bewahrten Stillschweigen. Geheimhaltung von Krankheitsdaten, bzw. deren ausschließlich interne Nutzung, war ein alltäglicher Teil des beruflichen Lebens nicht nur im Bereich der Medizin, sondern auch in vielen anderen Bereichen in der Sowjetunion. Diese Verhaltensmuster sind fest verankert und lösen sich nur sehr langsam auf während des schwierigen Prozesses des Aufbaus der Demokratie in der jetzt unabhängigen Ukraine.

Im Juni 1991 wurde MAMA-86 als lokale Nichtregierungsorganisation [NRO] in Kiew eingetragen. Für die Gemeinde war das eine völlig neue Situation: Wir waren die erste Gruppe der Zivilgesellschaft, die einen Verein gründen wollte, ohne dass sie auf die Fürsprache einzelner Prominenter oder »öffentlich-offizieller« Organisationen, die vom Staat als »korrekt« angesehen wurden, zurückgriffen. Nach zwei Monate während dem Kampf hatten wir, mit Unterstützung der Massenmedien, gewonnen. Zwei Monate später wurde dann das

Unabhängigkeitsgesetz angenommen, ein Gesetz über öffentliche Vereine und politische Parteien wurde ein Jahr später vom Parlament der unabhängigen Ukraine verabschiedet.

Die ersten Aktivitäten von MAMA-86 bereiteten den Boden für die langfristige Arbeit zum Aufbau der Zivilgesellschaft, dem Schutz der Umweltrechte der BürgerInnen, der Verbesserung des Wissens der Öffentlichkeit über Gesundheit und Umwelt, der politischen Einflussnahme zur Verbesserung der Politik und der Gesetze sowie der Umsetzung von praktischen Lösungen für die alarmierendsten Probleme. Beginnend mit den Tschernobyl-Aktivitäten Anfang der 1990er Jahre, verschoben sich unsere Themen in der Folge langsam von den Auswirkungen zu den Ursachen der Probleme. Neben der offensichtlichen Schwäche des politischen Systems vor dem Auseinanderbrechen der Sowjetmacht, spielte ein Faktor eine besonders wichtige Rolle für die Gesundheit und das Wohlbefinden der Bevölkerung Kiews direkt nach der Reaktor-Katastrophe: das Stillschweigen bzw. die Lügen der offiziellen Stellen über die reale Situation. Statt die EinwohnerInnen anzuleiten, wie sie sich adäquat nach der Katastrophe verhalten sollten, hat Gesundheitsminister Romanenko sie via Fernsehen und Rundfunk davon überzeugt, dass nichts Ernsthaftes passiert sei und keine Gefahren bestünden. Als dann der radioaktive Wind durch Kiew wehte, gingen Hunderttausende von Kiewern mit ihren Kindern spazieren und genossen die ungewöhnlich langen 1. Mai-Ferien, die bis zum 4. Mai gingen. Die Kinder der hohen Regierungsbeamten waren natürlich bereits aus Kiew evakuiert worden. Viele der weiteren Tragödien hätten vermieden werden können, wenn die Regierung vorsorglich vor den Ursachen und den Wirkungen der Radioaktivität gewarnt hätte, wenn sie **frühzeitig informiert hätte**. Die Tschernobyl-Katastrophe und der zynische Umgang mit den Menschenrechten war dann der letzte Tropfen, der zum Ruin des korrupten Sowjetsystems führte. Ebenso kann dies als die Geburtsstunde der ersten Welle der Zivilgesellschaft und der grünen Bewegung in der Ukraine gesehen werden.

15 Jahre MAMA-86: Die Arbeit im Überblick

Während wir unser Arbeit in der ersten Zeit auf Kiew konzentrierten, begannen wir ab 1993 damit, uns mit Gruppen und AktivistInnen in der gesamten Ukraine zu vernetzen. Wir eroberten das Internet und die riesige globale Umweltbewegung. Seit 1994 arbeiten wir mit WECF [Women in Europe for a Common Future] zusammen. Bis heute haben wir gemeinsam vieles erreicht, was den Menschen und der Umwelt hier ganz praktisch nützt. Gegenwärtig arbeiten wir gemeinsam im Bereich nachhaltiger ländlicher Entwicklung, mit dem Ziel, die lokale Trinkwasserversorgung zu verbessern und die Praxis ökologischer Sanitäreinrichtungen als Teil von organischer Landwirtschaft zu etablieren. MAMA-86 ist außerdem Mitglied bei ANPED [Northern Alliance for Sustainability] und dem Eco-Forum. NOVIB [Oxfam Niederlande] ist unser langfristiger Partner. Seit 2001 ist MAMA-86 als Netzwerk auch auf nationaler Ebene registriert. Heute vereinigen wir 17 regionale Organisationen unter unserem Dach, die von unserer Zentrale in der Hauptstadt der Ukraine organisiert werden. 2005 hat MAMA-86 ihr 15-jähriges Bestehen gefeiert.

Mitglieder unserer Organisation sind führende Persönlichkeit der Gesellschaft, ExpertInnen aus den verschiedenen Bereichen, in denen MAMA-86 arbeitet: ÖkologInnen, ChemikerInnen, ÖkonomInnen, ArchitektInnen, LehrerInnen und MedizinerInnen. Die meisten von ihnen sind Frauen, schließlich ist es MAMA-86's Auftrag, die soziale und pädagogische Rolle der Frauen und Mütter in der Gesellschaft zu stärken und damit die Lebensqualität der Ukrainer zu verbessern. Unser wichtigstes Entscheidungsgremium ist die Vollversammlung der Mitglieder. Übergreifendes Ziel unserer Arbeit ist es, die sozial-ökologischen Voraussetzungen für den Wandel der Ukraine zu einer nachhaltigen Gesellschaft zu schaffen.

In unserer heutigen Arbeit geht es vor allem um die Entwicklung demokratischer Strukturen im Umweltbereich, den gleichberechtigten Zugang zu Wasser und sanitären Einrichtungen für alle, wir fordern ein sicheres und gesundes Chemikalienmanagement und setzen uns für nachhaltige Produktions- und Konsummuster ein. Gesundheit und Umwelt sind unsere Querschnittthemen, die bei allen Kampagnen und Projekten eine Rolle spielen.

Um diese Ziele zu erreichen, führt MAMA-86 in der Ukraine Projekte zur Informations- und Bewusstseinsbildung durch, wir bieten Trainings an und organisieren Beteiligungsprozesse sowie Aktivitäten zur Einflussnahme auf Umweltpolitik und Umweltgesetzgebung. Wir führen Pilotprojekte durch, die die effektive Umsetzung des Nachhaltigkeitsleitbildes mit technischen Lösungen demonstrieren. Darüber hinaus erarbeiten wir Stellungnahmen, Positionspapiere und Regierungsanfragen zu Themen, die wir als besorgniserregend wahrnehmen und beziehen dabei auch die Presse ein. Im Folgenden sollen unsere Aktivitäten anhand verschiedener Beispiele dargestellt werden.

1997, während unseres regelmäßigen Sommertreffens, einigten sich alle regionale Leiterinnen darauf, dass Trinkwasserqualität das alarmierendste Gesundheits- und Umweltproblem ist, über das die Menschen überall in der Ukraine

besorgt sind. Wir starteten eine Kampagne »Trinkwasser in der Ukraine«, basierend auf Forschungsergebnissen zur aktuellen Wasser-Situation. Nach Diskussionen mit VertreterInnen aller gesellschaftlichen Gruppen [Multi-Stakeholder-Diskussionen] wurde eine generelle Situationsbeschreibung erstellt und ein Netzwerk von ExpertInnen und interessierten VertreterInnen der Nichtregierungsorganisationen [NRO], Wirtschaft und Regierung eingerichtet. Unsere Öko-Telefon-Hotline, die in elf Städten und Gemeinden der Ukraine betrieben wird, beriet Ratsuchende gezielt zu Fragen der Sicherheit und Qualität des Trinkwassers. Eine erste Veröffentlichung vermittelte die Ergebnisse dieser Arbeit einem breiteren Publikum und den Massenmedien. Dank der Unterstützung von NOVIB konnten wir mehrere Pilotprojekte zu alternativen Wasser-Reinigungsmethoden durchführen, mit Anlagen, die in der Ukraine entwickelt und hergestellt werden. In den Pilotprojekten wurden auch die ökonomischen Effekte des Wassersparens durch den Einbau von Wasserzählern in Mehrfamilienhäusern demonstriert. In einem großen Pilotprojekt im Krankenhaus für Infektionskrankheiten in Sebastopol wurden, von der Stadt mitfinanziert, die Wasserverteilung, die Sanitäreinrichtungen und das Warmwassersystem instandgesetzt. Mit dieser Instandsetzung konnte das Risiko der Ausbreitung von Infektionskrankheiten in Sebastopol reduziert werden, ebenso wurde der Wasserverbrauch erheblich vermindert.

1999 begann die ukrainische Regierung mit dem Entwurf eines Gesetzes über Trinkwasser und Wasserversorgung. Unterstützt durch MATRA [Programm des niederländischen Außenministeriums zur Förderung der Zivilgesellschaft in Zentral- und Osteuropa] konnte MAMA-86 eine Studie über entsprechende Gesetze in anderen Ländern durchführen. Die Resultate wurden im Jahr 2000 für die Erarbeitung einer Stellungnahme zum Gesetzesentwurf genutzt. Die Kommentare, Überarbeitungen und Zusätze wurden mit 22 Organisationen aus elf Städten und Gemeinden der Ukraine bei einem öffentlichen Hearing diskutiert, an dem auch die damit befassten RegierungsvertreterInnen beteiligt waren. Eine Zusammenfassung der Ergebnisse der Diskussionen wurden der Regierung vorgelegt. 45 der von MAMA-86 vorgeschlagenen Änderungen wurden in den endgültigen Gesetzestext aufgenommen. Am Wichtigsten ist uns dabei die Garantie auf das Recht der Bürger und Bürgerinnen, öffentliche Anhörungen zum Trinkwasser und der Trinkwasserversorgung durchzuführen.

1999 hat MAMA-86 mit der Durchführung öffentlicher Konsultationen über nationale Politik und Pläne einen Präzedenzfall in der Ukraine geschaffen. Gemeinsam mit »Ecopravo«, einem NRO-Netzwerk und »Bakhmat«, einem Umwelt- und Kulturzentrum, führten wir fünf regionale Anhörungen und eine auf nationaler Ebene durch, bei denen der nationale Aktionsplan für Umwelt und Gesundheit (NEHAB) diskutiert wurde. Unter Mitwirkung von ExpertInnen wurden die Entwürfe für zwei Kapitel – »Information der Bevölkerung, Umwelt- und Gesundheitsbildung, Bewusstseinsbildung« sowie »Beteiligung der Öffentlichkeit« – verfasst. Ebenso wurden Anmerkungen zu den

Kapiteln »Strahlensicherheit«, »Wasserqualität«, »Nahrungsmittel«, »Abfall«, »Kraftstoffe und Energie« sowie »Instrumente zur Umsetzung« geschrieben. Öffentliche Anhörungen brachten 700 Vorschläge und Kommentare hervor. Mehr als die Hälfte davon wurde in dem endgültigen offiziellen Text berücksichtigt. Ein Bericht über diese Arbeit wurde auf der »3. PAN-Europäischen Ministerkonferenz für Umwelt und Gesundheit« (1999 in London) präsentiert. Für die Ergebnisse hat MAMA-86 einen anerkennenden Brief des Direktors des Europäischen Büros der WHO [Weltgesundheitsorganisation] bekommen. Durch die Unterstützung von 50 NRO und deren erfolgreicher Einflussnahme konnte die Anpassung des NEHAP durch den Ministerrat der Ukraine erreicht werden, der Aktionsplan wurde im Jahr 2000 verabschiedet.

Anna Golubovska mit Baby Liza als Rednerin bei den Anhörungen in Kharkiv

Das Projekt »Kiew 2003« hatte zum Ziel, den UkrainerInnen Einfluss auf die Gestaltung der PAN-Europäischen Umweltpolitik zu ermöglichen. Die 5. MinisterInnenkonferenz »Umwelt für Europa« fand vom 21. bis 23. Mai 2003 in Kiew statt. Sie brachte UmweltministerInnen aus Europa, dem Kaukasus und Zentralasien zusammen, sowie VertreterInnen der USA, Kanadas und zahlreicher internationaler Organisationen. Von 2001 an hat MAMA-86, gemeinsam mit ukrainischen Organisationen und Partnern aus Großbritannien, im Rahmen der Vorbereitung der Konferenz die Öffentlichkeit an den Diskussionen des Programmentwurfs und der offiziellen Dokumente beteiligt, und hat damit das Bewusstsein für die Probleme in Europa und Nord-Eurasien geschärft. 56 lokale und regionale NRO waren an der Projektumsetzung und damit am »Umwelt für Europa«-Prozess beteiligt. Besonders wichtig war das Projekt für solche Gemeinden und Gruppen, die wenig Kapazitäten haben und reduzierten Zugang zu modernen Informations- und Kommunikationstechnologien.

Nach der »orangenen Revolution«, die die Zukunft der Ukraine verbesserte, haben wir uns entschieden eine »grüne Revolution« einzuleiten. Gemeinsam mit dem »Earth Day«-Netzwerk haben wir große Veranstaltungen im Zentrum von Kiew organisiert, die die Bevölkerung auf das Problem des städtischen Abfallmanagements aufmerksam machen sollten. Es gab Ausstellungen, thematische Unterhaltungsprogramme, Faltblätter wurden verteilt und ein großes Konzert mit Beteiligung von Rockstars, OlympiasiegerInnen, SprecherInnen der Regierung und der NRO sowie einem berühmten DJ als Moderator – 200.000 Kiewer und ihre Gäste wurden von dieser ganztägigen Veranstaltung angezogen. Die Mülltrennung und -sammlung bei der Veranstaltung wurde von einem Privatbetrieb übernommen und hatte Demonstrationscharakter. Die Müllmengen, die in 18 Containern gesammelt wurden, betrugen: 9 kg Plastik – zu deren Herstellung 100 kg Mineralöl benötigt wurden, 67 kg Papier – 245 kg Holz oder acht 10-20 Jahre alte Bäume wurden dafür gefällt, 65 kg Glas – dessen Herstellung 300 kWh Energie benötigte. Diese Informationen wurden regelmäßig vom Moderator auf der Bühne in das Publikum kommuniziert. Der Slogan der Veranstaltung war »Die Orange sollte grüne Blätter haben«.

Die Katastrophe in Tschernobyl und die Zukunft der Energie

Das »MAMA« in unserem Namen bedeutet, dass Mütter durch die Natur beauftragt sind, für zukünftige Generationen zu sorgen und somit auch die natürlichen Beauftragten für eine nachhaltige Entwicklung sind. Die »86« in unserem Namen erinnert an das Jahr, nach dem die Welt nie mehr sein würde, was sie einmal war, weil plötzlich so vielen Menschen auf der ganzen Erde – möglicherweise zum ersten Mal – deutlich wurde, wie schrecklich und wie weit entfernt die Auswirkungen der technologischen Katastrophe zu spüren sind. Damals und in der Folgezeit stellten viele Nationen die Atomenergie als sichere Energieressource in Frage. Heute, vor dem Hintergrund des Klimawandels als schnell fortschreitender Bedrohung, sehen wieder mehr und mehr PolitikerInnen eine Lösung in der Atomenergie.

2006 ist der 20. Jahrestag der Tschernobyl-Katastrophe. Wir sollten uns die Konsequenzen und Lehren daraus noch einmal ins Gedächtnis rufen. Sie scheinen vergessen zu sein, denn die Regierung der Ukraine plant den Bau von elf neuen Reaktoren bis 2030, als Kernstück ihrer Energiestrategie. Zur selben Zeit erwägt das Europäische Parlament Atomenergie nicht nur als Lösung für den drohenden Klimawandel, sondern auch um sich von Kraftstoffimporten unabhängig zu machen.

Am Vorabend des 20. Jahrestages drängt uns das Tschernobyl-Forum der Vereinten Nationen dazu die Tschernobyl-Katastrophe zu vergessen. Der Bericht der Internationalen Atomenergiebehörde (IAEO) / der Weltgesundheitsorganisation (WHO) »Tschernobyls Vermächtnis: Gesundheit, Umwelt und sozio-ökonomische Wirkungen«, der am 5. September 2005 in Wien der Öffentlichkeit vorgestellt wurde, stellt die katastrophalen Auswirkungen der Strahlenbelastung auf diese und die folgenden Generationen in Frage. Seine Schlussfolgerungen sind lächerlich, mehr noch, sie sind unangemessen, weil es viele Fakten über Gesundheitsauswirkungen gibt, die die WHO-ExpertInnengruppe nicht berücksichtigt haben. Die Einschätzungen des Berichts widersprechen selbst den offiziellen Statistiken der Ukraine. So weisen beispielsweise die ukrainischen Daten darauf hin, dass bis Januar 2005 allein in der Ukraine die Zahl derjenigen, die als Opfer des Tschernobyl-Unfall anerkannt sind, 2.646.106 Personen betrug – während der WHO-Bericht insgesamt nur von 600.000 Opfern spricht. Das Ministerium für Arbeit und Sozialpolitik der Ukraine berichtet, dass 17.448 Familien aufgrund der Tschernobyl-Katastrophe bereits ihre ErnährerInnen verloren haben (Todesfälle). Die WHO gibt völlig andere Zahlen wieder: 59 Todesfälle (einschließlich 9 Kinder) und 3.940 potenzielle zukünftige Todesfälle. Die Tschernobyl-Katastrophe bleibt die schwerste Atomkatastrophe in der Menschheitsgeschichte. Unserer Meinung nach ist der WHO-Bericht einzig und allein dazu da, die Hauptwiderstände gegen einen weiteren Ausbau der Atomenergie zu beseitigen, vor allem die Post-Tschernobyl-Angst vor möglichen fatalen Folgen. Die Atomlobby würde es vorziehen, die Produktion von Atomenergie ohne den öffentlichen Aufschrei voranzutreiben, obwohl die Atomenergieproduktion unangemessen teuer, gefährlich und überholt ist. Es ist nur allzu »natürlich«, dass die IAEO die WHO nutzt, um das wahre Ausmaß der Katastrophe zu verstecken. Beide Organisationen sind Teil des UN-Systems und durch Vereinbarungen bezüglich der Übereinstimmung ihrer Informationen miteinander verbunden.

Die atomaren Ausbaupläne der Regierung der Ukraine und der IAEO-Bericht haben die heftigs-

ten Reaktionen seit der Konsolidierung der grünen Bewegung[1] in der Ukraine in den frühen 90er Jahren hervorgerufen. Umweltorganisationen aus verschiedensten Regionen haben am 5. Oktober 2005 vor dem Ministerrat protestiert: »Nein – zu Atomreaktoren, Ja – zum Energiesparen«.

AktivistInnen des Nationalen Ökozentrums der Ukraine, Stimme der Natur, Ecoclub, MAMA-86, Grüne Welt, Bachmat haben sich gegen die Regierungspläne des Neubaus von elf Atomreaktoren bis 2030 ausgesprochen. TeilnehmerInnen der Protestaktion standen gegenüber dem Ministerrat mit Slogans wie »Nein zu den neuen Reaktoren!« – »Habt ihr uns gefragt?« – »Atomkraftwerke – ALT-F4« – »Ich möchte gesunde Kinder gebären!« – »Dniprodzerzhinsk – 42 Mio. t radioaktiven Mülls in Hunderten von Metern des Dnjeper« – »Chernobyl.net.ua« – »Energiesparen – Energiequelle«. Begleitet wurde die Aktion von traditionellen Trommlern, deren Trommeln verkleidet und mit Aufklebern bestückt waren, die sie als radioaktiven Müll auswiesen. Die Forderungen der DemonstrantInnen wurden in einer Eingabe dem Premierminister Yuriy Ehanurov übergeben und an die VertreterInnen des Ministerrats versandt. Der Protest der Umweltorganisationen richtete sich gegen die atomare Zukunft der Ukraine und die grobe Verletzung der Aarhus-Konvention durch die Regierung. Darin wird das Recht der Öffentlichkeit garantiert, in frühen Stadien der Entscheidung über den Bau oder das Abschalten von Atomkraftwerken einbezogen zu werden.

Wir ÖkologInnen sind nicht gegen das strategische Ziel der energetischen Unabhängigkeit, machen aber deutlich, dass Atomenergie dafür nicht die Lösung ist: sie erhöht eher die Abhängigkeit wegen des hohen Erstellungspreises (ausländische Kredite sind für den Bau notwendig), wegen der den UkrainerInnen bereits bekannten potenziellen Gesundheitsgefahren, wegen des Mangels an Managementstrukturen zur Handhabung des Atommülls und verbrauchter Brennstäbe im Land usw.

Die OrganisatorInnen der Aktion fordern die Regierung dazu auf, den Entwurf der Energiestrategie zu fossilen Brennstoffen zu überdenken und dabei ihre Empfehlungen zu berücksichtigen. Diese beinhalten folgende Vorschläge: aktive Umsetzung von energiesparenden Technologien in allen Wirtschaftsbereichen, staatliche Unterstützung der Entwicklung alternativer Energiequellen, die Durchführung von Energie-Audits in öffentlichen und industriellen Gebäuden zur Analyse von Energieverlusten sowie deren Reduktion und schließlich der schrittweise Ausstieg aus der Atomenergie.

Wir glauben, dass für eine Stabilisierung im Energiebereich zunächst die Energieverluste in öffentlichen und industriellen Gebäuden verringert werden müssen. Diese Verluste machen 50 % des heutigen Energieverbrauchs aus.

Durch Bündelung ihrer Kräfte und auf der Basis der Konsolidierung der grünen Bewegung ist es den nationalen und regionalen Umweltorganisationen gelungen, fünf Minuten Sprechzeit bei der ersten vom Präsidenten anberaumten Anhörung »Herausforderungen, die durch die Freiheit entstehen« zu erhalten. Die Stellungnahme der NRO an den Präsidenten der Ukraine, Yuschenko, zielte auf eine Priorisierung der Umweltpolitik bei der Entwicklung der Ukraine ab, und den dringenden Bedarf der Integration von ›Umwelt' in alle Wirtschaftsbereiche. Die Ansprache an den Präsidenten wurde von einer MAMA-86-Vertreterin gehalten.

»Wenn die Orange echt ist, muss sie grüne Blätter haben«, endete die Rede. Sie wurde von den größten Fernsehsendern übertragen. Der Präsident lud die Umweltverbände ein, Vorschläge zur Umsetzung ihrer Forderungen zu unterbreiten. Wir haben eine Arbeitsgruppe eingerichtet, die bis Ende Dezember die Umsetzungsvorschläge ausarbeitete und an den Präsidenten übermittelte. Unsere Vorschläge finden sich auch in der Zusammenfassung der Forderungen der Verbände wieder, die zum Vorbereitungskomitee des Hearings gehörten.

Anlässlich des 15. Geburtstages von MAMA-86 wurde am 22. Dezember 2005 von uns ein »Runder Tisch der NRO« organisiert, der die Aktionsplattform zum Vorrang der Umweltpolitik im Vorfeld der Wahlen diskutierte. Die Plattform stellt eine gemeinsame Vision dar, wie und womit NRO ihren Einfluss geltend machen können. Darüber hinaus haben wir eine Pressekonferenz in der

114

größten nationalen Nachrichtenagentur organisiert, an der die LeiterInnen der wichtigsten nationalen und regionalen NRO teilnahmen. Die Gründe für die Umweltkrise in der Ukraine, schwache politische, institutionelle und informelle Leistungen der Umweltpolitik, die dringendsten Probleme und notwendigsten Aktionen wurden thematisiert. Die Presse berichtete über unsere Anliegen.

Die aktuelle Gaskrise hat die Regierung der Ukraine dazu motiviert, das Potenzial von Energieeinsparung und effizienter Nutzung stärker in den Blick zu nehmen. Aber es hat leider nicht zu einer Neubewertung der atomaren Pläne geführt. Ganz im Gegenteil, die Notwendigkeit des Aufbaus geschlossener atomarer Brennstoff-Kreisläufe wurde als Lösung für die Unabhängigkeit von Energieimporten genannt. Die EU denkt ähnlich. Was können wir tun?

Das »Earth Day«-Netzwerk hat eine dreijährige Kampagne zum Klimaschutz gestartet, in der sie Atomenergie als Lösung widersprechen wollen. Zur »Feier« des 20. Jahrestages von Tschernobyl organisiert MAMA-86 gemeinsam mit den Mitgliedern der Anti-Atom-Koalition (Nationales Ökozentrum der Ukraine, Stimme der Natur, Ecoclub, Grüne Welt, Bachmat und andere) eine große Veranstaltung am 22. April 2006 in Kiew, die in Erinnerung an Tschernobyl einer nachhaltigen Energiestrategie als **einziger** Lösung für den Klimaschutz gewidmet ist.

Einen Tag später, am 23. April 2006, wird eine große Internationale Konferenz eröffnet: »Chornobyl+20 – Remembrance for the Future«. Sie wird von der Heinrich-Böll-Stiftung (Berlin), Ecoclub (Rivne, Ukraine), den GRÜNEN/EFA im Europäischen Parlament, dem Nuclear Information and Resource Center (Washington DC), dem World Information Center on Energy (Amster-

dam), IPPNW-Internationale Ärzte gegen Atomkrieg (Deutschland) und Bündnis 90/Die GRÜNEN (Deutschland) organisiert. Sie laden vom 23. bis 25. April unabhängige WissenschaftlerInnen, ÖkologInnen, NRO und ExpertInnen für nachhaltige Energie aus der ganzen Welt nach Kiew ein. Die Konferenz wird auf drei Themen fokussieren:

1) die Katastrophe von Tschernobyl und ihre anhaltenden Auswirkungen – einschließlich der Veröffentlichung einer neuen Studie, die die erwähnte Studie der IAEO/WHO bewertet und analysiert;

2) die weitergehende Sicherheit, Ökonomie, Proliferation und andere Probleme, die von Atomenergie generell verursacht werden; und

3) die Entwicklung eines Wegweisers in eine nachhaltige Energiezukunft.

Der Zweck der Konferenz ist es, AnalytikerInnen, AktivistInnen und ein breites Publikum für eine neue Auseinandersetzung über die anhaltenden gesundheitlichen, sozialen und ökonomischen Konsequenzen des Reaktorunfalls in Tschernobyl 1986 zusammenzubringen, und das Augenmerk auf die Aussichten und Notwendigkeit der Umsetzung nachhaltiger Energietechnologien zu lenken. MAMA-86 ist im Lenkungsausschuss der Konferenz vertreten und bereit sich darauf vor, aktiv an der Konferenz teilzunehmen. Weitere Informationen finden sich unter www.ch20.org

Anmerkungen:

1 Nicht eingeschlossen ist dabei die Partei der GRÜNEN der Ukraine, die derzeit nicht mit der Umweltbewegung kooperiert, sich aber gleichzeitig öffentlich als ihr Anführer darstellt.

Originalbeitrag in englisch, Übersetzung Ulrike Röhr

Monika Koops

Windfang, die Genossinnenschaft

Wir sind 15, Tschernobyl ist 20 Jahre alt. Wenn auch 5 Jahre dazwischen liegen, hat das eine sicher mit dem anderen zu tun. Ohne Tschernobyl hätten wir vielleicht etwas anderes gebaut und produziert, hätten uns auf anderen Technikfeldern getummelt und diese zu 100 % weiblich besetzt, vielleicht. Doch wir haben uns für die Produktion von regenerativ erzeugtem Strom entschieden. Sicher auch das Produkt einer Gelegenheit, unserem ersten Windkraftanlagenstandort, wie so oft im Leben. Sicher hatte es auch mit Rio zu tun und der damals aufkeimenden Nachhaltigkeitsdiskussion, und das war ja wiederum u.a. auch eine logische Folge von Tschernobyl.

Unsere Hauptanliegen und Ziele lauten kurz gefasst: Frauen sollen

- ermutigt werden, sich in technischen Bereichen zu professionalisieren
- Einfluss auf die Energiewirtschaft nehmen
- eine Möglichkeit bekommen, ihr Geld anzulegen und den Einfluss darauf zu behalten
- einen Gegenpol zu Großinvestoren bilden
- den bewussten Umgang mit Energie voranbringen
- den Ausbau der Nutzung erneuerbarer Energien fördern

Warum nur Frauen, das steht ausführlich, heute noch so gut lesbar (und aktuell) wie damals, in unserer Satzung, gleich zu Beginn in der Präambel; nachlesbar unter www.windfang.net.

Als Genossinnenschaft sind wir mit diesem Schwerpunkt einzigartig im Land, technologiebegeisterte Frauengruppen und -vereine gibt es erfreulicherweise aber auch noch viele andere. Die Netzwerkbildung klappt gut. Es gibt regelmäßige Plattformen, wie z. B. der jährlich stattfindende FiNuT-Kongress (Frauen in Naturwissenschaft und Technik) auf denen frau sich trifft, sich fachlich austauschen und weiterbilden kann.

Unsere Geschichte begann 1991, da ging es mit dem ersten Treffen interessierter Frauen offiziell los. Damals waren es vielleicht gerade mal zwei Handvoll. Anlass war das Konkrete: Die Möglichkeit einen potenziell geeigneten Standort in Dithmarschen zu pachten, um dort eine Windkraftanlage (WKA) zu errichten. Und für nahezu alle bedeutete es »learning by doing«. Die meisten der aktiven Windfängerinnen waren damals noch Studentinnen oder gerade am Beginn ihrer Berufstätigkeit.

Bis zur Inbetriebnahme unserer ersten WKA in Hemme vergingen 4 arbeitsreiche Jahre. In dieser Zeit wurde in unzähligen Sitzungen und Treffen die Genossinnenschaft gegründet (Eintrag in das Genossenschaftsregister 1992), Arbeits- und Betriebsstrukturen festgelegt, die Arbeit auf Gruppen verteilt, aktive und passive Mitstreiterinnen gewonnen, eine gründliche Anlagenauswahl getroffen, mit Banken, Grundeigentümern und Stromversorger verhandelt, Verträge abgeschlossen und schlussendlich unsere erste Windkraftanlage, eine »AN Bonus« gekauft und errichtet. Alles mehr oder minder ehrenamtlich.

1995 gehörten Windfang 160 Frauen an, die der Genossinnenschaft insgesamt 750.000 DM anvertrauten. Von diesen 160 Personen waren annähernd 30 für Windfang aktiv und an den nächsten Projekten wurde bereits gearbeitet. Dabei kam sicherlich ein Großteil der aktiven Frauen aus technischen Berufen, aber wir konnten glücklicherweise auch auf andere Fachkenntnisse und Fähigkeiten, die zum Aufbau eines solchen Projektes unerlässlich sind, zurückgreifen: Pädagogin, Hausfrau, Kauffrau, Dramaturgin, Tontechnikerin, Physikerin oder Meteorologin seien exemplarisch genannt, bestimmt fehlen noch welche. Diese bunte Mischung machte u.a. auch den Schwung aus, mit dem die Frauen die Herausforderung annahmen. Wir lernten am Projekt und aneinander.

117

AG Öffentlichkeitsarbeit	machte Werbung für Windfang durch Zeitungsartikel, entwarf eine Windfang-Broschüre, Flyer und eine Stellwand für Messen und Kongresse, pflegte Kontakte zu den Medien.
AG Anlagenprojektierung oder auch Projekt-AG	arbeitete immer am konkreten Projekt, in unterschiedlicher Zusammensetzung. Zeitweise gab es parallele Gruppen, die an verschiedenen Orten Windkraftanlagenstandorte zu erschließen versuchten.
Köln AG	projektierte, baute und betreut(e) unsere erste Photovoltaikanlage, die auf dem Dach des Frauenmuseums in Bonn steht.
Windfang 2000	beschäftigte sich mit unserer Zukunft, also potenziell neuen Geschäftsfeldern oder möglichen Kooperationen im Bereich der regenerativen Energieerzeugung, die für Windfang, neben Sonne und Wind, von Interesse sein könnten: z.B. Contracting, Wasserkraft, Biogas, Blockheizkraftwerk.
AG Ökologie	hier wurden unsere ersten Anlagen nach ökologischen, sozialen und frauenspezifischen Gesichtspunkten ausgewählt (vergleichende Herstellerbefragung) und die für den Eingriff (der Bau einer Anlage verbraucht Natur) geforderten Ersatzmaßnahmen umgesetzt.

Für das Genossenschaftsmodell hatten wir uns entschieden, weil es mit Abstand die basisdemokratischste Rechtsform der in Deutschland möglichen ist. Durch die jährlich einmal stattfindende Generalversammlung hat jede Frau die Möglichkeit, Einfluss zu nehmen und umgekehrt kann sich die Geschäftsführung, der Vorstand, Rückendeckung für Entscheidungen geben lassen. Zusätzlich installierten wir unser Aktivenplenum. Dies fand anfänglich bis zu vier Mal jährlich statt. Hier trafen sich alle aktiven und interessierten Frauen. Die eingetragene Genossenschaft bot uns außerdem die unabhängige betriebswirtschaftliche Kontrolle durch den genossenschaftlichen Prüfverband; dies war und ist eine zusätzliche Sicherheit für die Geldgeberinnen.

1995 gab es bei Windfang, neben dem Vorstand und dem Aufsichtsrat, bis zu fünf Arbeitsgruppen. Einige der Frauen waren in mehreren Gruppen parallel aktiv.

Zehn Jahre später gibt es diese Gruppen so nicht mehr. Viele der damals aktiven Frauen haben sich aus dem aktiven Windfängerinnendasein verabschiedet. Einige haben so viel ihrer

Kraft an Windfang gegeben, dass eine Pause oder auch die endgültige Verabschiedung notwendig waren. Es war nicht immer eine heile Welt. Wir haben auch Auseinandersetzungen geführt und nicht alle endeten zufriedenstellend. Leider ...

Doch das Ergebnis lässt sich sehen. Wir produzieren heute über vier Millionen Kilowattstunden im Jahr (wenn Wind, Sonne und Technik mitspielen). Das deckt den Bedarf von 1.000 Vier-Personen-Normalverbraucherhaushalten, das heißt jede Windfängerin versorgt vier andere Haushalte, neben ihrem eigenen.

Mit der Baurechtsänderung 1998 wurde es für Windfang schwierig neue Standorte für Windkraftanlagen zu finden. Der Markt verdichtete und konzentrierte sich immer mehr und wir waren nicht bereit, Teil eines Windparks zu werden. Durch unsere mehr oder minder ehrenamtliche Struktur hat und hatte alles seine Grenzen. Wir besetzen eine Nische im Dickicht der Energieerzeuger und sind noch nicht am Ende.

Immer wieder haben wir uns auch an der Realisation von anderen regenerativen Energieerzeugungstechniken probiert; Arbeitstreffen zum

Inbetriebnahme	Anlagentyp und Leistung	Ertrag
4/1995	WKA Hemme: AN Bonus, 450 kW	ca. 950.000 kWh/Jahr
6/1996	PVA (Photovoltaikanlage) Bonn: 5 kWp	ca. 4.000 kWh/Jahr
9/1997	WKA Hüven I: Vestas, 600 kW	ca. 950.000 kWh/Jahr
01/1998	WKA Ochsenwerder: Micon, 600 kW	ca. 1.200.000 kWh/Jahr
1/2003	PVA Bergedorf: 10 kWp	ca. 8.000 kWh/Jahr
11/2004	Erweiterung I PVA Bergedorf: 5 kWp	ca. 4.000 kWh/Jahr
04/2005	Erweiterung II PVA Bergedorf: 2,5 kWp	ca. 2.000 kWh/Jahr
07/2005	WKA Hüven II: Vestas, 660 kW	ca. 950.000 kWh/Jahr
Nach 14 Jahren werden	**mit 2.270 kW installierter Leistung**	**4.068.000 kWh/Jahr produziert**

Thema Biogas oder Wasserkraft initiiert. Wollten immer gerne noch Strom aus den anderen regenerativen Energieträgern erzeugen: Biomasse (Gas oder Holzschnitzel) und Wasserkraft. Doch diese Form der Energieerzeugung war und ist innerhalb Windfang, so wie wir derzeit strukturiert sind, nicht zu realisieren. Wind und Sonne kommen praktisch von allein daher, Biomasse muss beschafft werden und ein Wasserkraftwerk ist nicht elektronisch zu überwachen, sondern braucht die tägliche personelle Kontrolle. Ein zweites Argument, das gegen einen Teil dieser Anlagen spricht, wenn man nicht Selbstverbraucherin des Stroms oder Erzeugerin des Brennstoffs ist, ist die daraus folgende geringere Rentabilität.
Aber auch ethische Fragen sprachen dagegen, verhinderten z. B. die Zusammenarbeit mit einem konventionellen Schweinebauern. Die Massentierhaltung ließ uns zurückschrecken.

Bei der Rentabilität hatten wir von Anfang an den Anspruch, dass das Geld der Frauen mindestens wie auf einem Sparbuch verzinst werden muss. Vier Prozent waren das zu Gründungszeiten, und an dieses Maß halten wir uns noch heute.

1992 gegründet, haben wir 1998 erstmalig unseren Gewinn an die Genossinnen ausschütten können. Da die Genossenschaft nicht wie eine »&Co KG« Verluste zuweisen kann, mussten wir die ersten verlustreichen Jahre so überstehen. Dies führte dazu, dass wir keine neuen Mitglieder mehr aufnahmen, damit diejenigen, die sich lange in Geduld geübt hatten, die »Ernte« gerechterweise dann auch alleine einfahren konnten. 1998 gehörte Windfang 214 Genossinnen mit 400 Anteilen, das entsprach einem Eigenkapital von 1,16 Millionen DM. Das war in jeder Hinsicht unser erster Zenit, wir hatten zu dem Zeitpunkt drei

Windkraftanlagen gebaut und die Photovoltaik-anlage auf dem Dach des Bonner Frauenmuseums errichtet. Die Zuwachsrate an Frauen hatte schon in den direkten Jahren davor abgenommen, wir machten schon länger keine Werbung mehr und betriebswirtschaftlich macht es auch wenig Sinn, das Eigenkapital unkontrolliert anwachsen zu lassen. Es folgten drei Jahre ohne neue Anlagen.

Unsere Tochtergesellschaft »Windfang goes solar die erste eG & Co. KG« wurde 2002 gegründet. Wieder einmal war ein konkreter Standort der Anlass. Da die Photovoltaik in der Größenordnung, in der wir sie realisieren können (vielleicht bis zu 30 kWp), zu renditeschwach ist, um sie guten Gewissens in der Genossinnenschaft umzusetzen, kam uns die Idee mit der »eG & Co. KG«. Dadurch konnten wir a) neue Frauen ansprechen, nämlich diejenigen, die Verluste gebrauchen können und b) endlich mal wieder eine Anlage bauen. Stagnation und Verwaltung des Status Quo ist in gewisser Weise ja auch langweilig.

Rast auf der Windfang-Mühle in Ochsenwerder

Wir (in diesem Fall unsere Tochter) haben eine 17,5 kWp PV-Anlage auf dem Dach einer technischen Hochschule gebaut.

Da wir aktuell noch auf einen Standort zurückgreifen können, an dem wir ca. 25 kWp in-

stallieren könnten, läuft intern die Diskussion auf Hochtouren, inwieweit die Realisation vielleicht doch innerhalb der Genossinnenschaft möglich sein könnte. Diese Entscheidung ist auf die nächste Generalversammlung vertagt.

2004 bestand Windfang aus 189 Genossinnen, davon sind nur noch ca. zehn als Aktive zu bezeichnen.

Mitte 2005 kauften wir unsere erste gebrauchte Windkraftanlage in Hüven. Sie steht gleich neben unserer anderen Mühle im Emsland. Wir haben unser Eigenkapital aufgestockt und ermöglichten dadurch den »alten« Windfängerinnen neue Anteile zu erwerben und langjährig Interessierten den Beitritt zur Genossinnenschaft.

Die Anzahl der Aktiven hat sich auf das maximale Minimum eingeschliffen. Eine unserer Schwächen scheint die Nachwuchspflege zu sein. Aber ohne konkrete spannende Projekte ist es auch mehr als schwierig jemanden für die Arbeit in der Genossinnenschaft zu interessieren. Daran gilt es zu arbeiten. Eine unserer Stärken ist die Kontinuität. Die Frauen, die heute noch dabei sind, sind es bereits seit vielen Jahren. Und sie sind es aus gutem Grund. Bei der regenerativen Energieerzeugung handelt es sich um ein sauberes Geschäft und Windfang hat einen guten Namen. Innerhalb von Windfang wird die Gemeinschaft gepflegt, es haben sich Freundschaften und Netzwerke gebildet. Wir sind selbstredend professioneller geworden, das bindet weniger Energie für dasselbe Ergebnis.

Windfang 2010 muss thematisiert werden, genauso wie Tschernobyl, das nicht in Vergessenheit geraten darf.

Ulrike Röhr

Von der »Lerninitiative Frauen entwickeln Einfachtechnologien« zum »Ökotechnischen Bildungszentrum für Frauen«

Im Februar 1986 begann eine Handvoll Frauen, unterstützt von einigen Männern, ein ungewöhnliches Projekt an der Technischen Universität Berlin. Unter dem Namen »Lerninitiative Frauen entwickeln Einfachtechnologien« wurden Maßnahmen zur ökologischen und ökotechnischen Bildung von Frauen entwickelt und erprobt. Die erste war eine einjährige Grundbildung für 21 junge Frauen ohne Berufsausbildung, in denen diese in zwei- bis achtwöchigen Einzelprojekten praktisches Wissen in den »Einfachtechniken« zur Nutzung regenerativer Energiequellen und über die wesentlichen Zusammenhänge zwischen Ge- und Verbrauch der Umwelt erwarben. Neben Solar- und Windenergie waren Wasser, ökologisches Bauen, Müllvermeidung und -recycling, Stadtbegrünung und biologischer Gartenbau Themen der Projekte.

»Wir forschen, experimentieren, entwickeln und erproben nutzerorientierte ökologische Maßnahmen, um auf diese Weise nicht nur zukunftsfähige neue Berufsfelder für Frauen zu erschließen, sondern zugleich durch Demonstrationsmaßnahmen neue Wege der ökologischen Gestaltung in Berlin zu beschreiten«, beschrieben wir unsere Arbeit in einer der ersten Projektinformationen.

Ende März 1986 begann die Lerneinheit zu biologischem Gartenbau mit der Anlage eines Ökogartens im »Wannseeheim für Jugendarbeit«, einer Bildungsstätte für außerschulische Jugendarbeit mit Sitz in einer alten Villa am Kleinen Wannsee, mit wunderschönem Park mit altem Baumbestand. Der Ökogarten sollte nicht nur das Praxisprojekt unserer Teilnehmerinnen sein, sondern in der Folge den Jugendlichen und PädagogInnen die Vorzüge des biologischen Anbaus und der gesunden Ernährung nahe bringen.

»Blitzlicht auf die Projektpraxis – ein Kräutergarten entsteht: Es werden Frühbeete und Hügelbeete angelegt, ein Komposthaufen, Mistbeete, auf denen Erdbeeren und Knoblauch durcheinander wachsen sollen, es wird ein lebendiger Zaun aus Reisig gebaut und bepflanzt, ebenso eine Kräuterschnecke mit Sonnenauge und ein Teich. Es wird gegraben, geflochten, gesiebt, gepflanzt, gemischt, diskutiert, gefrühstückt, Fachbücher werden herumgereicht. Fachkenntnisse des biologischen Gartenbaus, Tipps aus Großmutters Hausgarten, biologisches, chemisches und botanisches Spezialwissen, Kenntnisse des ökologischen Zusammenhangs zwischen Luft, Boden, Wasser, Pflanzen, Tieren und der Nutzung durch den Menschen werden in den Arbeitsgruppen gelernt. Anschauung, sinnliches Tun, Wissen über theoretische Zusammenhänge (...) sind nicht nach Altherrenart deutscher Bildungsmethoden auseinander gerissen, sondern sie sind ein Ganzes, in dem die Lernenden und Lehrenden ebenso Teil des Prozesses sind wie der Lernstoff«.[1]

Ende April war ein Gutteil der körperlich harten Arbeit geschafft, erste Samen keimten, zartes Grün deutete den Erfolg der Schinderei an. Und dann passierte das Unfassbare – der Biogarten verseucht von den radioaktiven Niederschlägen aus Tschernobyl. Auch wir lernten mit Geigerzählern umzugehen und das Ticken zu deuten. Dem Entsetzen folgte die Verunsicherung und Phasen der Entmutigung. Nach langen Diskussionen wurde beschlossen, die frischen Keime zu entsorgen, den Boden abzutragen und nach einer »Karenzzeit« neu zu bepflanzen. So hatten wir uns den Lernprozess eigentlich nicht vorgestellt – aber auch das gehört offenbar dazu.

Wir haben uns genauso wenig wie die jungen Teilnehmerinnen der Bildungsmaßnahme entmutigen lassen. Drei Jahre später waren aus dem Anfangsprojekt drei neue Projekte entstanden: Eine Ausbildung für Gas-Wasser-Installateurinnen (»Gas-Wasser-Sonne«) – die erste in Berlin mit ökotechnischer Zusatzqualifikation, eine berufliche Weiterbildung für Facharbeiterinnen aus gewerblichtechnischen Berufen in Solartechnik (»Berlin-Futura«) sowie eine berufsbegleitende Weiterbildung für Pädagoginnen »Ökologie und Ökotechnik in der außerschulischen Jugendarbeit mit Mädchen«. Und wir haben bereits 1987 unseren eigenen Verein gegründet, weil die universitären Strukturen Grenzen für unsere Projektideen setzten und eine kontinuierliche Arbeit erschwerten. »Lerninitiative Frauen entwickeln Einfachtechnologien« war zunächst auch der Name des Vereins, der später in mehreren Schritten zuerst von der Lerninitiative befreit, dann von den Einfachtechnologien zur Ökotechnik umbenannt wurde. Das Missverständnis, dass unser Verständnis von Einfachtechnologien – durchschaubar, von jede/m anwendbar, nutzerInnenfreundlich – allzu häufig in engem Zusammenhang zu den Vorurteilen über Frauen und ihren Fähigkeiten, technische Zusammenhänge zu durchschauen, gestellt wurde, brachte uns manches Mal an die Grenzen unserer Geduld. Geblieben ist LIFE, als Akronym des alten Namens.

Ein weiterer Umbruch für die Fortentwicklung des Verein, diesmal weitaus positiver, erfolgte wenig später: Mit dem Mauerfall und der Vereinigung kam auch unsere Ausdehnung in den Ostteil der Stadt und die Geburtsstunde des Ökotechnischen Bildungszentrums (ÖTZ) für Frauen. Mit Hilfe der in Ostberlin (damals) doch wesentlich häufiger anzutreffenden Fachfrauen aus dem Baugewerbe wurden mehrere Etagen eines eindrucksvollen Fabrikgebäudes in Berlin-Mitte umgebaut und ökologisch saniert und renoviert, in denen Werkstätten, Seminarräume und Büros für das ständig wachsende Angebot des Vereins bereit gestellt wurden. Zwei Jahre dauerte der Umbau, bei dem die Frauen nicht nur Ausführende waren, sondern gemäß unserem Lernprinzip gleichzeitig in ökologischem Bauen qualifiziert wurden.

In der Folge wurden und werden hier zahlreiche Projekte, Ausbildungen und Maßnahmen durchgeführt. So wurde u.a. die Ausbildung für Gas-Wasser-Installateurinnen erweitert um eine für Elektrikerinnen, eine Ökothek informiert und berät zur Integration von Umweltthemen in die Bildungsarbeit und entwickelt die entsprechenden Methoden, es werden Kurse in alten Maltechniken genauso angeboten wie Kurse zum Schweißen oder zur Solartechnik. Wir haben begonnen zu Kommunikation und Marketing im Umweltbereich zu qualifizieren und Assessment Center zur Ermittlung der technisch-handwerklichen Potenziale von Mädchen und Frauen zu entwickeln und durchzuführen. Dabei hat sich im Laufe der Zeit der Schwerpunkt etwas von der Umwelt weg bewegt, die Motivation von Mädchen und Frauen für handwerkliche und technische Berufe, ihre Unterstützung an den Übergängen zwischen Schule und Ausbildung, Ausbildung und Beruf, bekamen ein stärkeres Gewicht. Aber die Vermittlung von Umweltwissen und ökologischen Zusammenhängen wird immer noch als eine Querschnittaufgabe nicht nur der dezidierten Umweltprojekte, sondern aller Maßnahmen gehandhabt.

Heute finden sich unter dem Dach von LIFE[2] unter anderem Projekte in den Bereichen

▶ *Motivation von Mädchen und jungen Frauen für technische oder handwerkliche Berufe:* Die Projekte reichen von einer ökotechnischen Mädchenwerkstatt für Mädchen ab der 4. Klasse, über die Koordination des Girls' Day in Berlin bis hin zu Berufsorientierungen und Berufsvorbereitungen. Beispielsweise können junge Frauen in dem Projekt »Ausbildung auf Probe« technische, handwerkliche oder IT-Berufe in Betrieben kennen lernen und ausprobieren.

▶ *Berufliche Erstausbildung:* Schon seit 1997 setzt das Modellprojekt StrOHMerin in der männerdominierten Elektrobranche neue wichtige Akzente. Bereits die erste Generation der StrOHMerinnen überzeugte in den Gesellinnen-Prüfungen mit überdurchschnittlichen Leistungen. Der Erfolg basiert auf einem innovativen Ausbildungskonzept: Orientierung auf neue Technologien in der Gebäudetechnik, spezielle Vertiefungen auf Energieeffizienz und Solartechnik mit externer Zertifizierung, moderne, auftragsorientierte Lernmethoden, Integration von Schlüsselqualifikationen und Umweltbildung, Praktika in Kooperation mit Berliner Firmen.

Seit 2005 werden die neuen StrOHMerinnen als Elektronikerinnen für Energie- und Gebäudetechnik ausgebildet. Dieses neue Berufsbild wurde mit dem ehrgeizigen Curriculum bereits in den ersten Ausbildungsgängen vorweggenommen. Die StrOHMerinnen-Ausbildung wurde vom Nationalkomitee der UN-Dekade »Bildung für eine nachhaltige Entwicklung« als bisher einziges Frauenprojekt in der Bundesrepublik ausgezeichnet.

Wer gern handwerklich, praktisch und mit Metall arbeitet, ist bei der Ausbildung zur Fahrradmonteurin richtig. LIFE e.V. bietet diese zweijährige Ausbildung für junge Frauen und junge Mütter an. Die Ausbildung wird nach zwei Jahren mit einer Prüfung vor der Handwerkskammer abgeschlossen. Wer mehr will, kann sich zur Zweiradmechanikerin/Fahrradtechnik weiterqualifizieren. Mehrere Projekte bei LIFE befassen sich mit der

▶ *Verbesserung des Berufseinstiegs und der Arbeitssituation* von Ingenieurinnen bzw. tech-

nisch qualifizierten Frauen. Dabei geht es beispielsweise um Handlungsansätze und Qualitäts-
standards zum »Diversity-Recruitment«, oder um
»Neue Chancen für Migrantinnen mit technischen
Qualifikationen.

▶ *Neue Lernformen,* vor allem das »blended-
learning«, eine Kombination aus e-learning und
Präsenzseminaren, werden bei LIFE zunehmend
angewendet und vor dem Hintergrund geschlech-
tersensibler Didaktik weiterentwickelt.

▶ Synergieeffekte werden durch langjährige
Vernetzung mit anderen Berliner Projekten hergestellt. Als Beispiele seien hier das »Bildungsnetz
Berlin für geschlechtergerechte Bildung und Beschäftigung« genannt, in dem Bildungs- und
Beschäftigungsträger, öffentliche Verwaltungen,
Arbeitsämter und Betriebe aus der Region Berlin
zusammenarbeiten, um innovative Bildungsange-
bote quer zu den traditionellen Bildungsberei-
chen zu entwickeln, die Zusammenarbeit der unterschiedlichen Akteure zu verbessern und das
lebenslange Lernen zu fördern. Oder LiLA, der
Projektverbund von drei Berliner Bildungs- und
Jugendhilfeträgern, der langjährige Kompetenzen
und Erfahrung in Ausbildung, Qualifizierung und
beruflicher Orientierung für junge Frauen in dem
Projekt »Zukunftsfähige Berufe im Handwerk für
junge Frauen« bündelt.

Bereits 1994 hatte eine weitere Veränderung bei
LIFE stattgefunden – nach der Ausdehnung in
den Osten kam die in den Westen: Eine Zweigstel-
le in Frankfurt a.M., das FrauenUmweltNetz, wurde aufgebaut. In Frankfurt lag der Schwerpunkt
von Anfang an weniger auf der Bildungsarbeit,
sondern auf Vernetzung und Informationstransfer.
Tagungen wie »Frauenpfade im Umweltdschun-
gel« (1994) waren Meilensteine auf dem Weg zur
Verknüpfung von Frauen- und Gleichstellungs-
aspekten mit Umweltplanung und Umweltpolitik.

Das FrauenUmweltNetz hat in den Folgejahren
viel dazu beigetragen, dass Frauen sich an den
Prozessen zur Entwicklung einer »Lokalen Agenda
21« beteiligten und damit Einfluss auf eine zukunftsfähige und nachhaltige Gestaltung ihrer
Kommune nahmen und nehmen. Es hat deren Aktivitäten mit einer ganzen Reihe von Studien und
Publikationen, mit Tagungen zum Erfahrungsaus-
tausch, Weiterbildungen zu Moderationstechniken
u.ä. unterstützt. Damit deutete sich auch schon
der nächste Schritt an: Die inhaltliche Erweiterung von Umwelt auf Nachhaltigkeit, und, parallel dazu, die Erweiterung der Perspektive von
Frauen auf die Geschlechterverhältnisse. D.h. die
Gleichstellung von Frauen und Männern wird heute stärker vor dem Hintergrund der gesellschaftlichen Strukturen und Machtverhältnisse – und damit einerseits der unterschiedlichen Möglichkeiten der Prioritätensetzung, Problemdefinition,
Einflussnahme auf Entscheidungen, andererseits
der gesellschaftlichen Zuweisungen von Verant-
wortlichkeiten und deren Auswirkungen – betrachtet. Das Ergebnis beider Schritte ist genanet, die Leitstelle Gender, Umwelt, Nachhaltigkeit, Herausgeberin des vorliegenden Buches.
Sie wird ausführlicher im Anhang vorgestellt.

Anmerkungen:

1 Eichelkraut/Röhr (1992): Ökologische und
  ökotechnische Bildungsarbeit mit Mädchen
  und Frauen. In: Müller, C. Wolfgang; Ripp,
  Winfried (Hg.): Tropfen auf den heißen
  Stein. Weinheim, Basel: Beltz Verlag

2 Weitergehende und laufend aktualisierte
  Informationen finden sich auf der Webseite
  www.life-online.de

Als Firmenchefin in der Windenergiebranche – allein auf weiter Flur

Liebe Frauen,

wie es heute wieder so war, ist es mir erst um 17 Uhr eingefallen, als es im Büro etwas ruhiger war, dass ich Sie noch zurückrufen sollte/wollte.

Ich habe Ihre Anfrage neulich mit großem Interesse und auch großer Wehmut gelesen – Wehmut deshalb, weil der Widerstand der Frauen gegen die Atomenergie nach Tschernobyl alles andere bewirkt hat, als zu nachhaltigen Aktivitäten von Frauen beizutragen. Die neuen Energien, allen voran die Windenergie, sind mangels Präsenz, mangels Engagement und, wo doch, mangels Seilschaftenbildung von Frauen eine solche Männerdomäne geworden, dass es unfassbar ist. Und dabei hätte es anders kommen können! Die erneuerbaren Energien waren damals ein noch weitgehend un-beackertes Feld, auf dem viel Platz war.

Wegen dieser Gespaltenheit habe ich, zusätzlich zu meiner Arbeitsbelastung, nicht auf Ihre Anfrage reagiert. Ich könnte einerseits einen netten Artikel schreiben »Ja damals …«, in dem ich in Erinnerungen schwelge. Zu berichten hätte ich eine Menge, da ich ja als Energiereferentin bei der GAL in Hamburg und auch als langjährige Aktivistin der Frauen in Naturwissenschaft und Technik (die sich 1977 unter anderem aus dem Widerstand gegen Atomenergie gegründet hatten) im Zentrum der Ereignisse war. Dabei könnte ich auch von den Aktionen sehr vieler engagierter Frauen berichten, an denen ich selbst teilgenommen habe (diverse Frauengruppen gegen Atomenergie, die Energiefrauen, Windfang etc.), die aus dem Kreis der Frauen in Naturwissenschaft und Technik kamen, die wir von der GAL unterstützt haben oder von denen ich erfahren habe. Ich könnte auch von meinen persönlichen Erfahrungen während des – ich nenne es mal so – Ausnahmezustandes nach Tschernobyl berichten. Dieser Artikel wäre ein historischer. Sein Sinn und Inhalt wäre spätestens im Jahr 1997 zu Ende.

Dann könnte ich einen weniger netten Artikel schreiben »Was ich durch Tschernobyl geworden bin«. Dabei könnte ich erst beschreiben, wie ich mich im Rahmen einer männerdominierten Gruppe für erneuerbare Energien engagiert habe, dann glaubte,

den Stein der Weisen gefunden zu haben, indem sich Frauen mit mir gegen Atomenergie und für erneuerbare Energien engagierten, was aber dann ein jähes Ende
fand, und schließlich die konstant wiederkehrenden Prozesse der Trennung von
Frauen beschreiben, die ich erlebt habe, bis ich jetzt – als Firmenchefin – allein auf
weiter Flur stehe, was Frauenstrukturen betrifft. Ich könnte das Werden der extrem
männerdominierten Geschäftsstrukturen in den erneuerbaren Energien beschreiben,
die, sobald sie eine energiewirtschaftlich relevante Größe erreicht haben (wodurch sie
die Ablösung der Atomenergie, das Ziel auch vieler Frauen, ernsthaft versprechen
können), von Frauen gereinigt sind, jedenfalls was Entscheidungsstrukturen und
technische Kernkompetenzen betrifft. (Ich bin jetzt in die Jahre 1966 – 1973 zurück-
versetzt, wo ich im Physikstudium meistens die Anrede der Professoren hörte: »Meine Dame! Meine Herren!« Jetzt höre ich in der Hälfte der Windenergie-Seminare,
die ich besuche, die Anrede: »Meine Dame! Meine Herren!« oder »Frau Rübsamen! Meine Herren!«). Ich könnte beschreiben, inwiefern ich als eine Ausnahme-
frau halbwegs erfolgreich bin, welche Fehler ich gemacht habe, wo ich heute stehe,
welche besonderen Anstrengungen ich als Frau unternehmen muss und wo meine
Grenzen als Einzelkämpferin sind. Ich könnte auch beschreiben, dass ich (soweit ich
es jetzt sehe) mein Unternehmen altersbedingt entweder schließen oder an einen jüngeren Mann übergeben muss. – Dieser Artikel wäre ein aktueller. Sein Sinn und Inhalt ist auch im Jahre 2006 nicht zu Ende.

Am Rande bemerkt: Was ich heute übrigens leider nicht mehr tun kann, da das Geschäft mit der Windenergie wirklich alle meine Kraft und Zeit kostet, ist, an Wider-
standsaktionen gegen Atomenergie teilzunehmen. Da aber die Widerstände gegen die
erneuerbaren Energien in den 20 Jahren, die ich selbst erlebt habe, trotz der grandio-
sen staatlichen Unterstützung mit unverminderter Stärke anhalten (erst eine Un-
menge von Gerichtsprozessen der Stromversorger gegen das Einspeisegesetz bis zum
Europäischen Gerichtshof, dann permanent Schikanen der Behörden und der Natur-
schutzverbände im Genehmigungsverfahren, dauernde Veränderungen des Genehmi-
gungsverfahrens, dauernde Veränderungen der steuerlichen Rahmenbedingungen, die
ganze Zeit Schikanen der Stromversorger bei der Bereitstellung des Netzanschlusses,
dann Öffentlichkeitskampagnen und Bürgerinitiativen gegen Windenergie, Biogas
etc. – ich habe gerade am Beispiel eines meiner Projekte einen Hungerstreik gegen
Windenergie erlebt –, in der letzten Zeit strafrechtliche Ermittlungen gegen Wind-
kraftplaner und Gemeinden, wenn die Gemeinde Geld von den Planern nimmt, um
z. B. Wege auszubauen – Stichwort Bestechung), leidet frau auch selbst im Bereich
des Geschäftlichen ständig unter politischer Anspannung. Da sind keine Nerven
mehr übrig, um auch noch zu Demos zu fahren.
Ich erwähne diesen Punkt aber auch deshalb, weil ich inzwischen nicht mehr denke,
dass der Kampf um die Energieversorgung der Zukunft auf dem Feld der Atomener-

gie ausgetragen oder entschieden wird, oder dass frau sagen könnte, die erneuerbaren Energien sind wichtig als Alternative für die Atomkraft. Der Kampf gegen die Atomenergie ist ein sehr wichtiger Kampf gegen eine extreme Umweltgefahr, aber an der Atomenergie entscheidet sich überhaupt nichts, was die Energieversorgung der Zukunft betrifft. Für die Energiepolitik der Zukunft ist es unerheblich, ob die Atomenergie wieder ausgebaut wird oder nicht. Da die Atomenergie weltweit sowieso nur 5 % (oder weniger, die letzten Zahlen kenne ich nicht, ich schätze 3 % – 4 %) der Primärenergie beiträgt, der Kapitalbedarf für neue Anlagen enorm, die Kosten des Stroms bei neuen Kraftwerken hoch und die Genehmigungsprozesse gewaltig, zu unflexibel und langwierig sind, hat die Atomenergie heute schon und trotz der möglicherweise in einigen Ländern vorhandenen Ausbaupläne keine richtigen Chancen, noch einmal durchzustarten. Insofern ist die Frage: Welche Alternativen der Energieversorgung haben wir? gar nicht auf die Atomenergie zu beziehen, sondern auf die fossilen Energien. Mir macht deshalb viel mehr Sorge, dass die für spätestens 2010 von Experten vorausgesagten drastischen Verknappungen von Öl und Gas zu Kriegen und Bürgerkriegen führen und dass dadurch (nicht durch die Atomenergie selbst, und schon gar nicht durch deren eventuellen Ausbau, weil die heute geplanten Reaktoren kaum bis zum Jahr 2010 genehmigt bzw. gebaut sein werden) Gefahren durch Attacken auf Atomanlagen auf uns zukommen und dass die erneuerbaren Energien mit der verrückten Steigerung des Energieverbrauchs nicht Schritt halten können. (Die Atomenergie könnte übrigens noch viel weniger Schritt halten mit der Steigerung des Energieverbrauchs als die erneuerbaren Energien!)

Trotz dieser heute, im Vergleich zu vor 20 Jahren, geänderten Perspektive ist es aber trotzdem so, dass vom Widerstand gegen Atomenergie der politische und geschäftliche Zündfunke ausging, der die (Männer-)Aktivitäten für erneuerbare Energien beflügelt und 20 Jahre lang angetrieben hat. Dies ist auch heute noch in der Szene zu spüren. Die etwas älteren meiner geschätzten Geschäftskollegen haben dieses Bewusstsein noch voll präsent, dass wir eine politisch motivierte Basis haben und auch als Verfechter der erneuerbaren Energien in einem politisch umkämpften Raum stehen. Ohne dieses Bewusstsein hätten wir alle die zahlreichen Attacken vor allem gegen die Windenergie nicht erfolgreich meistern können. Ich gehe gerne auf Messen und besuche Seminare, weil ich zahlreiche Bekannte treffe und immer noch ein verbreitetes »Wir«-Gefühl vorhanden ist (obwohl dies durch die zahlreichen jung-dynamischen Herren, die nachkommen, etwas abgeschwächt wird).

Übrigens führt dieses »Wir«-Gefühl auch zu einigen geschäftlichen Anomalien, die in anderen Branchen undenkbar sind, z. B. auch ein völlig unterentwickeltes Bewusstsein gegensätzlicher Interessen, z. B. von Käufern von Windkraftanlagen und Herstellern. Der BWE (Bundesverband Windenergie) bezeichnet sich als »Branchenverband«. Das wäre so, als ob Arbeitgeber und Gewerkschaften sich gemeinsam *als »Arbeitsverband« bezeichnen würden!!! Erst vor einigen Jahren ist mir in einem Gespräch mit »normalen« Wirtschaftsleuten, die mich bei meinen Erfahrungsberichten bezüglich der Widerstände gegen die Windenergie ungläubig anstarrten, aufgefallen, wie weit unsere Branche von den normalen Gepflogenheiten der Wirtschaft entfernt ist. Welcher normale Gewerbetreibende käme ernsthaft auf die Idee, einer Gemeinde Geld z. B. für Infrastrukturmaßnahmen in der Gemeinde anzubieten, damit diese sein Projekt ansiedelt??? Normalerweise bekommen Gewerbetreibende alles mögliche von der Gemeinde, Erschließungen, günstige Grundstücke etc., damit sie geruhen, sich in der Gemeinde niederzulassen. Welcher Gewerbetreibende würde es hinnehmen, dass der Stromversorger ablehnt, ihm einen Stromanschluss anzubieten??? – Aber uns fällt diese Anomalie nicht einmal auf, und wir wir stolpern erst darüber, wenn die Polizei in unsere Geschäftsräume einrückt, um Akten zu beschlagnahmen und Ermittlungen wegen Bestechung der Gemeinde aufzunehmen!!! Aber dann wissen wir, dass wir auch dies Gemessenwerden mit zweierlei Maß nur politisch korrigieren können.*

Mit anderen Worten: Der ursprüngliche politische Impetus des Widerstandes gegen die Atomenergie ist inzwischen bei den Geschäftsleuten der erneuerbaren Energien nach wie vor vorhanden, hat sich aber verändert, vielfältig differenziert, ist auch zum Tagesgeschäft geworden (und – auch das ist wahr – steht uns gewaltig im Wege, wenn wir die Branche den sonst üblichen industriellen Standards anpassen wollen, z. B. bei der Einforderung der Gewährleistung der Hersteller).

So, da ich den netten Artikel nicht so gerne schreiben mag, weil die Inhalte überholt sind und ich noch nicht alt genug bin, um mich in Historie zu ergehen (es gibt doch ein Sprichwort: wir merken das Alter daran, wie oft wir sagen »Ja, damals …«) und der weniger nette Artikel nach meiner Erfahrung nicht gewünscht ist (obwohl er meiner Ansicht nach zu einem Erkenntnisgewinn beitragen könnte), bin ich in dieser Gespaltenheit stehen geblieben und habe die Anfrage erst mal nach hinten geschoben.

Viele Grüße, Rosemarie Rübsamen

Antwort der Herausgeberinnen:
Wir hätten den »weniger netten« Beitrag bevorzugt, fanden aber, dass die Email selbst schon so viel Erkenntnisgewinn und Diskussionsstoff bietet, dass wir diese den LeserInnen nicht vorenthalten wollten. Wir danken Rosemarie Rübsamen, dass sie sich so viel Mühe mit diesem »Nicht-Beitrag« gemacht hat.

Irmgard Schultz

Frauen aktiv gegen Atomenergie – Spuren in der Wissenschaft

Der zwanzigste Jahrestag des Atomunfalls in Tschernobyl ist ein triftiger Anlass dafür, sich an die Aktivitäten der Frauen gegen Atomenergie zu erinnern und darüber nachzudenken, ob und wie sich dieser Atomunfall in der Wissenschaft niedergeschlagen hat. Beides möchte ich im Folgenden tun. Dabei beziehe ich mich auf das neue Forschungs- und Wissenschaftsfeld der transdisziplinären Nachhaltigkeitsforschung und zeige, wie wissenschaftliche Fragestellungen der damaligen Zeit, die aus Anlass des Atomunfalls mit besonderer Dringlichkeit aufgeworfen wurden, dort aufgenommen sind. Einen guten Einblick in die Art des Fragens, die Fragestellungen und die Ansprüche an die Wissenschaft, die anlässlich des Atomunfalls gestellt wurden, gibt die Studie »Die Folgen von Tschernobyl – Untersuchung einer hessischen Problemlage für eine Forschungsprogrammatik Soziale Ökologie« (Schultz 1987). Sie entstand im Rahmen der Forschungsgruppe Soziale Ökologie, die kurz vor dem Atomunfall gerade begonnen hatte, im Auftrag der Hessischen Landesregierung eine inhaltliche und organisatorische Konzeption für eine Soziale Ökologie darzulegen. Diese ist im Kern darauf gerichtet, die Erkenntnisse und Ausarbeitungen der Wissenschaft mit den Problemen der Gesellschaft und der Natur in neuer Weise zu verbinden. Rückblickend ist die Entstehung eines solchen Forschungsansatzes eingebettet innerhalb einer größeren und umfassenderen Bewegung der Neuordnung des Wissens zu sehen, die zu dem neuen wissenschaftlichen Feld der transdisziplinären Nachhaltigkeitsforschung geführt hat. In diesem Feld, das sie entscheidend mitgeprägt hat, entwickelte die Soziale Ökologie in den letzten zwanzig Jahren ein spezifisches Profil, von dem einige Punkte schon in der wissenschaftlichen Reflexion des Atomunfalls erkennbar sind. Ein Blick in die Studie »Die Folgen von Tschernobyl – Untersuchung einer hessischen Problemlage für eine Forschungsprogrammatik Soziale Ökologie« (Schultz 1987) ist für einen Rückblick darüber hinaus auch deshalb interessant, weil sie schon vor Entstehen einer feministischen Umweltforschung bezogen auf ein »Umweltproblem« eine Verbindung sowohl von natur- und sozialwissenschaftlichen Analysen mit einer Analyse der Geschlechterverhältnisse versuchte. Als Folgerung für die Wissenschaft wurden damals einige konzeptionelle Punkte herausgestellt, die von der intervenierenden transdisziplinären Forschung zum Teil aufgegriffen sind, in der Frauen- und Geschlechterforschung hingegen weitgehend verloren gegangen sind. Vor diesem Hintergrund zielt mein Beitrag auf die Frage, warum transdisziplinäre Nachhaltigkeitsforschung in der aktuellen Frauen- und Geschlechterforschung nur wenig Resonanz findet.

Er gliedert sich in zwei Teile: Erstens stelle ich die Tschernobyl-Studie und einige ihrer wichtigsten Ergebnisse vor. Vor dem Hintergrund der daraus abgeleiteten Anforderungen an die Wissenschaft verdeutliche ich im zweiten Teil, wie die damals gestellten Aufgaben in der sozial-ökologischen Forschung aufgenommen und konzeptionell weiter entwickelt wurden. Abschließend resümiere ich diese Forschungserfahrung in zwei Richtungen: einerseits mit Blick auf aktuelle Tendenzen der transdisziplinären Nachhaltigkeitsforschung und andererseits mit Blick auf aktuelle Tendenzen der Frauen- und Geschlechterforschung.

I. Ergebnisse der Studie »Die Folgen von Tschernobyl – Untersuchung einer hessischen Problemlage für eine Forschungsprogrammatik Soziale Ökologie«

Am 29. April 1986 wurde in Deutschland der Atomunfall in Tschernobyl bekannt. Die Reaktion in der Bundesrepublik war eine Art Ausnahmezustand. Kinder wurden nicht ins Freie gelassen aus Angst vor dem radioaktiven Niederschlag, die Schulen waren halbleer, viele Mütter und manche Väter gingen nicht zur Arbeit, begüterte Familien begaben sich auf die Kanarischen oder andere Inseln, von denen es hieß, dass der radioaktive Niederschlag dort weniger niedergegangen sei. Die Informationen der Medien, der Politiker und Wissenschaftler waren äußerst widersprüchlich. In verschiedenen Ländern Europas und in der BRD kam es zu vielen Protestaktionen, die besonders von Frauen getragen wurden. Sowohl in den Städten als auch auf dem Land bildeten sich so genannte Mütter- oder Elterninitiativen gegen Atomenergie. Vor diesem Hintergrund beschloss die Forschungsgruppe, eine sozial-ökologische Untersuchung der »Folgen von Tschernobyl in Hessen« vorzunehmen.

Anlage der Studie

Die Studie wurde im Laufe des Jahres 1986 durchgeführt und mit dem Gesundheitstag im Mai 1987 in Kassel, der unter anderem die gesundheitlichen Folgen des Atomunfalls zum Thema hatte, abgeschlossen. Sie hat zwei Teile. In einem ersten Teil werden auf Basis einer empirischen Erhebung Hypothesen dafür entwickelt, warum sich insbesondere Frauen aufgrund des Atomunfalls öffentlich zu Wort meldeten und sichtbar die Protestveranstaltungen prägten. Eine Befragung von Frauen der hessischen Initiativen gegen Umweltzerstörung bildet die empirische Grundlage für diesen Teil der Studie. »Die Recherche wurde auf den Kreis der Frauen-, Mütter- und Elterngruppen in Hessen eingeschränkt, um die Krisenwahrnehmung bzw. die vehement öffentlich gemachte ›Katastrophenerfahrung‹ von Frauen mit herrschenden Krisentheorien zu konfrontieren und programmatisch in den Forschungsansatz Soziale Ökologie aufzunehmen« (Schultz 1987: 4). Die Befragung diente der Eruierung der Erfahrungen von Frauen bei der Bewältigung der Atomkatastrophe und einer Selbsteinschätzung ihres politischen Engagements[1]. In einem zweiten Teil setzt sich die Studie mit der öffentlichen Behandlung des Themas in der Presse sowie der »Grenzwertproblematik« auseinander, die die Öffentlichkeit bestimmte. Dafür wurden Presseberichte zum Thema herangezogen[2]. Außerdem beruht dieser Teil der Studie auf einer Auswertung von Informationsmaterial des hessischen Sozialministeriums, auf Interviews mit Mitgliedern der hessischen Elterninitiativen und auf einer Auswertung der Diskussionen auf dem bundesweiten Gesundheitstag 1987 in Kassel zu den »Folgen von Tschernobyl – ein Jahr danach«.

1.1. Warum wurden Frauen aktiv gegen Atomenergie? – Die Katastrophe verdeutlicht eine neue Form der Politisierung des Privaten und der Alltagserfahrungen

Insgesamt zeigten die Reaktionen auf den Atomunfall wie nie wieder später bei großen Massenmobilisierungen in Deutschland eine deutliche Frauendominanz. Es waren nicht nur intellektuelle Frauen, sondern insbesondere in den kleineren Städten wurden die Landfrauen aktiv. Die Zeitschrift NATUR zählte noch im Herbst 1987 über eintausendfünfhundert »Mütter-Initiativen« in der BRD (Natur 10/1986). Warum werden Frauen aktiv?

Ergebnisse der Befragungen:
Der Widerstand der Befragten hatte zwei Adressaten. Der Protest richtete sich zum Einen gegen den technischen und wirtschaftlichen Gebrauch von Atomenergie und hatte als Adressat die Bundesregierung, die wie die schwedische Landesregierung zu einem Ausstieg aus der Atomenergie bewegt werden sollte. Zum Anderen richteten sich die Aktionen der Frauen-, Mütter- und Elterninitiativen an die örtlichen politischen Administrationen und schwerpunktmäßig an die Landesregierungen, in deren Hoheit die Festlegung von Grenzwerten und die Ausarbeitung konkreter Strategien des Katastrophenmanagements lag.
In Hessen schlossen sich dafür verschiedene Initiativen, die schon jahrelang vor dem Atomunfall gegen Pseudo-Krupp, Luftverschmutzung, Asthma und Allergien oder allgemein Umweltzerstörung aufmerksam machten, in den »hessischen Elterninitiativen gegen Umweltzerstörung« zusammen. In Nordhessen bildete sich nach dem Atomunfall aufgrund einer Anzeige in einer Lokalzeitung ein Zusammenschluss von Frauengruppen aus verschiedenen – auch kleinen – Orten, die sich

»Frauen nach Tschernobyl« nannten. Diese Initiativen begriffen sich als reine Frauengruppen und als unabhängig von Bürgerinitiativen und Parteien. Ihr Einzugsbereich reichte von Göttingen bis Marburg, wobei Borken bei der Organisation des nordhessischen Frauenwiderstands eine besondere Rolle spielte, weil hier möglicherweise ein weiteres Atomkraftwerk gebaut werden sollte.

Die hessischen Frauen- und Elterninitiativen vernetzten sich und nahmen gemeinsam Kontakt mit Beamten des hessischen Sozialministeriums auf, die ihrerseits die Maßnahmen zur Reduktion der Folgen von Tschernobyl mit ihnen diskutierten und legitimierten. Diese Form des Austragens politischer Interessen zwischen Betroffenen und Administration im Hinblick auf ein gemeinsames Krisenmanagement war damals neu. Dabei konzentrierten sich die Forderungen der hessischen Frauen- und Elterninitiativen vor allem auf flächendeckende Messungen der Radioaktivität. Sie forderten nicht nur die Anschaffung von mehr Messinstrumenten und die Vereinheitlichung der Messverfahren durch die hessische Landesanstalt für Umwelt, sondern auch die Beteiligung der interessierten Bevölkerung an den Messungen bzw. deren Kontrolle durch interessierte Bürgerinnen und Bürger. Sie forderten darüber hinaus stärkere Kontrollen gegenüber Babynahrungsherstellern, nachdem bekannt wurde, dass eine Firma, die Milchpulver vermarktete, mit Salmonellen belastete Babynahrung in den Handel gebracht hatte.

Fragestellung zur Arbeits- und Verantwortungsteilung zwischen Frauen und Männern und diesbezügliches Ergebnis der Befragungen
Aufgrund einer inhaltlichen Auswertung von gesammelten Informationsmaterialien stellten die Interviews Fragen zur Krisenerfahrung, zur geschlechtlichen Arbeitsteilung und zur sozialen Verantwortung von Frauen ins Zentrum. Denn in

131

Redebeiträgen auf den Protestveranstaltungen
wie auch in »offenen Briefen« argumentierten
Frauen immer wieder, dass sie »im Ernstfall« die
Alleinverantwortung zu tragen haben, und »wie
im Krieg« die von Männern angerichteten Trüm-
mer beiseite räumen müssen, das heißt in dieser
Situation: die Radioaktivität wegputzen, wegwa-
schen, wegkochen sollen[3]. Vor diesem Hintergrund wurde für die Recherche hypothetisch angenommen, dass sich der Protest der Frauen aus
der Zumutung speise, in der Krisensituation durch
noch mehr Hausarbeit die Krise bewältigen zu
müssen. Theoretisch wurde dabei von einer in
der Krisensituation sich verschärfenden Struktur
geschlechtsspezifischer Arbeitsteilung ausgegangen.

Die Erwartungshaltung einer geschlechtsspezifisch unterschiedlichen Bewältigung der Folgen
von »Tschernobyl« wurde im Großen und Ganzen
durch die Interviews auch bestätigt. »Die (Ehe-)-
Männer beteiligten sich zwar an der Organisation
des Milchpulvers, weniger jedoch an der konkreten Arbeit des Entkontaminierens, die in das traditionelle Muster von Hausarbeit fiel (Wäsche-
wechseln, Waschen, Putzen, Kinder duschen).
Das Umstellen der Ernährung, die Aneignung
eines neuen Ernährungswissens, die aufwändige
Herstellung von Milchersatzprodukten, besonders
für die Kinder, blieb reine Frauenarbeit. Entgegen
der aus dem theoretischen Vorverständnis abgeleiteten Erwartung, dass die Empörung der Frauen
aus dieser ›ungerechten Arbeitsteilung‹ entsprin-
ge, belegen die durchgeführten Gespräche jedoch
eine andere Antriebsquelle für den Protest der
Frauen. (…) Aus den Gesprächen geht klar hervor,
dass sich die Frauen weniger wegen der verstärkten Arbeitsbelastung ›im Stich gelassen‹ fühlten,
sondern wegen der gesellschaftlichen Zuweisung
einer alleinigen Zuständigkeit für die alltägliche
Versorgung und das leibliche Wohl der Familien-

mitglieder in einer Situation, in der ihrer Meinung nach die ›alltägliche Versorgung‹ nicht auf-
recht zu erhalten ist.« (Schultz 1987: 10)

Drei Momente stellt die Studie in Interpretation
der durchgeführten Interviews heraus:

(1) Die interviewten Frauen haben »Tschernobyl« nicht als ein zu bewältigendes »Problem«,
auch nicht als »Krise«, sondern als eine Katastrophe erlebt. Die Interviewten lenkten immer wieder die Rede auf den Punkt ihrer Katastrophenerfahrung, die vor allem darin bestand, sich in einem emotionalen Ausnahmezustand zu befinden,
weil sie nicht mehr weiter wüssten und keinen
Ausweg mehr sähen. Im Unterschied zur Krise besteht die Katastrophe darin, nicht mehr zu wissen, wie mit dieser Situation umgegangen werden
kann und nichts mehr an der Situation ändern
zu können: »dass es eine Katastrophe ist, wenn
die Mutter nicht mehr weiß, was sie anstelle der
Milch dem Kind geben kann«.

(2) Die Katastrophenerfahrung haben die interviewten Frauen am eigenen Körper und denen
der Kinder als »Exekution von Macht« erfahren.
Auch berufstätige Frauen und Frauen ohne Kinder
bezeugten eine stärkere Wahrnehmung von Bedrohung und Angst vor körperlicher Beschädigung als ihre Ehemänner oder männlichen Bekannten, von denen sie zum Teil als »hysterisch«
abqualifiziert wurden. Ihre Maßnahmen zur Mini-
mierung der radioaktiven Belastung (z. B. das Abstellen der Schuhe vor der Wohnungstür) bekamen sie als »Hausfrauentick« vorgehalten. In der
Ignorierung und Verharmlosung von Gefahren für
die Gesundheit sahen sie eine Übereinstimmung
zwischen den politisch Verantwortlichen und
ihren und anderen Männern. In Umdrehung des
Überfürsorglichkeitsvorwurfs kritisierten sie die
mangelnde Identifikation mit Kindern und mit
den Schwachen. Interviewte des Netzes »Frauen

nach Tschernobyl« bezeichneten die Verleugnung möglicher körperlicher Beschädigung als »patriarchalisch«. Konkret warfen sie der hessischen Landesregierung vor, dass sie sich in ihren Maßnahmen nicht an den Empfindlichsten und Schwächsten – das wären in diesem Fall die Kleinkinder und Schwangeren – orientiere. Sie nähme vielmehr einen idealtypischen Durchschnittsmenschen zur Grundlage der Berechnung von Gesundheitsrisiken, der immer ein gesunder, erwachsener, nicht schwangerer Mann ist.

(3) Die Katastrophenerfahrung hat bei den Frauen zu einer Politisierung »ihres« Privatbereichs geführt, ohne dass sie dabei das traditionelle Familienverständnis und die vorgegebene Arbeitsteilung zwischen den Geschlechtern in Frage stellten. Sie begründeten einen Mitspracheund Mitbestimmungsanspruch an großtechnischen Entscheidungen, da diese letztlich ihren Verantwortungsbereich der persönlichen und familiären Versorgung entscheidend bestimmten. Die Interviewten kritisierten eine »Verantwortungsteilung«, die den politisch und wirtschaftlich Verantwortlichen eine Technikentwicklung erlaubt, deren Folgen dann privatisiert werden. In diesem Sinne habe die Parole der Frauenbewegung »Das Private ist politisch« einen neuen Sinn erhalten. In Interpretation dieses auch in den öffentlichen Kundgebungen immer wieder vehement eingeforderten Mitspracherechts an großtechnischen Entscheidungen resümiert die Studie, dass heute die Lebensformen entscheidend durch die Wirkungen und Folgen techno-ökonomischer Entwicklungen geprägt sind und daher einen neuen Konfliktstoff für Politisierungen abgeben.

Vor dem Hintergrund dieser drei interpretativen Erklärungen des politischen Engagements von aktiv gewordenen Frauen nach dem Atomunfall folgert die Studie für die Entwicklung des neuen

Forschungstyps: Das Ergebnis »verweist auf den systematischen Stellenwert, den die Aufnahme der Erfahrungen von Frauen in einer Programmatik Soziale Ökologie haben muss«. (Schultz 1987: 15).

1.2. Was war neu für die Wissenschaft? Risikokommunikation und die Rolle der Wissenschaft selbst

Im zweiten Teil der Studie, der sich exemplarisch mit der »Grenzwertproblematik« als Bewältigungsstrategie der Folgen des Atomunfalls auseinandersetzt, arbeitet die Studie eine »Verwissenschaftlichung« der Alltagserfahrung und des Alltagswissens heraus und nimmt dabei den Austausch zwischen wissenschaftlichen Experten und den »Alltagsakteuren« (wie wir heute sagen) in den Blick. Ausgangspunkt ist die Feststellung eines nicht sinnlich erfahrbaren »Risikos«, das von Ulrich Beck damals als eine spezifische Form der »Enteignung der Sinne« (Beck 1986a) interpretiert wurde. Ohne naturwissenschaftliche Feststellung dieses Risikos durch die Messanlagen und Messverfahren von Wissenschaftlern wäre der radioaktive Niederschlag in Westeuropa gar nicht erfahren worden. Die Alltagserfahrung ist für die Risikoerkennung auf die naturwissenschaftliche Risikofeststellung angewiesen, das ist die faktische Beschreibung der Verwissenschaftlichung der Alltagserfahrung. Dieses Theorem beschäftigt die sozial-ökologische Forschung unter verschiedenen Fragestellungen bis heute immer wieder aufs Neue.

Nach dem Tschernobyl-Unfall zeigte sich die Verwissenschaftlichung des Alltags darin, dass innerhalb von wenigen Tagen insbesondere Mütter und Väter von Kleinkindern lernten, in der Alltagspraxis mit Umrechnungstabellen umzugehen, welche die radioaktive Belastung der Lebensmit-

133

tel in Gesundheitsgefährdungen umrechnen halfen. Innerhalb von wenigen Tagen entstand ein bis dahin nicht bekannter Typ eines physikalisch untermauerten Alltagswissens, an dem sich die Interviewten in ihrem Einkauf und bei der Nahrungszubereitung orientierten. Die Studie kritisiert die Verengung der Problemwahrnehmung auf diese naturwissenschaftliche Umrechnungspraxis, die zudem äußerst verwirrend war, da Radioaktivität anhand von Cäsium-137 gemessen wurde und erst in Curie und dann in Becquerel angegeben wurde. Der Gradmesser für die körperliche Gefährdung, die mit Hilfe der Tabelle errechnet werden konnte, wurde zuerst in Rem (Millirem), später dann in Sievert angegeben. In der Praxis bedeutete dies, dass die Nahrungsmittel nach ihrem in den Zeitungen veröffentlichten Becquerel-Werten hinsichtlich ihres Rem-Gehalts eingeschätzt wurden. Danach wurden dann die Lebensmittel eingekauft, wobei sich einige Mütter und Väter insbesondere bei der hohen Cäsium-Belastung der Milch daran orientierten, woher die Milch stammte. Denn der Niederschlag war durch den Regen mehr in den südlichen Gebieten, vor allem in Bayern nieder gegangen. Diese Umrechnungspraxis wurde von mehreren Seiten später kritisiert. Die Kinderärzte argumentierten, dass anstelle von Cäsium-137 als Leitnuklid besser Strontium hätte gemessen werden sollen, da die Auswirkungen der verschiedenen radioaktiven Nuklide auf den menschlichen Körper unterschiedlich sind und sich in unterschiedlicher Intensität in verschiedenen Körperorganen einlagern. Strontium, das sich besonders ins Knochenmark einlagert, gefährde insbesondere Kinder in der Wachstumsphase. Auf dem Gesundheitstag in Kassel 1987 wurde darüber hinaus diskutiert, dass durch die Entwicklung eines neuen Analyseverfahrens für Strontium an der Bremer Universität nachgewiesen wurde, dass ausgerechnet mit wenig Cäsium-

137 belastete Lebensmittel besonders hohe Strontium-Belastungen aufwiesen. Entgegen der regionalen Cäsium-Verteilung in der BRD habe ein entgegengesetztes Nord-Süd-Gefälle für Strontium geherrscht. Damit seien aber auch die an Cäsium-137 orientierten Minimierungsprogramme und individuellen Ernährungsstrategien kritikwürdig. Wissenschaftler des IFEU-Instituts kritisierten darüber hinaus die Orientierung der Gefahrenminimierung ausschließlich an den Nahrungsmitteln. Dabei würden die unterschiedlichen Belastungspfade ignoriert, beispielsweise die Aufnahme von Radioaktivität durch Inhalation und die Belastung des Bodens durch Gammastrahler (Cäsium, Jod-131). Darüber hinaus stellte der Atomphysiker Jens Scheer die Umrechnungspraxis generell infrage, da neuere Studien über die Wirkung von Strahlen im niederen Becquerelbereich belegten, dass auch die sogenannte Niedrigstrahlung krebsauslösend sei. Werde dieses Argument in Rechnung gestellt, müsse auch die Orientierung der Landesregierungen in ihren Strategien zur Bewältigung der radioaktiven Belastungen an sogenannten Grenzwerten kritisiert werden.

Die Grenzwerte wurden von den Bundesländern sehr unterschiedlich und wie es erschien sehr willkürlich festgelegt. »Die Strahlenschutzkommission empfiehlt, dass 500 Becquerel je Liter Trinkmilch nicht überschritten werden sollten. Hessen senkte den Wert auf 20, Schleswig-Holstein auf 50 für Trinkmilch und 500 für normale Milch, Hamburg setzte 200 und Berlin 100 Becquerel ohne nähere Differenzierung an.« (Sieker 1986: 15)

Die Studie endet damit, dass sie auf die Vereinheitlichung der Grenzwertempfehlungen durch Neuordnung der Bund-Länder-Kompetenzen durch das 1986 im Herbst vorgelegte »Strahlenschutzvorsorgegesetz« hinweist, demzufolge die Informationspolitik in einem Krisenfall in Zukunft in Bundeskompetenz liegt. Sie kritisiert abschließend die Fixierung auf die Grenzwerte als ausschließliche Belastungsminimierungsstrategie, in der sich die hessische Landesregierung mit den Elterninitiativen gegen Umweltzerstörung einig waren. Sie stellt fest, dass die Elterninitiativen damit begonnen haben, selbst radioaktive Belastungen (des Bodens, einzelner Nahrungsmittel) zu messen und dass dabei die Messverfahren ähnlich uneinheitlich seien wie bei den durch die Landesregierung veranlassten Messungen. Zudem kritisiert sie die zur Datengewinnung über Strahlenwirkungen in Fulda durchgeführten Ganzkörpermessungen an Kindern, deren Sinn für eine Prävention möglicher Strahlenschäden dieser Kinder nicht einsehbar sei. Im Interview beklagt eine Mutter der hessischen Elterninitiativen, die sich mit ihrem Kind an den Messungen beteiligte, dass für ihr Kind »Tschernobyl« immer mit dem Arztbesuch verbunden sein wird.

Die aus heutiger Sicht interessierende Frage, ob denn die radioaktiven Belastungen gar nicht erst gemessen oder wie sie besser gemessen, fundierter in gesundheitliche Belastungswerte umgerechnet und wie sie kommuniziert werden sollten, diskutiert die Studie nicht mehr.

2. Die Wirkungen des Atomunfalls in der Wissenschaft

In den Sozialwissenschaften fand der Atomunfall seine populäre Interpretation durch Ulrich Becks »Risikogesellschaft« (Beck 1986). Die These, dass der Umgang mit letztlich nicht oder nur schwer einschätzbaren Risiken den Charakter der Gesellschaft heute bestimme, stieß vor allem in der Soziologie auf Resonanz. Die von Beck mit dieser Feststellung verbundene Behauptung, dass »vor dem Risiko« alle Menschen gleich würden, ist

hingegen schon vor dem Hintergrund der oben zitierten Rechercheergebnisse über die Folgen von Tschernobyl in Hessen nicht in dieser Pauschalität zu halten.

2.1. Risikoforschung heute – Anerkennung von physiologisch-anatomischer und sozialer Differenzen der »vulnerable groups«

Werden naturwissenschaftliche und medizinische Verfahren der Risikofeststellung in die Problemanalyse einbezogen, differenziert sich das Bild nach unterschiedlichen Nukliden, die unterschiedliche Wirkungen auf verschiedene Körperorgane haben und nach unterschiedlichen Eintragungspfaden (Nahrungskette, Bodenbelastung, Luftbelastung etc.). Statt einer »vor dem Risiko« gleichen Bevölkerung kommen unterschiedlich »empfindliche« soziale Gruppen in den Blick wie Kleinkinder, Kranke, Schwangere, die heute in der Risikoforschung als »vulnerable groups« bezeichnet werden. Die von den hessischen Elterninitiativen geforderte Orientierung an den sogenannten »Risikogruppen« ist heute in der Wissenschaft, die sich mit strahlenbedingter Risikofeststellung befasst, »state of the art«. Zudem hat man heute mehr und genauere Kenntnisse über Strahlenwirkungen. Wurden die Wirkungen von Strahlenbelastungen zur Zeit des Atomunfalls in Tschernobyl anhand von Daten über Strahlenopfer in Osaka und Hiroshima gewonnen, so stehen heute mehr und neue Daten nicht zuletzt durch die Tschernobyl-Opfer zur Verfügung. Die Risikoforschung ist seit dem Atomunfall 1986 zu einem sehr bedeutenden wissenschaftlichen Feld geworden, sowohl als Grundlagenforschung als auch in ihrer Anwendung. Dies zeigt sich unter anderem in Deutschland darin, dass die wissenschaftliche Risikofeststellung und die wissenschaftlich fundierte Ausarbeitung einer Risikokommunikation in zwei großen Behörden organisiert ist. Auch in der Europapolitik nimmt sie einen großen Platz bis in die Forschungsförderung ein. Ausschreibungen im sechsten Forschungsrahmenprogramm der EU zur Entwicklung integrativer Konzepte der Risikobewältigung verdeutlichen den großen Stellenwert dieser Forschung und zeigen, dass die Wissenschaft dabei heute auch neue Wege geht. Die EU-Ausschreibungen verknüpfen die Phasen der Risikobewertung, des Risikomanagements und der Risikokommunikation »aus interdisziplinärer Sicht miteinander« und fokussieren insbesondere auf die Analyse der »Querverbindungen« zwischen den unterschiedlichen an Risikosystemen beteiligten Akteuren (EU 2005). Auf konzeptioneller Ebene werden in die Risikobewertung zunehmend Kategorien wie Unsicherheit und Nicht-Wissen, Irreversibilität von Schäden für Mensch und Umwelt, langfristige und zeitverzögerte Wirkungen und Aspekte der subjektiven Risikowahrnehmung aufgenommen (vgl. WBGU 1998).

Unterbelichtet sind jedoch auch nach zwanzig Jahren noch die Geschlechterverhältnisse in der Risiko- und Desasterforschung. In einer Gender-Evaluation des Programms Umwelt und Nachhaltige Entwicklung des 5. Forschungsrahmenprogramms der EU, die das ISOE für die Europäische Kommission durchgeführt hat (Schultz et. al. 2001), war auch der Forschungsschwerpunkt »Technological and Natural Hazards« zu evaluieren. Eine Literatursichtung und ExpertInnenbefragungen zum Thema Risiko- und Desasterforschung aus Gendersicht bei europäischen Forscherinnen und Forschern zeigt verglichen mit anderen Themenschwerpunkten nur wenige Ergebnisse (European Commission ed. 2003). Ebenso ist die in der Tschernobyl-Studie angelegte Forschungsfrage danach, ob Frauen und Männer eine unterschiedliche Risikowahrnehmung haben, bisher nicht erschöpfend beantwortet worden. In

einer Studie zum Thema »Klimapolitik und Gender« wurde dieser Frage anhand einer Literaturrecherche nachgegangen (Seltmann 2004). Diese zeigt, dass das Konzept der vulnerable groups sowohl physiologisch-medizinisch als auch sozial ausbuchstabiert ist. Eine besondere »Empfindlichkeit« wird insbesondere von Frauen in Katastrophensituationen aufgrund mangelnder Ressourcenzugänge und materieller Armut festgestellt (Enarson 2000). Doch diese (wenigen) Forschungsansätze untersuchen zumeist nur Situationen und Erfahrungen in den Ländern des Südens. Demgegenüber zeigt eine Nachauswertung der klimarelevanten Daten des deutschen Umweltbewusstseins-Surveys aus dem Jahr 2001 unter dem Gesichtspunkt der Geschlechterdifferenzierung, die in der bereits zitierten Studie von Seltmann 2004 vorgenommen wurde, dass die Annahme geschlechtsspezifisch unterschiedlicher Risikowahrnehmungen nahe liegt, die vorliegenden Daten aber letztlich keine ausreichende empirische Basis für differenzierte Einschätzungen bieten (die beispielsweise verschiedene Risikoerfahrungen bei unterschiedlichen sozialen Gruppen innerhalb der Geschlechterunterscheidung zuließen). Die äußerst stark entwickelte Risikoforschung zeigt bis heute eine Geschlechterblindheit, die sich im Mangel an Daten und Untersuchungen zu diesem Thema ausdrückt.

Der in der Tschernobyl-Studie begründete Anspruch an eine systematische und konzeptionelle Aufnahme der wissenschaftlichen Kategorie der Geschlechterverhältnisse stellt die sozial-ökologische Forschung vor große Herausforderungen. Die Soziale Ökologie hat diese Herausforderung in den letzten zwanzig Jahren unterschiedlich aufgenommen, zuerst mit der Ausarbeitung eines eigenen Ansatzes der »Gender & Environment"-Forschung (Schultz, Weller 1995), auf dem heutigen

Stand mit einer eigens dafür ausgearbeiteten konzeptionell begründeten Analytik und Methode (siehe 2.3.).

2.2. Sozial-ökologische Forschung im neuen wissenschaftlichen Feld der transdisziplinären Nachhaltigkeitsforschung

Die beiden zentralen Anforderungen der Tschernobyl-Studie an die Wissenschaft: erstens der Anspruch, »die Erfahrungen von Frauen« in die Forschung systematisch einzubeziehen und zweitens der Anspruch, Problembeschreibungen und -analysen weder aus einer rein sozialwissenschaftlichen noch einer ausschließlich naturwissenschaftlichen Perspektive vorzunehmen, sind von Anfang an wesentliche programmatische Punkte der Sozialen Ökologie. Naturwissenschaftliche und medizinische Erkenntnisse werden nicht pauschal unter den Verdacht der Herrschaftsförmigkeit gestellt, sondern hinsichtlich möglicher kritischer Varianten befragt, die problembezogen und in Abwägung ihres Beitrags zur Problemlösung untersucht werden[4]. Das in der Tschernobyl-Studie ins Zentrum gestellte Theorem der »Verwissenschaftlichung des Alltags« führt in der empirischen sozial-ökologischen Forschung immer wieder zu neuen Untersuchungsfragen. Die Kategorien Alltag, Bedürfnisse und Geschlechterverhältnisse bilden inzwischen wesentliche Kategorien im Begriffsnetz der Sozialen Ökologie. Sie verweisen methodologisch auf die Verbindung von Expertenwissen und Laienwissen und auch auf den systematischen Stellenwert, den die »Aufnahme der Erfahrungen der Frauen« einnimmt. Die Verbindung von wissenschaftlichem Wissen und Erfahrungswissen unterschiedlicher Alltagsakteure gilt inzwischen als ein zentrales Merkmal der transdisziplinären Nachhaltigkeitsforschung insgesamt.

Die transdisziplinäre Nachhaltigkeitsforschung hat sich als ein neues Feld innerhalb der Wissenschaften herausgebildet, das in der wissenschaftssoziologischen Debatte eines Neuen Modus der Wissensproduktion (›mode 2‹) verortet wird (Gibbons et al. 1994). Mit »Mode 2« ist ein neuer Wissenschaftsmodus gemeint, der sich dadurch auszeichnet, dass das Verhältnis Wissenschaft und Gesellschaft in neuer Weise bestimmt wird. Idealtypisch gefasst forschen gemäß Mode 2 wissenschaftliche und nicht-wissenschaftliche Akteure im Rahmen heterogener Wissensnetzwerke problemorientiert und in Reflexion auf ihre soziale Verantwortung. Demgegenüber zeichnet sich »Mode 1« idealtypisch dadurch aus, dass hier Wissenschaftlerinnen und Wissenschaftler disziplinär gemäß des traditionellen Verständnisses wissenschaftlichen Forschens arbeiten. Das dabei produzierte Wissen wird als Grundlagenforschung ausschließlich im Wissenschaftssystem selbst erzeugt und fließt dann direkt in Kontexte der angewandten Forschung und schließlich in die Praxis ein. Das »Wissen der Alltagsakteure« muss in Mode 1 zur Wissenserzeugung nicht heran gezogen werden.

Transdisziplinäre Forschung zeichnet sich demgegenüber durch drei unterschiedliche Wissensformen aus, die in einer spezifischen Systematik aufeinander bezogen werden: »Transdisziplinäre Forschung befasst sich mit der Genese von Problemen (Systemwissen), sie untersucht die mit den Problemen verbundenen Ziele und Normen (Orientierungswissen/Zielwissen) sowie geeignete Lösungs- oder Verbesserungsmöglichkeiten (Transformationswissen). Sie bezieht dabei die Kenntnisse und Anliegen verschiedener wissenschaftlicher Disziplinen und unterschiedlicher gesellschaftlicher Akteure ein.« (Hirsch-Hadorn 2005).

2.3. Der Integrationsansatz und die Methode der transdisziplinären Integration von Geschlechteraspekten der sozial-ökologische Forschung

In diesem Feld der transdisziplinären Nachhaltigkeitsforschung hat die sozial-ökologische Forschung ihr eigenes Profil entwickelt. Eine problemorientierte und interdisziplinär verfasste sozial-ökologische Forschung im breiteren Sinne wird inzwischen in außeruniversitären Instituten und in den Universitäten in unterschiedlichen organisatorischen Formen und mit unterschiedlichen theoretischen und methodischen Ansätzen betrieben. Seit dem Jahr 2000 gibt es ein Förderkonzept »Sozial-ökologische Forschung« (SÖF) des Bundesforschungsministeriums, das diese Forschung durch drei grundlegende Dimensionen kennzeichnet: (1) Grundlagenprobleme und Methodenentwicklung, (2) Umsetzungsprobleme und Praxisbezüge und (3) Geschlecht und Umwelt (Gender & Environment) (BMBF 2000).

Im Institut für sozial-ökologische Forschung (ISOE) ist die Grundlagen- und Methodenentwicklung durch ein starkes Integrationskonzept, das sowohl die beteiligten verschiedenen Wissenschaftsdisziplinen als auch die Verbindung von wissenschaftlichem Wissen und Alltagswissen zentral stellt, ausgearbeitet worden. (Jahn 2005; Becker/Jahn 2006). Damit werden die Umsetzungsprobleme und Praxisbezüge nicht als ein der wissenschaftlichen Analyse angehängter zusätzlicher Arbeitsschritt begriffen, sondern in die Ausarbeitung der theoretischen Grundbegriffe und Methoden von vornherein einbezogen.

Dies hat auch für die Aufnahme der Kategorie der Geschlechterverhältnisse in der sozial-ökologischen Forschung zur Konsequenz, dass sie als inter- und transdisziplinäre Kategorie theoretisiert wird (Schultz 2006), die von vornherein den Zusammenhang von Wissenschaft und Alltag/Politik reflektiert. Dabei wird die Interdisziplinarität nicht nur innerhalb der Sozial- und Kulturwissenschaften herausgearbeitet, sondern zwischen »den beiden Wissenschaftskulturen« der Sozial- und der Natur- und Technikwissenschaften. Dieses Verständnis von Interdisziplinarität ist in der Geschlechterforschung noch unterrepräsentiert (Kahlert et al. 2005; Schäfer, Schultz, Wendorff 2006).

In der sozial-ökologischen Forschung wird die Analyse der Geschlechterverhältnisse immer kontextualisiert als Analyse der Geschlechterverhältnisse bezogen auf sozial-ökologische Problemlagen und Problemlösungen durchgeführt. Dieser Problembezug erfordert eine eigene Methode der transdisziplinären Analyse und Integration von Geschlechteraspekten. Einen methodischen Zugang bietet das Gender Impact Assessment, das in Übertragung des methodischen Ansatzes des Environmental Impact Assessments zuerst in den Niederlanden für die Geschlechter-Folgenabschätzung von politischen Programmen der Sozialpolitik und des Erziehungswesens entwickelt wurde (Verloo/Roggenkamp 1996). Die transdisziplinäre Genderanalyse beruht auf der Identifizierung von drei »Geschlechterdimensionen« (gender dimensions) innerhalb einer sozial-ökologischen Problemlage, die immer für eine Wirkungsabschätzung herangezogen werden sollten: Das ist (1) die Dimension der geschlechtsspezifischen Arbeitsteilung, (2) die gesellschaftliche Organisation von Intimität (Gesundheit, Reproduktion, Psyche, Körper) und (3) die Gestaltungsmacht in Wissenschaft, Technik und Politik. (Bei der Erprobung der Methode wurde eine vierte Genderdimension des Zugangs zu Ressourcen heraus gearbeitet, die je nach Problemstellung auch der

138

Kategorie der geschlechtsspezifischen Arbeitsteilung zugeordnet werden kann).

Anhand der Genderdimensionen werden unterschiedliche Problemkerne mit Relevanz für die Geschlechterverhältnisse in den Blick genommen. Die Dimension der geschlechtsspezifischen Arbeitsteilung (und des Zugangs zu Ressourcen) beleuchtet insbesondere die Aspekte von Umweltproblemen, die Wirkungen auf den Zugang zu natürlichen Ressourcen, auf die Haus- und Versorgungsarbeit, auf die Vereinbarkeit von Beruf und Familie, auf Männerarbeitsplätze im Vergleich zu Frauenarbeitsplätzen, auf Karrierechancen von Frauen/Männern (oder Mädchen/Jungen) sowie auf verschiedene gesellschaftliche Arbeitsbereiche und Berufsfelder betreffen.
Die Genderdimension Gestaltungsmacht von Frauen und Männern in Wissenschaft, Technik und Politik führt zu einer Analyse der unterschiedlichen Entscheidungs- und Mitbestimmungsmöglichkeiten von Männern und Frauen bei der Planung, Entscheidung, Durchführung und Kontrolle von Umweltstrategien und allen politischen Aktivitäten im Umweltbereich. Sie wird in der internationalen Umweltpolitik unter anderem als Frage nach »participatory decision making« von Frauen und Männern diskutiert (Röhr et. al. 2004), in der sozial-ökologischen Forschung darüber hinausgehend auch in den Bereichen der Wissenschaft und Technikgestaltung untersucht.
Die Gender-Dimension der gesellschaftlichen Organisation von Intimität (Gesundheit, Reproduktion, Psyche, Körper) ist in der Tschernobyl-Studie exemplarisch erfasst und seitdem unter verschiedenen Forschungsfragen immer wieder untersucht worden. Sie beleuchtet den Problemkomplex der Wechselwirkungen zwischen Umwelt- und Gesundheitswirkungen in sozial-ökologischen Problemlagen, die unterschiedlichen Wirkungen von Stoffen, Strahlen, Infra-strukturen, Lärm etc. auf die Körper von Männer und Frauen (bestimmter sozialer Gruppen und Altersstufen), aber geschlechtsspezifisch unterschiedliche Wahrnehmungen, Stereotypisierungen etc.

Anwendungsbeispiel aus dem Strahlenschutzbereich

Der Aspekt der reproduktiven Gesundheit wurde in einem Gender Impact Assessment der Novellierung der Strahlenschutzverordnung von 2001 untersucht, die in Deutschland an europäische Normen angepasst werden musste (Hayn, Schultz 2002).

Dabei wurde das Gender Impact Assessment (GIA) zu einem zentralen Instrument der politischen Strategie des Gender Mainstreaming weiter entwickelt und in diesem Projekt für die Überprüfung der Auswirkungen von politischen Maßnahmen (Gesetze, Verordnungen, Programme, Konzepten und im alltäglichen Verwaltungshandeln) auf Frauen und auf Männer ausgearbeitet. Die Durchführung des GIA im Bereich Strahlenschutz wurde auf diejenigen Regelungen der Strahlenschutzverordnung (StrlSchV) eingegrenzt, die im Überschneidungsbereich von Strahlenschutz, Schutz der reproduktiven Gesundheit und Schutz des ungeborenen Lebens liegen. Als zentrale Neuerungen der novellierten Strahlenschutzverordnung von 2001 stellt das GIA die Festsetzung von neuen Grenzwerten (insbesondere ein eigener Grenzwert für den Fötus und die Senkung der Gebärmutterdosis) und die Neu-Regelung des Zugangs zum sog. Kontrollbereich heraus. Das generelle Zutrittsverbot für Schwangere wurde abgeschafft und durch differenzierte Neu-Regelungen ersetzt. Zielgruppen dieser Neu-Regelungen sind beruflich strahlenexponierte Frauen und Männer in vier Berufsfeldern: medizinisches Personal,

139

Personal aus dem Bereich der Forschung, Personal kerntechnischer Anlagen und Flugpersonal.

Bei der Gender Impact Untersuchung wurde gefragt, warum geschlechtsspezifisch unterschiedliche Regelungen hinsichtlich der reproduktiven Gesundheit für Frauen und Männer getroffen werden, welche Wirkungen die Neu-Regelungen auf die Berufssituation und Karrierechancen von Frauen und Männern in strahlenexponierten Berufen haben und inwieweit die Gestaltungsmacht von Frauen und Männern (Eigenverantwortlichkeit und Mitsprache beim Strahlenschutz) gefördert werden. Für die Eruierung diesbezüglicher Informationen wurde eine Befragung bei Personen in strahlenexponierten Berufen und Verbänden durchgeführt (Deutsche Gesellschaft für Strahlenschutz, Deutsche Röntgengesellschaft, Deutscher Gewerkschaftsbund, Fachverband für Strahlenschutz, Deutscher Verband der Medizinisch Technischen Assistenten, Deutsches Krebsforschungszentrum Heidelberg, Deutsches Forschungszentrum Karlsruhe).

Die differenzierte Bewertung kam zu dem Schluss, dass die Arbeitssituation der Frauen in strahlenexponierten Berufen, die schwanger sind oder sich ein Kind wünschen, durch die Neuregelungen verbessert werden. Aufgrund der Aussagen von Betroffenen, Strahlenschutzbeauftragten und Expertinnen wurde auch die größere Selbstbestimmung, welche die StrlSchV ermöglicht, als positiv gewertet. Als problematisch wurde hingegen die unterschiedliche Regelung des Strahlenschutzes der reproduktiven Gesundheit von Frauen und Männern eingeschätzt und daher mithilfe einer ExpertInnenrunde gesondert bewertet. Ergebnis war: die geschlechtsspezifisch unterschiedliche Regelung entspräche dem Stand der medizinischen Forschung, die eine unterschiedliche Inkorporation von Radioaktivität in Ovarien und Gebärmutter einerseits und in Spermien an-

dererseits festgestellt hat, und sei daher auch unter dem Gleichheitsanspruch vertretbar. Vor diesem Hintergrund wurde die Neuregelung insgesamt als positiv gewertet, aber auch neun Schwachstellen und Verbesserungsvorschläge für die Anwendungspraxis der Verordnung im Berufsalltag aufgezeigt (Verbesserungsmöglichkeiten des untergesetzlichen Regelwerks), die ohne Einbezug der Strahlenschutzbeauftragten aus Großforschungsanlagen und den Praxiserfahrungen der Befragten nicht sichtbar geworden wären.

Ausblick

Das oben angeführte Strahlenschutz-Beispiel zeigt die Vielfalt der Aspekte, die auch ohne Katastrophensituation bei der Untersuchung von Strahlenexpositionen hinsichtlich der Geschlechterverhältnisse wirksam und zu berücksichtigen sind. Sie sind Ausdruck der hochkomplexen Lebensformen, in denen wir heute leben. Die Atomenergie betrifft sehr direkt »das Private«, wie die Tschernobyl-Studie zeigte und bildet – wie im kleineren Maßstab auch jeder Nahrungsmittelskandal – ein Politisierungspotential, das in Katastrophensituationen vor allem Frauen als die für die alltägliche Versorgung Zuständigen »aktiv werden« lässt. Für die Wissenschaft heute stellt sich die Frage, wie sie diese Alltagserfahrungen der Frauen aufgreift.

Die transdisziplinäre Nachhaltigkeitsforschung hat zwar den Bezug auf Praxisakteure entwickelt und nimmt gemäß ihres Selbstverständnisses schon im Verlauf der Forschung die Erwartungen, Erfahrungen und möglichen Auswirkungen auf die zukünftigen AnwenderInnen auf. Damit ist jedoch nicht automatisch auch eine Reflexion und Aufnahme der Kategorie der Geschlechterverhältnisse in diese Forschung verbunden. Die Geschlechterforschung wiederum

hat, wie Ines Weller feststellt, zwar in ihren An-
fängen sehr stark ein Verständnis von – wie wir
heute sagen – Transdisziplinarität in die Wissenschaften eingebracht. Dieses ist aber inzwischen
kaum noch präsent. »Vor diesem Hintergrund erscheint als interessante Frage, wie es dazu gekommen ist, dass bis heute eine Auseinandersetzung der Frauen- und Geschlechterforschung mit
Transdisziplinarität im Sinne der Einbindung von
Gesellschaft und nicht-wissenschaftlichen AkteurInnen in den Forschungsprozess (...) kaum zu
erkennen ist« (Weller 2005: 164). Diese Frage
sollte in der Frauen- und Geschlechterforschung
nicht normativ, sondern wissenschaftlich und
analytisch aufgenommen werden. Wird die Kategorie Geschlecht lediglich monodisziplinär und
ohne Bezug auf die Alltagserfahrungen von Menschen konzipiert, die sich selbst mehrheitlich
als Frauen und Männer, als Jungen und Mädchen,
als Landfrau oder Landwirt sehen, dann ist die
Dimension der »aktiv werdenden Frauen« – wie
sie in der Tschernobyl-Studie präsent sind – von
vornherein kategorial abgeschnitten.

Anmerkungen:

1 Insgesamt wurden 16 leitfadengestützte, of-
fene face-to-face Interviews mit Frauen aus
verschiedenen hessischen Umweltinitiativen
durchgeführt und sieben Telefoninterviews.
Die aufgrund von Mitschriften erstellten
Protokolle der Interviews wurden den Interviewten zur Kontrolle vorgelegt. Darüber
hinaus wurden fünf landesweite und drei
bundesweite Veranstaltungen sowie die dies-
bezügliche Literatur zu »Tschernobyl« ausge-
wertet.

2 Es wurde eine eigene Auswertung der Berichterstattung der Frankfurter Allgemeinen
Zeitung, der Frankfurter Rundschau, der Tageszeitung und der ZEIT von Mai bis September 1986 vorgenommen und eine Auswertung
der internationalen Presse von Sieker 1986
im Zeitraum von 29.4. bis 14.5.1986 sowie
die Auswertung der europäischen Presse von
Heinz Maier-Leibnitz 1986 im Zeitraum von
26.4. bis 20.6.1986 herangezogen. Auf den
Teil der Studie, der sich mit der internationalen Berichterstattung befasst, gehe ich hier
nicht ein.

3 In einem Offenen Brief an die Bundesministerin für Jugend, Familie und Gesundheit,
Frau Dr. Süssmuth, hieß es: »Vor 40 Jahren
Trümmerfrauen – heute Strahlenfrauen? Wer
hat denn jetzt viel länger zum Einkaufen gebraucht..., Wer musste viel häufiger Kleider
waschen, Schuhe putzen..., Wer hat die Kinder beaufsichtigt, hat erklärt, hat verboten..., Wer erlebt denn die Angst, nicht zu
wissen, ob das ungeborene Kind gesund zur
Welt kommen wird? ... Wir wollen uns nicht
immer wieder wie selbstverständlich um den
›Dreck‹ kümmern müssen, den wir nicht zu
verantworten haben...«

4 Inzwischen ist die Soziale Ökologie im ISOE
durch die Zentralreferenz der gesellschaftlichen Naturverhältnisse theoretisch fundiert
und ein Methodenkanon entwickelt worden,
dessen Herzstück das darauf begründete Verfahren einer »doppelseitigen Kritik« an Natu-
ralisierung und Kulturalisierung eines sozial-
ökologischen Problems bildet. Damit wird
konzeptionell und methodisch sicher gestellt, dass zur Problembearbeitung sowohl
die entsprechenden sozialwissenschaftlichen
als auch die entsprechenden naturwissenschaftlichen Perspektiven herangezogen werden (Becker, Jahn 2006).

Literatur:

Beck, Ulrich (1986a): Der anthropologische Schock – Tschernobyl und die Konturen der Risikogesellschaft. In: Merkur 8/1986.

Beck, Ulrich (1986b): Risikogesellschaft. Auf dem Weg in eine andere Moderne. Frankfurt/Main

Becker, Egon, Thomas Jahn Hg. (2006): Soziale Ökologie – Grundzüge einer Wissenschaft von den gesellschaftlichen Naturverhältnissen. Frankfurt/Main, New York

BMBF (Bundesministerium für Bildung und Forschung) (2000): Rahmenkonzept Sozial-ökologische Forschung. Bonn

Enarson, Elaine (2000): Gender and Natural Disasters, In: Focus Programme on Crisis Response and Reconstruction, Working Paper 1. Recovery and Reconstruction Department: Genf

European Commission (2003): Research on gender, the environment and sustainable development. Studies on gender impact assessment of the Fifth Framework Program for RTD ›Environment and Sustainable Development‹, Brussels. (EUR 20313)

European Commission (2005), Work Programme: 2005-6, Science & Society, 4.3.1.1 Risk Governance and Ethics. FP6-2005-Science-and-society-14. June 15, 2005

Forschungsgruppe Soziale Ökologie (1987): Gutachten zur Förderung der sozial-ökologischen Forschung in Hessen. Frankfurt/Main

Gibbons, Michael, Camille Limoges, Helga Nowotny, Simon Schwartzmann, Peter Scott, Martin Trow (1994): The New Production of Knowledge. The Dynamics of Science and Research in Contemporary Societies. London, Thousand Oaks, New Delhi-Sage

Hayn, Doris, Irmgard Schultz, mit Expertisen von Simone Mohr und Anja Ruf (2002): Gender Impact Assessment im Bereich Strahlen-schutz und Umwelt. Abschlussbericht für das BMU, Frankfurt/Main 2002

Hirsch-Hadorn, Trude (2005/1986): Der transdisziplinären Forschung ein Gesicht geben. Veröffentlicht in: td-net network for transdisciplinarity in sciences and humanities, www.transdisciplinarity.ch

Jahn, Thomas (2005): Soziale Ökologie, kognitive Integration und Transdisziplinarität. Technikfolgenabschätzung Theorie und Praxis, Vol. 14, Nr. 2, 32 – 38

Kahlert, Heike, Barbara Thiessen, Ines Weller Hg. (2005): Quer denken – Strukturen verändern. Gender Studies zwischen Disziplinen, Wiesbaden: VS Verlag

Röhr, Ulrike; Irmgard Schultz, Gudrun Seltmann, Immanuel Stieß: Klimapolitik und Gender. Eine Sondierung möglicher Gender Impacts des europäischen Emissionshandelssystems. Frankfurt/Main. ISOE-Diskussionspapiere Nr.21

Schäfer, Martina, Irmgard Schultz, Gabi Wendorff Hg. (2006): Gender-Perspektiven in der Sozial-ökologischen Forschung: Herausforderungen und Erfahrungen aus inter- und transdisziplinären Projekten. München: Oekom Verlag

Schultz, Irmgard, unter Mitarbeit von Engelbert Schramm (1987): Die Folgen von Tschernobyl – Untersuchung einer hessischen Problemlage für eine Forschungsprogrammatik Soziale Ökologie. Frankfurt/Main

Schultz (2001) Umwelt- und Geschlechterforschung: eine notwendige Übersetzungsarbeit. In: Nebelung, A./A. Poferl/Schultz, Irmgard (Hrsg.): Geschlechterverhältnisse – Naturverhältnisse. Feministische Auseinandersetzungen und Perspektiven der Umweltsoziologie, Opladen: Leske & Budrich

Schultz (2006): The Natural World and the Nature of Gender. In: Davis, Kathy, Mary Evans,

Judith Lorber (Eds): Handbook of Gender and
Women's Studies. London, Thousand Oaks,
New Delhi: Sage

Schultz, Irmgard, Ines Weller Hg. (1995): Gender
& Environment. Ökologie und die Gestaltungsmacht der Frauen. Frankfurt/Main: IKO.

Schultz, Irmgard; Hummel, Diana; Hayn, Doris
and Empacher, Claudia (2001) Gender in Research: Gender Impact Assessment of the
specific programs of the Fifth Framework Program ›Environment and Sustainable Development‹. Brussels: Eurpean Commission (EUR
20019).

Seltmann, Gudrun (2004): Gender Issues von Kli-
mawahrnehmung und Klimawandel. In: Ulrike
Röhr, Irmgard Schultz, Gudrun Seltmann, Im-
manuel Stieß: Klimapolitik und Gender. Eine
Sondierung möglicher Gender Impacts des
europäischen Emissionshandelssystems.
Frankfurt/Main. ISOE-Diskussionspapiere
Nr. 21

Sieker, Ekkehard Hg. (1986): Tschernobyl und die
Folgen. Fakten, Analysen, Ratschläge, Born-
heim-Merten: Lamuv Verlag

WBGU (Wissenschaftlicher Beirat der Bundesregierung Globale Umweltveränderungen) (Hg.)
(1999): Welt im Wandel. Strategien zur Bewältigung globaler Umweltrisiken. Jahresgut-
achten WBGU 1998. Berlin, Heidelberg, New
York (USA): Springer

Weller, Ines (2005): Inter- und Transdisziplinari-
tät in der Umweltforschung: Gender als Inte-
grationsperspektive? In: Kahlert, Heike,
Barbara Thiessen, Ines Weller Hg. (2005):
Quer denken – Strukturen verändern. Gender
Studies zwischen Disziplinen, Wiesbaden:
VS Verlag, 163–181

Annegret Stopczyk-Pfundstein

Tschernobyl hat mein Leben verändert
Erinnerungen und Fazit

Damals war ich noch an der Universität in Berlin, promovierte in Philosophie und teilte mir mit dem Vater meines vierjährigen Kindes die Betreuungszeit. Auch er studierte und alles war wohl geordnet.

Mit Tschernobyl änderte sich Vieles. Ich stritt mich mit dem Vater, weil er meine Ernährungsumstellungen auch für unser Kind in der Zeit nach Tschernobyl übertrieben fand, ebenso meine neuen mütterpolitischen Aktivitäten.

Wir ließen uns dann drei Jahre später scheiden.

Auch an der Universität radikalisierte sich meine Auffassung darüber, dass die vielbeschworene Vernunft unser normales gesundes Leben von der wissenschaftlichen Seite her nicht ausreichend unterstützt. Ich trat damals aus der Universität aus und begann, meine Leibphilosophie zu entwickeln, deren erster Anfang mit dem Buch »Sophias Leib« 1998 erschienen ist. Im Buch »Nein danke, ich denke selber« habe ich beschrieben, wie ich meine innere Sophia im Zwiegespräch dabei entdeckte. Sie riet mir, auch wegen der Ignoranz der Akademiker an den Universitäten bezüglich Tschernobyl, philosophisch einen ganz eigenen Weg zu gehen.

Das erste Jahr nach Tschernobyl war emotional heftig, weil sich so Vieles geändert hat und ich als Philosophin mit mütterpolitischen Anliegen in die Öffentlichkeit ging und dort heftige Angriffe von Frauen erfahren habe, die mich als Faschistin etc. bekämpft haben. Ich begriff zutiefst, wie sehr wir Mütter in unserer deutschen Gesellschaft tabuisiert und instrumentalisiert waren und heute noch sind.

Ich traf damals in den Veranstaltungen von »Mütter gegen Atomkraft« auch Christel Neusüß, eine bekannte Berliner Ökonomie-Professorin, die mich finanziell unterstützte, damit ich meinen eigenen Weg als Philosophin jenseits der Universitäten gehen konnte. Ihre Trauer um das verstrahlte Leben nach Tschernobyl setzt sich in eine generelle Trauer um und schnell eskalierte eine Krebskrankheit, so dass sie zwei Jahre nach Tschernobyl überraschend mit 50 Jahren starb. Jetzt war ich mit meiner »Leibphilosophie nach Tschernobyl« allein. Sie war mir wie eine Mutter geworden.

Ich habe damals verstanden, dass unsere politische Elite es als störend erlebt, dass wir als einfaches Volk und vor allem wir Mütter so sehr am Leben hängen und keine Risiken eingehen mögen, weder für die Wissenschaft, den Fortschritt noch für Kriege oder andere Eroberungsambitionen. Ich veröffentlichte den Aufsatz: »Dass wir so sehr am Leben hängen, ist für die Herrschenden ein Problem«.

Mit Tschernobyl fand ich meine Mitte in dieser deutschen Gesellschaft, auch in Aktivitäten der Mütterinitiativen gegen Atomkraft. Nach zwei Jahren allerdings passten sie sich, trotz meiner anderen Einsprüche und Vorschläge, den männlich dominierten Anti-Atomkraftbüros an und nur wenige Initiativen, wie die in Nürnberg, haben sich bis heute erhalten können.

Mein empfindendes Erleben hat sich seit Tschernobyl ebenfalls verändert. Ich weiß noch, wie wir in Berlin ängstlich auf den ersten Regen warteten, von dem wir wussten, dass er alles verstrahlen würde. Einige Freundinnen fotografierten noch schnell die Natur vor Tschernobyl und verkauften später »Blumenfotos vor Tschernobyl«. Als dann der erste Regen nach etwa vier Tagen kam, flüchtete ich mich in einen Hauseingang und beobachtete das Wasser, das nun überall die Straße und Spielplatz nässte. Man sah es nicht, es sah wie normaler Regen aus und dennoch, ich wusste es: er war radioaktiv verseucht. Mein Zutrauen in meine sinnliche Naturwahrnehmung schwand dahin. Der Rasen sah hinterher nassgrün leuchtend aus, wie immer nach Regen, und nicht leuchtender als sonst. Aber zwei Tage danach war der Spielplatz durch die Stadt abgeriegelt: »Betreten verboten wegen Radioaktivität«.

Es war merkwürdig, diese Verseuchung mit unseren normalen fünf Sinnen nicht erfahren zu können. Apparate mussten die Radioaktivität nachweisen. Die Empfindungsunfähigkeit unseres eigenen Leibes solchen Gefahren gegenüber hat mich dazu gebracht, wenigstens die Empfindungsfähigkeiten schulen zu wollen, die eigenleiblich vorhanden sein können. Das wurde dann auch mit Inhalt meiner Leibphilosophie, die »Sensibilisierung unserer Leibsinne«.

Auf der ersten Demonstration gegen Atomkraft nach Tschernobyl, die von Hebammen in Berlin organisiert worden war, bin ich mit Studentinnen in einer Gruppe zusammen gewesen.

Wir haben ein Transparent gemacht: »Tödliche Wissenschaft raubt uns die Lebenskraft« und uns weiß angezogen, mit bunten Haarbändern, weil wir das Leben feiern wollten, demonstrativ.

Die vielen Menschen damals, die nach Tschernobyl gegen Atomkraft auf die Straße gingen, haben mich beflügelt, meine Aufgabe als Philosophin zu tun. Nämlich ein Denken zu ersinnen, was unser Leben mehr zu schützen im Stande wäre. Ich war wie benebelt von den vielen Aktivitäten damals und der Freude darüber, wie vielfältig die Ideen waren.

Nach etwa drei Jahren verblasste die Erinnerung, obwohl natürlich weiterhin die Natur verstrahlt war. Die Zeitung »Tageszeitung« hat noch lange Zeit nach Tschernobyl die aktuellen Bequerelwerte von Grundnahrungsmitteln bekannt gegeben, aber nach drei Jahren auch nicht mehr. Dabei sind viele Verstrahlungen Jahrmillionen aktiv. Unsere Erde hat sich seither geändert.

Heute essen die Leute wieder begeistert Pilze und wollen nichts von den Bequerelwerten wissen, die noch immer darin gemessen werden können.

Ich esse seit Tschernobyl keine Waldpilze mehr, obwohl ich sie früher so gern aß.

Die Salami aus Ungarn war nicht verstrahlt damals, die esse ich heute noch manchmal, oder die Milch aus Dänemark. Und von einem Arzt aus Hiroshima habe ich erfahren, dass Reis Radioaktivität ausleiten kann. Auch gut. So kam öfter Reis auf den Tisch und Algen.

Ich kann Natur trotzdem immer noch genießen, eine schöne Landschaft und meinen Garten.

Aber es geschah ein Bruch damals in mein Wahrnehmungsvertrauen dessen, was Natur ist.

Ich kann immer noch Trauer empfinden, wenn ich heute meine Blumen aufblühen sehe, die gar nicht »wissen«, wie es in einer unverstrahlten Erde ist.

Ich weiß nicht, wie die Natur sich arrangieren kann mit all den von Menschen verursachten Schadstoffen. Manchmal können wir uns wundern, was sie trotz vieler Kassandrarufe mehr verkraftet, als wir vorher vermuten, aber vielleicht ist der Prozess der Überforderung nur langsamer als wir denken.

Seit Tschernobyl ernähre ich mich und natürlich auch alle, die ich bekoche, gesünder als vorher. Mein Körper ist mir als die Natur, die ich selber bin, mehr Wert geworden als vor Tschernobyl. Ich habe die Verletzbarkeit von allem Materiellen spüren gelernt, die vielberüchtigte »Endlichkeit des Lebens«, die von den Philosophen so gern ins Feld geführt wird, um die Natur und Materie abzuwerten und sich nur auf Geistiges und Unsterbliches zu kaprizieren. Damit glauben sie sich auf der sicheren Seite. Ich dagegen fokussiere mich auf das, was in der Philosophie kaum zu Worte kam. Auf unser leibliches Leben und Erleben, auf das Sein als Materie.

Es ist wie eine etwas leicht melancholische Weisheit, die mich seit Tschernobyl durchzieht und meine Arbeit begleitet.

Es gibt für mich nichts Schöneres als das Leben hier auf Erden, auch das menschliche, so ungereimt und zerstörerisch es manchmal auch ist. Diese Ambivalenz und Spannung zwischen dem was wir »gut« und dem was wir »böse« nennen lerne ich seither immer besser aushalten und gestalten. Tschernobyl hat mich sehr erwachsen gemacht.

Heute ist mein Sohn schon 23 Jahre alt, studiert auch wie ich damals in Berlin und freut sich seines Lebens. Er isst gern Biogemüse und achtet seinen Körper. Das freut mich.

Dass es viele Menschen auf der Erde gibt, die kaum Wasser zum Trinken haben, die an Krankheiten zu Grunde gehen, die unnötig sind, das schmerzt mich und wandert still in der melancholischen Weisheit mit. Hier unsere Welt stetig zu verbessern bleibt immer Aufgabe. Dabei finde ich es wichtig, sich politisch nicht zu verausgaben, sondern das Leben so zu schätzen, dass auch Zeit für Lebensgenuss vorhanden ist, für leibliches Wohlfühlen trotz allem in dieser unserer Welt. Lebensfreude vermehren, Leiden verringern, das sehe ich auch als Ziel meiner philosophischen Arbeit an; seit Tschernobyl mehr noch als vorher, wo mich diese Gedankenziele nur abstrakt gestreift haben.

146

20 Jahre nach Tschernobyl. Lektion gelernt?

Milya Kabirova

Der Kampf für Menschenrechte und Überleben in den radioaktiv verseuchten Gebieten Russlands

Ich komme aus Russland, aus der Stadt Chelyabinsk, im Süden des Ural. Während des Weltkriegs verlegte die sowjetische Regierung fast ihre gesamte Waffenindustrie, die sich vorher auf der Westseite des Ural befand, auf die Ostseite, wo sie vor dem Feind sicher sein sollte. Auch deswegen sind Russlands nukleare Gebiete hinter den Bergen des Ural konzentriert. Die Atomindustrie befindet sich in der Nähe von Chelyabinsk, in Sverdlovsk, in Tomsk, in den Regionen von Novosibirsk und Krasnoyarsk. Die Regierungen dieser Regionen waren und sind immer noch Pro-Atom eingestellt. Die Bevölkerung dieser Regionen aber leidet seit 50 Jahren an der Verseuchung mit Radionukliden, sie ist kontinuierlich einem großem Gesundheitsrisiko ausgesetzt.

Schwerwiegende nukleare Kontamination

1948 nahm »Mayak«, die Produktionsstätte für atomwaffenfähiges Plutonium, in der Provinz Chelyabinsk ihren Betrieb auf. Von Anfang an verklappte der Rüstungsbetrieb [heute befindet sich dort eine Wiederaufbereitungsanlage, UR] seinen radioaktiven Abfall in das Techa-Iset-Tobol Flusssystem. Während des Zeitraums 1948–1952 wurden durch diesen radioaktiven Abfall drei Millionen Curie in den Fluss Techa eingeleitet. Die radioaktive Kontamination durch

»Mayak« hat über die Flüsse Techa, Iset, Tobol, Irtisch und Ob bereits das Nordpolarmeer erreicht und setzte die 124.000 Menschen, die an ihren Ufern leben, schwerwiegenden Strahlungen aus. Die Mehrheit der in den Dörfer entlang der Flüsse lebenden Menschen gehören der ethnischen Minderheit der Tartaren und Bashkiren an. Bereits 1952 wurde bei 67 % der Bevölkerung des Dorfs Metlino Leukämie diagnostiziert. In der Folge wurden einige Dörfer entlang des Flusses evakuiert, andere blieben aber bewohnt. Schon die evakuierten Bewohner waren einer effektiven Strahlungsdosis im Bereich von 0,35 Sv bis 17 Sv ausgesetzt, die zurückgebliebenen Einwohner, wie z. B. die 4.000 Bewohner des Dorfes Muslyumovo, erhielten durchschnittlich eine wesentlich höhere Dosis.

Bis 1992 wurden die Einwohner dieses Gebietes weder über die radioaktive Kontamination informiert, der sie über viele Jahre ausgesetzt waren, noch waren sie sich der ernsthaften Gesundheitsrisiken der Strahlungen bewusst. Zwar wurden sie seit 1950 verpflichtenden Blut- und Knochenmarkuntersuchungen unterzogen, die Ergebnisse blieben aber bis 1992 geheim. Als die Blutanalysen endlich veröffentlicht wurden, zeigten sie in einem weit überdurchschnittlichen Ausmaß Krankheiten und Beschwerden, die als Folge der Strahlungsexposition gesehen werden können.

Aber damit nicht genug. Die Bevölkerung war außerdem mehreren schrecklichen Unfällen in »Mayak« ausgesetzt, die allesamt geheim gehalten wurden. Im September 1957 explodierte aufgrund eines Defekts im Kühlsystem ein Lagertank mit flüssigem radioaktiven Abfall. Ein Gebiet von 23.000 Quadratkilometern (das entspricht fast der Hälfte der Niederlande) wurde kontaminiert, 270.000 Menschen waren den Strahlungen ausgesetzt. 10.700 Menschen aus Gebieten, in denen die Bodenkontamination als zu hoch angesehen wurde, wurden heimlich evakuiert. Sie konnten keinerlei persönliche Sachen mitnehmen. Ihre Häuser, ihr Vieh und ihre Kleidung wurden verbrannt, nach einer desinfizierenden Dusche wurden sie von der Regierung neu eingekleidet und in naheliegende Ortschaften verteilt. Ihnen wurde verboten über das, was passiert war, zu reden. Dieses nuklear kontaminierte Gebiet von 23.000 Quadratkilometern ist auch bekannt als »Eastern Ural's Radioactive Trace (EURT)« [Radioaktive Trasse des Ost-Ural].

Im dem langen, heißen Sommer von 1967 passierte ein weiterer großer Unfall. Der Karachay See, der als Deponie für den radioaktiven Abfall von »Mayak« genutzt wurde, trocknete aufgrund großer Hitze aus. Der Wind verteilte dann den nuklear verseuchten, trockenen Boden über ein Gebiet von 2.200 Quadratkilometern – wodurch wiederum viele Menschen den Strahlungen ausgesetzt waren.

Das Dorf »Muslyumovo« am radioaktiven Fluss Techa

Das Dorf Muslyumovo mit seinen 4.000 EinwohnerInnen liegt am Ufer des verseuchten Flusses Techa. Das Gebiet um Muslyumovo ist durch die nuklearen Unfälle und den alltäglichen Betrieb

der »Mayak«-Anlage schwer kontaminiert. Obwohl die Gesundheitssituation in Muslyumovo durch die Verschmutzung kritisch ist, wurde der Ort nie evakuiert – »Mayak« brauchte den Bahnhof von Muslyumovo. 1998, mehr als 40 Jahre nach dem ersten nuklearen Unfall, gab es für die Einwohner Muslyumovos nach einer Öffentlichkeitskampagne einen kurzen Augenblick des Sieges: Die Provinzbehörden hatten entschieden, dass der Ort umgesiedelt werden sollte. Lokale Organisationen und AktivistInnen, darunter ich selbst und mein Ehemann, hatten sieben Jahre dafür gekämpft. Allerdings sagten die Behörden nicht, wann und wohin Muslyumovo umgesiedelt werden sollte. Wegen der ökonomischen Probleme ist bis heute nichts passiert.

Die BewohnerInnen aus Dörfern, die nach den Katastrophen evakuiert wurden, wurden in provisorische Häuser aus Asbestplatten umgesiedelt, die für höchstens 10 Jahre vorgesehen waren. Das ist jetzt 30 bis 40 Jahre her, aber die Notunterkünfte werden immer noch benutzt. Bis 1992 wurden die EinwohnerInnen nicht über die Gefahren der radioaktiven Kontamination des Flusses informiert. Der hohe Anteil von Geburtsschäden bei den Neugeborenen wurde von den Behörden ebenso wie die hohe Mortalitätsrate bei Erwachsenen dem »niedrigen Lebensstandard« zugeschrieben. Mitte der 90er Jahre besuchte ein erstes ausländisches Team von WissenschaftlerInnen des Umweltinstituts München das Dorf. Sie fanden heraus, dass die lokale Bevölkerung während der letzten 30 – 40 Jahre extrem hohe Dosen an Radioaktivität in ihren Körpern akkumuliert hatten. Die Dosen wären tödlich gewesen, wenn sie sie auf einem Mal bekommen hätten. Die WissenschaftlerInnen fanden auch in den Nahrungsmitteln der EinwohnerInnen, auch im Fisch des Techa Flusses, Werte von mehr als 7.000 Bq pro Kilo.

149

Mit Tschernobyl begann die Umweltbewegung im Ural

Wir wissen nicht, wie lange die radioaktiven Unfälle in der Anlage von »Mayak« geheim gehalten worden wären, wäre der Unfall in Tschernobyl nicht passiert. Die Tragödie von Tschernobyl hat das öffentliche Interesse in und an Chelyabinsk geweckt. Tschernobyl kann deshalb auch als Wiege der Umweltbewegung des Ural gesehen werden.

Meine eigene Arbeit wurde angeregt von der meiner Mutter. Meine Mutter, Sarvar Shagiakhmetova, wurde in Muslyumovo geboren und wuchs dort auf. 1995 war sie die erste Person, die einen Prozess gegen die Atom-Anlage »Mayak« anstrengte. Dabei ging es um die Anerkennung der Verbindung zwischen ihren Krankheiten bzw. denen ihrer Familie und der Atomanlage sowie um Entschädigungszahlungen. Ihr Ehemann, mein Vater, war bereits 1962 an Leukämie gestorben. Während des Prozesses starben zwei meiner Brüder. Schließlich wurde das Blut meiner Mutter, meines und das meiner vier noch lebenden Brüder und Schwestern analysiert. Das Ergebnis zeigte, dass wir alle chronisch strahlenkrank sind. Der Prozess, der zum Präzedenzfall hätte werden können, wurde eingestellt als meine Mutter im Oktober 1998 starb.

Seit vielen Jahren arbeite ich jetzt gemeinsam mit anderen Umweltorganisationen im Gebiet von Chelyabinsk, unter anderem mit der »Bewegung für nukleare Sicherheit«. 1999 gründete ich die Organisation »Aigul«, das bedeutet »Mondblume« [Ipomoea alba – eine Winde, die in der Dämmerung ihre großen weißen, trichterförmigen Blüten öffnet] in Tartar. Das ist ein schöner Name für eine traurige Blume, die nicht bei Sonnenschein blüht, sondern in der weißen Stille des Mondes, die dem nukleare Winter ähnelt. »Aigul«

bringt Frauen zusammen, die unter chronischen Strahlenkrankheiten leiden oder die Kinder haben, die radioaktiv verstrahlt wurden. Unsere größten Ziele sind der Schutz der Rechte der Menschen, die der Radioaktivität ausgesetzt waren und ihrer Nachfahren; wir wollen eine ökologische Denkweise und die Prinzipen der Menschlichkeit voranbringen; wir kämpfen gegen den Gebrauch und den Einsatz von Atomwaffen und dafür, dass die Öffentlichkeit bei der Gestaltung von Politik und Gesetzen beteiligt wird.

Gemeinsam mit WissenschaftlerInnen des Vavilov Instituts für allgemeine Genetik in Moskau haben wir 1992 genetische Untersuchungen des Blutes der Nachkommen der verstrahlten Bevölkerung rund um »Mayak« durchgeführt. Die Ergebnisse lösten Erstaunen aus: Bei jedem vierten Kind zeigten sich Mutationen in den Chromosomen. Unsere Kinder sind Mutanten! Selbst bei Kindern, die nach 1997 geboren wurden, fanden wir Hinweise auf Radioaktivität in ihrem Blut. Die Radioaktivität wirkt bereits in der vierten Generation. Schlimmer noch, die Untersuchungen zeigen, dass der Grad der genetischen Zerstörung bei den Kindern größer ist als bei ihren Eltern.

Die Forschungsergebnisse zeigen auch, wie die Radioaktivität sowohl bei Erwachsenen als auch bei Kindern chronische Krankheitsbilder verursachte. Wir haben eine Zunahme der Strahlenkrankheit, statistisch signifikant erhöhte Krebsraten, ebenso wie hohe Raten an Unfruchtbarkeit und angeborenen Missbildungen. Mein Ehemann beschrieb es in einem Interview mit dem australischen Fernsehen so: »Die Atombombe, die in ›Mayak‹ gebaut wurde, hat bisher keinen einzigen Feind getötet. Aber sie hat durch Krankheiten, die mit der radioaktiven Strahlung in Zusammenhang stehen, den Tod von mehr als der Hälfte der Bevölkerung meines Dorfes verursacht.«

Die Bevölkerung unserer Region leidet furchtbar unter den Fehlern der »Atom«-Beamten. Aber vielleicht waren es keine Fehler. Vielleicht nahmen diejenigen, die über die Waffenproduktion entschieden, billigend in Kauf, dass sie das Leben tausender Menschen rund um »Mayak« einer tödlichen Gefahr aussetzten.

Vor kurzem hat die russische Regierung dem Import von Atommüll aus dem Ausland zur Lagerung und Wiederaufbereitung zugestimmt – für die Summe von 20 Millionen US Dollar. Der größte Teil dieses Plutoniummülls wird nach »Mayak« kommen. Moskau bekommt also 20 Millionen Dollar dafür, dass es ausländisches Plutonium in unsere Region schickt. Wir glauben nicht daran, dass das Geld dazu genutzt wird, in unserer Region Gutes zu tun. Das Ministerium für Atomenergie [Minatom] »verkauft« diese Entscheidung der Öffentlichkeit indem es einen Mythos über die hochentwickelte Technologie erfindet. Die Nichtregierungsorganisationen in unserer Region sind gegen dieses kommerzielle Wagnis. Jetzt, wo wir endlich anfangen die tragischen Folgen der Atomanlagen von Minatom zu verstehen, wollen wir die Risiken für die Bevölkerung nicht noch weiter vergrößern.

Mit den Aktivitäten von Aigul und anderen Nichtregierungsorganisationen wollen wir unser Recht auf eine gesunde Umwelt schützen. Wir nutzen unterschiedliche Mittel dazu, wir haben Treffen mit VertreterInnen der lokalen Behörden, wir arbeiten mit den Abgeordneten der Duma [russisches Parlament] zusammen, wir organisieren Unterschriftensammlungen gegen den Import des Atommülls, und wir machen gemeinsame Protestaktionen mit anderen Organisationen, wie beispielsweise Greenpeace Russland.

Die Reaktion der Behörden auf diese Aktionen ist nicht immer vorhersehbar. Aber wir sind bereit, in einen konstruktiven Dialog zu treten, um

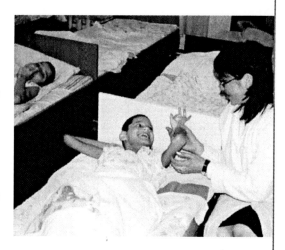

unsere Probleme zu lösen. Deshalb hat die »Bewegung für nukleare Sicherheit« seit 1999 die Verhandlungen »Gesellschaft – Regierung: Dialoge zur Atompolitik« organisiert und durchgeführt. Ziel dieser Verhandlungen ist es, Instrumente zur Beteiligung der Bevölkerung an den Entscheidungen über Atompolitik zu entwickeln. Wir motivieren die Nichtregierungsorganisationen an den Verhandlungen mit den Behörden teilzunehmen und überprüfen die Entscheidungsfindung und die Umsetzung.

Aus den Erfahrungen bei den Verhandlungen lässt sich erkennen, dass es drei Ebenen der Interaktion gibt: Diskussion, Dialog und Kooperation. Im ersten Jahr hatten wir lediglich »Diskussionen« mit den Behörden. Beide Seiten waren sehr emotional, sie versuchten ihre Unzufriedenheit auszudrücken, ohne der jeweils anderen Seite zuzuhören. Im zweiten Jahr wurde es besser und wir hatten einen konstruktiveren Dialog. Wir bereiteten verschiedene Dokumente und konkrete Vorschläge vor, denen jetzt mit großer Aufmerksamkeit zugehört wurde. Im letzten Jahr fanden dann die Verhandlungen bereits im Ministerium für Atomenergie selbst statt, aber auch bei der Generalstaatsanwaltschaft, im Außenministerium und im Gesundheitsministerium. Wir unterbreiteten ein Memorandum zum Moratorium der nationalen Gesetze, die den Import von Atommüll erlauben. Mit dem Gesundheitsministerium stimmten wir eine Reihe gemeinsamer Aktivitäten ab.

Und endlich hatten wir unseren ersten Sieg: Die Organisationen »Pravosoznanie« aus Chelyabinsk und die »Bewegung für nukleare Sicherheit« gingen vor Gericht und klagten, dass die Genehmigung des Imports von Atommüll unvereinbar sei mit der russischen Verfassung. Wir forderten, dass »Mayak« deshalb den radioaktiven Abfall vom Atomkraftwerk »PAKS« nach Ungarn zurückschicken solle. Das oberste Gericht entschied zu unseren Gunsten!

Der »Dialog Gesellschaft – Regierung« ist zu einem »Muss« geworden, um die Interessen der russischen Bevölkerung zu verteidigen und die öffentliche Kontrolle im Bereich der nuklearen Sicherheit und öffentlichen Gesundheit zu stärken. Die gemeinsame Diskussion verschiedener Aspekte der Atompolitik auf dieser Ebene könnte ein Schritt sein in Richtung eines Dialogs zwischen VertreterInnen der nationalen Behörden – die weit weg in der Hauptstadt leben – und der Bevölkerung in den Regionen, die unter den Folgen ihrer Entscheidungen zu leiden haben.

Die Rede wurden auf der von Women in Europe for a Common Future (WECF) organisierten »European Women's Conference for a Sustainable Future« gehalten, die vom 14.–17.3.2002 in Célakovice (Prag) stattfand. Sie ist in Englisch erschienen in WECF (Hg., 2002): Why Women are Essential for a Sustainable Development. Wir danken der Rednerin und WECF für die freundliche Genehmigung zum Nachdruck. Übersetzung: Ulrike Röhr

Angelika Claußen, IPPNW

20 Jahre nach Tschernobyl – kein Grund zur Beunruhigung?

Samstag, 26. April 1986: Der Block IV des Atomkraftwerks Tschernobyl explodierte und schleuderte 180.000 Kilogramm hochradioaktiven Materials in die Luft. Das entspricht der Menge von 1.000 Hiroshima-Bomben. Mindestens 200 verschiedene radioaktive Stoffe wurden in die Atmosphäre katapultiert.

Eine fürchterliche atomare Katastrophe – kein Grund zur Beunruhigung?

So jedenfalls lautet das Fazit, das der Vertreter der WHO (Weltgesundheitsorganisation) und Strahlenexperte Dr. Rapacholi auf der diesjährigen gemeinsamen Konferenz von WHO und IAEO (Internationale Atomenergieorganisation) in Wien zog: »Die Hauptbotschaft des Tschernobylforums ist: ›kein Grund zur Beunruhigung‹«.

Vielleicht erinnern sich noch manche an die schockierenden Bilder im Fernsehen, wo junge Katastrophenhelfer (»Liquidatoren«) ohne Strahlenschutzkleidung in die sogenannte Todeszone geschickt wurden, um Aufräumarbeiten zu machen und um für die strahlende Reaktorruine einen Betonschutzmantel anzufertigen.

Laut jüngster Studie der WHO (September 2005), die offiziell immer noch als »Draft«, also Entwurf bezeichnet wird, sollen nur 50 Liquidatoren an akuter Strahlenkrankheit gestorben sein.

4.000 an Schilddrüsenkrebs erkrankte Menschen sollen weitere Opfer von Tschernobyl sein. Kein Grund zur Beunruhigung also, denn sie würden dank Therapie überleben.

Die Vertuschung der Folgen von Tschernobyl ist nicht neu. Sie begann früh, unter der Sowjetregierung, die damals von Mikhail Gorbatschow geführt wurde. Alla Yaroshinskaya[1] hat in ihrem berühmt gewordenen Buch »Verschlusssache Tschernobyl« viele geheimgehaltene Regierungsdokumente an die Weltöffentlichkeit gebracht, die genauen Aufschluss über das Ausmaß der Geheimhaltung geben. Insbesondere zwei hochrangige sowjetische Fachleute aus dem Bereich des Strahlenschutzes werden in ihrem Buch mehrfach benannt:

1) Prof. Leonid A. Ilyin vom Institut für Biophysik im Ministerium für Gesundheitswesen in Moskau. Er war und ist immer noch Vertreter der Sowjetunion bzw. Russlands im wissenschaftlichen Strahlenschutzkomitee der UNO (UNSCEAR) und in der ICRP, der internationalen Strahlenschutzkommission.

2) Prof. Yuri A. Israel vom Institut für Weltklima und Ökologie in Moskau.

Beide Wissenschaftler sind bis heute wichtige russische Vertreter im Tschernobylforum der Vereinten Nationen, einer eigens 2003 gegründete Organisation, die folgende Organisationen mit jeweils hoher Reputation vereinigt: IAEA, WHO, FAO, UNDP, UNEP, IN-OCHA, UNSCEAR, die Weltbank, die Regierungen Belorusslands, Russlands und der Ukraine. Das Forum wurde eingerichtet, um anlässlich des 20. Jahrestages der Katastrophe eine gemeinsame Sprachregelung zu finden und sämtliche Forschungsarbeiten zum Abschluss bringen. Die beiden o.g. russischen Wissenschaftler sind zwei der Schlüsselpersonen, die schon unter der Sowjetregierung mit dafür verantwortlich waren, dass das wahre Ausmaß der Strahlenbelastung geheim gehalten wurde und dass die sowjetische Bevölkerung und insbesondere die Liquidatoren Falschinformationen bezüglich ihrer gesundheitlichen Gefährdung erhielten.

Eine weitere schreckliche Folge dieser Geheimhaltungspolitik war, dass vier Tage nach dem Unfall in der gesamten verstrahlten Umgebung des Reaktors, überall im Land, Demonstrationen zum 1. Mai abgehalten wurden. Die radioaktive Wolke erfasste allein in Kiew Millionen Menschen, einschließlich Tausender von Kindern und Jugendlichen.

Werden die Wissenschaftler, die damals Vertuschungspolitik betrieben, jetzt unter dem Dach der IAEA zu ihren Irrtümern stehen?

Noch ein Beispiel: Noch 1990 erklärte Yuri A. Israel in der deutschen Zeitschrift »Atomwirtschaft«: »Unter der Bevölkerung konnten keine strahlungsbedingten Krankheiten festgestellt werden.«[2] Inzwischen stellt Ilyin folgendes Postulat für den Nachweis nach Tschernobylfolgen auf[3]: «As long as individual dosimetry is not performed, it is unclear whether the effects are radiation-related, and it is also impossible to make reliable quantitative estimates ...« This point was recently endorsed in lecture by L. A. Ilyin, director of the Institute of Biophysics in Moscow, member of the ICRP Main Commission[3]. Der Grundsatz, nur individuell durchgeführte

Dosimetrie (Messung wie viel Strahlen tatsächlich aufgenommen wurden mittels spezieller Dosimeter-Geräte) beweise die Strahlenursache, ist auch in den Entschädigungsverfahren von deutschen Berufsgenossenschaften üblich. Sie bedeutet in der Realität, dass die Beweislast beim Geschädigten bleibt und nicht beim Verursacher. Angesichts der Geheimhaltung der Daten ist aber eine solche Beweisführung für den einzelnen Betroffenen unmöglich, Ilyin als einer der Hauptverantwortlichen für die Geheimhaltung weiß dies selbst am allerbesten...

Aber es gibt auch ganz andere Stimmen: z. B. Kofi Annan, Generalsekretär der UNO: »Mindestens drei Millionen Kinder in Belarus, in der Ukraine und in Russland benötigen [wegen der Tschernobylkatastrophe] medizinische Behandlung. Frühestens im Jahre 2016 werden wir die ganze Anzahl jener kennen, die möglicherweise ernsthafte gesundheitliche Beschwerden entwickeln.

Oder die Ärztin Prof. Angelina Nyagu, Präsidentin der ukrainischen Vereinigung »Ärzte von Chernobyl«: »Heute leiden mehr als sieben Millionen Menschen unter der Tschernobylkatastrophe. Der Einfluss der Strahlung auf Millionen von Menschen ist ethisch nicht vertretbar. Parallelen dazu gibt es keine in der Menschheitsgeschichte. Darum ist die internationale Gemeinschaft verpflichtet, sich um diese Menschen zu kümmern.«

Warum gibt es so viele unterschiedliche Bewertungen der Tschernobylfolgen? Welchen Experten soll Mann/Frau glauben schenken? Nach welchen Kriterien können wir die Aussagen von Experten bewerten?

Die Analyse der Tschernobylfolgen wird erschwert durch eine Vielzahl sehr unterschiedlicher Sachverhalte[4]:

In den ersten Jahren nach der Katastrophe

wurden vom Ministerium für Gesundheitswesen der UdSSR und vom KGB zahlreiche Verbote ausgesprochen, die zur Folge hatten, dass für die Beurteilung der Lage wesentliche Informationen nicht gewonnen, geheimgehalten oder verfälscht wurden. Dadurch ist unersetzliches Wissen verlorengegangen, das heute durch noch so komplizierte Modellrechnungen nicht ersetzt werden kann.

Die Ermittlung der Strahlenbelastungen der Liquidatoren und der Bevölkerung überforderte die zuständigen Strukturen. Es fehlten geeignete Geräte, Fachleute und Zeit. Die Unsicherheiten wurden potenziert durch bewusst falsche Dokumentationen (vielfach berichtet von der Erfassung der Strahlendosen von Liquidatoren).

Die gesundheitlichen Folgen waren anders als erwartet. Es gab erhebliche Wanderungsbewegungen aus den belasteten in weniger belastete Gebiete, die heute nur unvollständig rekonstruierbar sind. Damit werden Vergleiche zwischen belasteten und unbelasteten Regionen fragwürdig.

Vielfach berichtet wurde von Versuchen ausgleichender Gerechtigkeit: kontaminierte Nahrungsmittel wurden in sauberen Gebieten verteilt und saubere Nahrungsmittel in die kontaminierte Regionen transportiert – eine weitere Verschleierung des Unterschiedes zwischen sauberen und kontaminierten Gebieten, die nicht mehr rekonstruierbar ist, aber wahrscheinlich deutliche Auswirkungen auf die Gesundheit der Bevölkerung hatte.

Stochastische Strahlenschäden (d. h. Strahlenschäden, bei denen die Funktion der Zelle zwar erhalten bleibt, die Erbinformation jedoch geschädigt wird) sind methodisch schwer nachzuweisen. Etwa zeitgleich mit Tschernobyl brach das Sowjetsystem zusammen. Dadurch verschlechterte sich das Gesundheitssystem, die Medikamentenversorgung und Krankenhausaus-

stattung sowie das gesamte soziale und wirtschaftliche Gefüge. Viele Krankheiten, die prinzipiell behandelbar sind, konnten dadurch bei einem großen Teil der (armen) Menschen nicht behandelt werden. Wie viel Tote an Strahlenschäden allein gestorben sind bzw. wie viel Tote nur dem Systemwechsel zuzuschreiben sind, lässt sich deshalb schwer genau ermitteln.

Trotz all dieser Schwierigkeiten seien einige Fakten zur Strahlenbelastung und zu den gesundheitlichen Tschernobylfolgen anhand von verschiedenen wissenschaftlichen Arbeiten aufgezeigt.

Wer war von der Strahlung betroffen?

a) die Aufräumarbeiter = Liquidatoren (ca. 860.000 junge zwangsrekrutierte Männer aus dem Militär und der Zivilverteidigung),

b) Bevölkerung aus den verschiedenen hoch verstrahlten Gebieten (neben der 30 km Todeszone um den Reaktor betraf das Menschen aus Weißrussland, besonders das Gebiet Gomel und Mogilev, Russland (Region Bryansk) und die Ukraine (Shytomir, Kiew-Land und Kiew-Stadt) sowie Millionen von Menschen, die über Jahre verstrahlte Nahrung zu sich nahmen, die aber nicht bestimmten Regionen zuzuordnen sind.

Um welche Strahlungseffekte geht es?
Das Einmaleins möglicher Strahlenschäden

Zusammengefasst haben wir es bei den Tschernobyleffekten mit einer Mischung zwischen **äußerer Bestrahlung,** kurzzeitig wirksam und in hohen Dosen zu tun (betroffen sind Liquidatoren sowie verstrahlte Bevölkerung in der Todeszone und den hoch verstrahlten Gebieten, in denen die Wolke niederging) und **innerer Bestrahlung,** langfristig wirksam in niedrigen Dosen und langer Verweildauer im Körper, d.h. die Strahlenaufnahme kam durch Atmung und vor allem durch die Nahrungsaufnahme von kontaminierter Nahrung zustande.

Eine weitere Spezifizierung der **Art der Strahlenschäden** betrifft die Frage, ob die Funktion der Zelle (z. B. Funktionsverlust der Zelle bis hin zum Zelltod, Erkrankung der Zelle, eines oder mehrerer Organe, oft als Folge von akuter Schädigung durch eine hohe Dosis, welche zu akuter Strahlenerkrankung, Schädigungen des Herzens, der Schilddrüse, der Bauchspeicheldrüse, des Knochenmarks führen kann) oder die Erbinformationen in der Zelle geschädigt wurde, z. B. mit der Folge von Krebserkrankungen und/oder genetischen Schäden.

Wenn vorgeburtliche Strahlenschäden während der Schwangerschaft gesetzt wurden, können wir mit dem vorzeitigen Absterben der Frucht oder mit Missbildungen von Organen oder des Körperbaus sowie fehlerhaften Organfunktionen rechnen.

Als gesundheitliche Folgen von Tschernobyl wurde von der IAEO/WHO bisher nur der Schilddrüsenkrebs bei Kindern sowie Akutschäden infolge hochdosierter Radioaktivitätsaufnahme bei einigen Aufräumarbeitern, sog. Liquidatoren anerkannt. Die IAEO benutzt dafür die Formulierung »keine Gesundheitsstörungen, die direkt einer Strahlenbelastung zugeordnet werden konnten«. Gleichzeitig verwenden die internationalen Strahlenschutzgremien der UNO sowie der IAEO die medizinischen Befunde, die an den japanischen Atombomben-Überlebenden gefunden wurden, als absoluten Vergleichsmaßstab. Neue nukleare Katastrophen werden in ihrer Wirkung auf die Gesundheit von Mensch und Tier von diesen Experten daher nicht unvoreingenommen wahrgenommen und studiert. So auch die Tschernobylkatastrophe.

Welche gesundheitlichen Folgen wurden bisher von unabhängigen Forschern gefunden?

a) Erhöhtes Auftreten von genetischen Schäden, Missbildungen von Organen, erhöhte Säuglingssterblichkeit: Dieser Befund wurde u. a. durch Studien in den besonders hoch verstrahlten Gebieten Weißrusslands, der Ukraine, aber auch in Deutschland, Schweden, Finnland, Schottland, Türkei nachgewiesen. Der Befund ist nicht erstaunlich, weil schon in den 60iger Jahren anhand von tierexperimentellen Forschungen durch verschiedene internationale Forscher sehr unterschiedliche Fehlbildungen festgestellt wurden. Eine genaue Studie dazu findet sich in dem Übersichtsartikel von Prof. Inge Schmitz-Feuerhake[5]

b) 40 % Anstieg der Krebserkrankungen in Weißrussland allgemein[6] sowie um 55 % in der hochbelasteten Zone Gomel: In Weißrussland (Belarus) wird seit 1973 ein landesweites Nationales Krebsregister geführt, in dem Informationen über alle bösartigen Tumore registriert werden. Okeanov und Kollegen vom Klinischen Institut für Strahlenmedizin und Endokrinologie in Minsk verglichen in einer Untersuchung die Krebsfälle vor Tschernobyl in den Jahren 1976 bis 1985 mit denen nach Tschernobyl in den Jahren 1990 bis 2000. Die Untersuchung ergab, dass die Krebsrate in Weißrussland insgesamt signifikant um 39,8 % zunahm. Vor Tschernobyl lag die jährliche Erkrankungsrate bei 155,9 Fällen pro 100.000 Einwohner, nach Tschernobyl lag diese relative Erkrankungsrate bei 217,9 Fällen. Der Anstieg der Krebsrate betraf unter anderem Darm-, Lungen-, Blasen- und Schilddrüsenkrebs. In der am meisten von Tschernobyl strahlenbelasteten Region Gomel war die Zunahme der Krebsrate mit 55,9 % jedoch signifikant höher als in den weniger belasteten Regionen Weißrusslands.

Auffälligkeiten zeigten sich weiterhin hinsichtlich der Erkrankungsrate von Brustkrebs bei Frauen. In den Regionen mit besonders hoher Cäsium-Belastung – Gomel und Mogilev – erkrankten die meisten Frauen bereits im Alter zwischen 45 und 49 Jahren an Brustkrebs und somit 15 Jahre früher als die Frauen in der am wenigsten von Tschernobyl betroffenen Region Vitebsk.

c) Sehr schneller Anstieg des Schilddrüsenkrebses, erst bei Kindern, später bei Erwachsenen: Nach Angaben des Mediziners Professor Edmund Lengfelder und seiner Mitarbeiterin Christine Frenzel, Universität München und Otto Hug Strahleninstitut MHM, war in Weißrussland (Belarus) bereits Ende 1990 die Erkrankungsrate für Schilddrüsenkrebs bei Kindern gegenüber dem 10-Jahres-Mittelwert vor 1986 um das mehr als 30-fache erhöht.[7]

Der stärkste Anstieg von Schilddrüsenkrebsfällen bei Kindern war in der von Tschernobyl am stärksten belasteten Region Gomel aufgetreten. Ein Anstieg des Schilddrüsenkrebses wurde auch in der Ukraine, in Russland[8] sowie in Tschechien[9], Polen[10], Nordengland[11] sowie Ostrumänien[12] nachgewiesen.

d) Anstieg der Kinderleukämien[13], allerdings noch unsicher, weil noch nicht von verschiedenen Studien bestätigt: Die Akademie der Wissenschaften der Ukraine und das Roswell Park Cancer Institute in den USA haben gemeinsam das Vorkommen der verschiedenen Leukämietypen bei Kindern untersucht, die im Jahr des Unglücks 1986 geboren worden waren. Die Entwicklung der Kinder wurde zehn Jahre lang bis 1996 weiter verfolgt. Für beide Geschlechter kombiniert war das relative Risiko für die akute lymphatische Leukämie in belasteten Bezirken mehr als dreifach höher als in unbelasteten (RR = 3,4).[13]

e) Anstieg des jugendlichen Diabetes: In der hochbelasteten Region Gomel erkrankten nach Tschernobyl doppelt so viel Kinder und Jugend-

liche an Diabetes Typ I wie vor Tschernobyl.[14]

f) Bei den Liquidatoren (Aufräumarbeitern) fanden sich gehäuft Krebserkrankungen, Leukämien, Herz-Kreislauf-Erkrankungen, Katarakte, psychische Erkrankungen[15]: Okeanov fand bei einer Gruppe von 120.000 weißrussischen Liquidatoren in Bezug auf die häufigsten Tumorarten (Krebs von Magen, Darm, Lunge, Niere, Harnblase, Haut, Brust) gegenüber einer Kontrollgruppe (nur gering-gradig verstrahlte Bevölkerung aus der Region Vitebsk, ohne dortige Liquidatoren oder umgesiedelte Personen) im Beobachtungszeitraum von 1997–2000, d.h. nach einer durchschnittlichen Latenzphase von nur 12 Jahren bereits eine 20%ige Krebszunahme, was statistisch signifikant ist. Ivanov vom *Medical Radiological Research Centre of Russian Academy of Medical Sciences* hatte erhöhte Leukämieraten bei russischen Liquidatoren gefunden.

Prof. Lazyuk vom *Belorussian Scientific Practical Center Cardiology* aus Minsk fand, dass es in den Jahren 1992–1997 einen starken Anstieg der Inzidenz von tödlich endenden kardiovaskulären Erkrankungen unter den Liquidatoren gegeben hat im Vergleich zur Bevölkerung in ganz Weißrussland (22,1% der Liquidatoren zu 2,5% der Bevölkerung). Als Ursache wird eine Schädigung der Blutgefäße durch die radioaktive Strahlung diskutiert.

Eine Augenkrankheit ist der strahlenbedingte Katarakt (Dr. med. Fedirko vom *Research Centre for Radiation Medicine, Academy of Medical Sciences of Ukraine*). Schon lange wurden bei vielen Liquidatoren Gedächtnisstörungen, Irritabilität sowie ein chronisches Erschöpfungssyndrom gefunden. Dr. med. K. Loganovsky vom *Research Centre for Radiation Medicine, Academy of Medical Science of Ukraine* und Prof. Pierre Flor-Henry, Direktor des Zentrums für Diagnostik und Forschung am Universitätskrankenhaus von Alberta,

157

Kanada fanden bei Liquidatoren hirnorganische Veränderungen.

Auf dem Kongress der Schweizer IPPNW über die Gesundheit der Liquidatoren mahnte Prof. Jablokov aus Moskau: »Wir dürfen das Opfer der Liquidatoren nicht vergessen. Was wir bisher sehen, ist erst die Spitze des Eisbergs.«

Forschung sowie medizinische und soziale Hilfe für die Opfer von Tschernobyl sind dringend notwendig. Unabhängige ForscherInnen müssen endlich ungehinderten Zugang zu allen Daten des Tschernobylunfalls haben, sowohl zu den Ursachen der Katastrophe als auch bezüglich des Gesundheitszustandes der Liquidatoren, der Bevölkerung und der belasteten Umwelt.

Literaturverweise:

1 Yaroshinskaya, Alla: Verschlusssache Tschernobyl, Basisdruckverlag GmbH, Berlin 1994
2 Pflugbeil, S.: Katastrophale Sprachregelung, Strahlentelex Nr. 450–451, 10/2005
3 Ilyin, L.A.: Current Problems in Radiation Protection, Radiation Medicine, and Radiation Biology in Russia, Lecture Berlin/Brandenburg Section of the German Nuclear Society (KTG), April 6, 2000, zitiert nach Pr Klaus Becker published by Strahlenschutzpraxis 2/2000.
4 Pflugbeil, S. et al, 3/2006: IPPNW-Publikationen, Gesundheitliche Folgen von Tschernobyl
5 Schmitz-Feuerhake, I.: Wie verlässlich sind Grenzwerte? Neue Erkenntnisse über die Wirkung inkorporierter Radioaktivität. Strahlentelex Nr. 442–443, 6/2005
6 Okeanov, A. E., E. Y. Sosnovskaya, O. P. Priatkina: A national cancer registry to assess trends after Chernobyl accident, Swiss Wkly 2004, 134: 645–649.
7 Lengfelder, E.; Frenzel, C.: 16 Jahre nach Tschernobyl. Weiterhin dramatisches Ansteigen der Schilddrüsenkarzinome in Belarus. Der Heilungserfolg ist bei zahllosen Patienten weiter von intensiver westlicher Hilfe abhängig. Otto Hug Strahleninstitut MHM. Sept. 2002.
8 Fuzik, M.M.; Prysyazhnyuk, A.Ye.; Gristchenko, V.G.; Zakordonets, V.A.; Slipenyuk, Ye.M.; Fedorenko, Z.P.; Gulak, L.O.; Okeanov, A.Ye.; Starinsky, V.V.: Thyroid cancer, Peculiarities of epidemiological process in a cohort being irradiated in childhood in Republic of Belarus, Russian Federation, and Ukraine, International Journal of Radiation Medicine 2004, 6(1–4): 24–29.
9 Mürbeth, S.: Epidemiologische Studie über die Häufigkeit von Schilddrüsenkrebserkrankungen in Westböhmen und in der Tschechischen Republik im Zeitraum 10 Jahre vor und 10 Jahre nach der Tschernobyl-Katastrophe (1976–1996). PhD Thesis, Institute of Radiation Biology, Ludwig-Maximilians-Universität München, München, 2002.
10 Szybinski, Z., Olko, P., Przybylik-Mazurek, E., Burzynski, M.: Ionizing radiation as a risk factor for thyroid cancer in Krakow and Nowy Sacz regions. Wiad Lek, 2001, 54 (Suppl. 1): 151–156 (Polish).
11 Cotterill, S.J.; Pearce, M.S.; Parker, L.: Thyroid cancer in children and young adults in the North of England. Is increasing incidence related to the Chernobyl accident? Eur J Cancer, 2001, 37(8): 1020–1026.
12 Davidescu, D.; Jacob, O.: thyroid cancer incidence in Eastern Romania in relation to exposure in utero due to the Chernobyl accident. Internat. Journal of radiation Medicine (6, 2004)
13 Noshchenko, A.G.; Moysich, K.B.; Bondar, A.;

Zamostyan, P.V.; Drosdova, V.D.; Michalek,
A. M.: Patterns of acute leukaemia occurence
among children in the Chernobyl region,
Int. J. Epidemiol. 2001; 30: 125 – 129.

14 Zalutskaya, A.; Mokhort, T.; Garmaev, D.;
Bornstein, S. R.: Did the Chernobyl incident
cause an increase in Type 1 Diabetes mellitus
incidence in children and adolescents? Dia-
betologica 2004

15 Claußen, A.: 20 Jahre Tschernobyl: Aufräumarbeiter leiden unter Folgen, in: Deutsches
Ärzteblatt vom 27.01.06, S. 176

Verleihung des Friedensnobelpreises 2005 an die Internationale Atomenergiebehörde (IAEO)

Die Verleihung des Friedensnobelpreises an die Internationale Atomenergiebehörde und Mohammed El Baradei hat sehr unterschiedliche Reaktionen hervorgerufen. Von internationaler Politik wird der Einsatz vor allem von El Baradei im Vorfeld des Irakkrieges gewürdigt sowie sein Einsatz bei der Lösung von Atomkonflikten generell. Die Atomenergielobby hält sich auffällig zurück, in der Umwelt- und Anti-AKW-Bewegung stößt die Verleihung auf Unverständnis und Ablehnung.

Bereits Anfang 2005 wandten sich 150 Umweltorganisationen an den UN-Generalsekretär Kofi Annan und plädieren in einem Offenen Brief dafür, dass die Förderung der Atomenergie explizit aus dem Mandat der Internationalen Atomenergiebehörde (IAEO) ausgeklammert werde. Die Aufgabe der IAEO sei die Förderung der zivilen Nutzung der Atomenergie einerseits und die Überwachung der Anlagen bzw. Einschränkung gegenüber militärischer Nutzung andererseits. In dieser Aufgabenstellung liege schon ein Widerspruch, denn Atomkraftwerke und Atombomben sind, technisch gesehen, nur zwei verschiedene Anwendungen ein und derselben Technik, schreiben die Umweltorganisationen. Ein Staat, der Atomkraftwerke betreibe, habe daher immer die Möglichkeit, innerhalb relativ kurzer Zeit auch Atomwaffen herzustellen. Viele Staaten betrieben und betreiben daher unter dem Deckmantel der zivilen Atomenergienutzung mehr oder weniger geheime Atomwaffenprogramme. Die Erfahrung der letzten Jahrzehnte zeige, dass die Förderung der Atomenergie und die Wissensverbreitung über die Technik der Kernspaltung tatsächlich zu einer weiteren Verbreitung der Atomwaffenproduktion beigetragen habe, anstatt diese einzuschränken. Daher fordern die Umweltorganisationen, dass die Aufgabe der IAEO in Zukunft nicht mehr die Förderung der Atomtechnik sein solle, sondern ausschließlich die Überwachung bzw. Sicherung der bestehenden zivilen und militärischen Anlagen. Für die Fragen der weltweiten Energieversorgung solle in Zukunft nur mehr eine UNO-Behörde für erneuerbare Energien zuständig sein.

Auf die Frage, was sie mit ihrer Hälfte des Preisgeldes in Höhe von insgesamt einer Million Euro vorhabe, antwortete die IAEO direkt nach der Bekanntgabe der Preisverleihung, sie wolle damit die Atomenergienutzung in Entwicklungsländern fördern. Angesichts der schwelenden und akuten Konflikte sowohl innerhalb der Entwicklungsländer als auch zwischen Industrie- und Entwicklungsländern kann dies wohl kaum als Beitrag zum Frieden gewertet werden.

Mütter gegen Atomkraft e.V., München

Protest anlässlich der Verleihung des Friedensnobelpreises an die IAEO und Mohammed el Baradei am 10. Dezember 2005 in Oslo

Mit der hohen Ehre des Friedensnobelpreises 2005 wird eine Organisation ausgezeichnet, die sich seit ihrer Gründung 1957 um die Förderung und weltweite Verbreitung der Atomkraft sehr »verdient« gemacht hat. Dabei hat sich längst herausgestellt, dass eine sogenannte »friedliche Nutzung« dieser Energie unmöglich ist. Angefangen vom Uranabbau, der ein immenses Gesundheitsrisiko für die Arbeiter und die Bevölkerung bedeutet, über den Betrieb der Kernkraftwerke und der Wiederaufbereitungsanlagen bis hin zur ungelösten Frage einer sicheren Lagerung des Atommülls über viele Generationen, muss man diese Energie als menschen- und naturverachtend bezeichnen. Auch die Gründungsabsicht der IAEO, die militärische Nutzung von Atomwaffen zu überwachen, wurde nie realisiert. Unter den Augen der UNO-Sonderbehörde konnten die Atommächte ihre Uranwaffen-Systeme weiter entwickeln und haben sie in den letzten Kriegen, so in Jugoslawien, Afghanistan und dem Irak, bereits angewandt. Atomkraftwerke im eigenen Land sind für alle Staaten die beste Voraussetzung, selbst atomare Waffen herzustellen. Derzeit sind 442 Atommeiler in Betrieb, davon 39 in Ländern der Dritten Welt, weitere 27 Reaktoren befinden sich im Bau und wenn es nach den Wünschen der Internationalen Atomenergie-Behörde und ihrem Direktor, Mohammed el Baradei geht, ist das noch lange nicht das Ende. Das Ziel, weltweit Atomwaffen zu ächten, hat sich durch deren Arbeit in sein Gegenteil verkehrt – statt der Anwendung einer großen Bombe könnten kleinere Mininukes ihre verheerende Wirkung entfalten.

Deshalb protestieren die Mütter gegen Atomkraft e.V. ebenso wie andere Umweltorganisationen (z. B. BUND, Greenpeace und die Ärzteorganisation IPPNW) gegen die Verleihung des Friedensnobelpreises an die nicht friedenstiftende Atomorganisation IAEO und ihren Chef el Baradei.

Ulla Klötzer

Finnland: 20 Jahre nach Tschernobyl

Zur aktuellen Lage

20 Jahre nach Tschernobyl wird in Finnland ein neuer, fünfter Atomreaktor gebaut. Es ist das erste neue Atomkraftwerk in einem EU-Land seit 15 Jahren. Am 12. September 2005 hatte der finnische Energieversorger TVO Prominenz aus Politik und Wirtschaft zur Grundsteinlegung nach Olkiluoto am Bottnischen Meerbusen geladen. Bauträger von Olkiluoto III – zwei Kraftwerksblöcke gibt es bereits auf der Halbinsel – ist das deutsch-französische Konsortium Framatome, an dem die Firmen Siemens und Areva beteiligt sind. Bauherr ist der Energieversorger TVO.

Bereits jetzt ist klar, dass die Baukosten die vereinbarte Obergrenze von 3 Milliarden Euro übersteigen werden. Man spricht von 3,7 Milliarden. Für Framatome ist der Auftrag ein Vorzeigeprojekt, von dem sie sich lukrative Folgeaufträge anderer Länder verspricht. Der Reaktor ist ein Prototyp: Der erste europäische Druckwasserreaktor, ERP (European Pressurized Water Reactor) genannt. Wenn er wie geplant 2009 ans Netz geht, wird er mit 1.600 MW das leistungsstärkste Atomkraftwerk der Welt sein.

Das Projekt ist aus der Sicht der Anti-Atom-Bewegung ein bedauernswerter Sieg der internationalen Atomindustrie, die schon seit Beginn der achtziger Jahre in Finnland intensive Lobby-

Arbeit für einen neuen Reaktor betrieben hat. Die Atomindustrie führt den Reaktorbau derzeit weltweit als Beweis für eine Renaissance der Atomkraft vor. Für die Anti-Atom-Bewegung hingegen ist das neue AKW ein Beweis dafür, dass Politiker völlig korrupt sind und dass die öffentliche Meinung keinen Einfluss hat.

Zur Geschichte des Atomprojekts Olkiluoto III

Im Mai 2001 hat das finnische Parlament einen Grundsatzbeschluss zur Endlagerung hochradioaktiver Abfälle im Felsengrund von Olkiluoto gefasst. Plangemäß soll das Endlager bis zum Jahr 2020 fertig gestellt und bis 2120 im Betrieb sein. Damit entfällt aus Sicht der Atomindustrie ein wichtiges Argument gegen die Nutzung der Atomkraft: der fehlende Nachweis eines Endlagers. Aus Sicht der Atomindustrie ist das Abfallproblem in Finnland jetzt gelöst.

Alarmiert von dem sich abzeichnenden Aufwind für die Atomindustrie, haben sich im April 2002 Atomkraftgegner in Helsinki zur größten Anti-Atom-Demonstration Finnlands zusammengefunden. Rund 7.000 Teilnehmer forderten die Parlamentarier auf, sich gegen den Ausbau von Atomkraft zu stellen. Doch ohne Erfolg: Im Mai 2002 fasste das Parlament den Grundsatzbeschluss, nach dem das Energieunternehmen TVO einen fünften Reaktor bauen kann. Von 200 Abgeordneten haben 107 mit »Ja« und 92 mit »Nein« gestimmt. Zwölf (davon sieben Frauen) der heutigen achtzehn Minister haben damals als Abgeordnete mit »Nein« gestimmt, darunter der heutige Staatsminister Matti Vanhanen. Er hatte sich davor mehrmals bei verschiedenen Veranstaltungen von »Frauen gegen Atomkraft« und »Frauen für Frieden« scharf gegen die Atomkraft ausgesprochen.

Schon im Januar 2004, noch bevor die Genehmigungen für das neue Reaktorprojekt von der Regierung und der Strahlenschutzbehörde erteilt waren, wurden in Olkiluoto Bäume gefällt. Als die Strahlenschutzbehörde Ende Januar 2005 die Genehmigung erteilte, hat die Regierung kritiklos grünes Licht für das Projekt gegeben. Das Atomkraft-Projekt wurde in Finnland so schnell und raffiniert vorangetrieben, dass die Bürger fast keine Chancen hatten zu reagieren. In den Medien wurde keine kritische Debatte geführt. Führende Politiker haben geschwiegen.

Alle Parteien – auch die Grünen – hoffen auf einen Platz in der nächsten Regierung und müssen gut aufpassen, dass sie nicht mit den Interessen der Industrie in Konflikt geraten. Heute spricht man schon von dem sechsten Reaktor. Die Minister, die 2002 »Nein« gestimmt haben, schweigen. Im Parlament wird das Thema nicht diskutiert. Unter den Bürgern herrscht politische Lähmung, weil es keine geeigneten demokratischen Mittel der Einflussnahme gibt. In Finnland hat man beispielsweise nie eine Volksabstimmung über Atomkraft zugelassen und man wird nie eine bewilligen. Die Situation in Finnland zeigt deutlich, dass Atomkraft mit undemokratischen Mitteln gefördert wird und in einer echten Demokratie nicht überlebensfähig wäre.

Heute geht es nicht nur um einen fünften und höchstwahrscheinlich auch einen sechsten Reak-

tor, sondern auch um die endgültige Lagerung hochaktiver Abfälle im Felsengrund von Olkiluoto sowie um Pläne für den Uranabbau in drei verschieden Regionen Finnlands. Die französische Gesellschaft Cogema, Tochtergesellschaft von Areva und Agricola Resources, haben Untersuchungen über Uranvorkommen in Nord- und Ostfinnland, aber auch im dicht besiedelten Südfinnland, eingeleitet. Die Gebiete umfassen insgesamt über 95.000 Hektar. Auch über diese Pläne gibt es keine Debatte in den Medien, und die Politiker schweigen wie gewohnt – auch Politiker, die sich früher gegen Atomkraft engagiert haben.

Kritische Reaktionen im Ausland

Für diejenigen in Finnland, die den Widerstand aufrechterhalten, ist die Kritik am Reaktorbau im Ausland von großer Bedeutung. Im Dezember 2003 hat IPPNW-Deutschland (Internationale Ärzte für die Verhütung des Atomkrieges/Ärzte in sozialer Verantwortung) eine Stellungnahme zum EPR-Reaktor publiziert. Sie besagt, dass die Größe des Reaktors eine Kostensenkung zum Ziel hat, die zu Lasten der Sicherheit gehe. Auch die digitale Kontrolltechnologie bedeute demnach ein gefährliches Großexperiment auf Kosten der Sicherheit. Außerdem bestehe das Risiko einer Explosionsgefahr, da im Falle eines Unglücks die Kernschmelzmasse in einem Auffangbecken (Core Catcher) mit Wasser gekühlt werden soll.

Umstritten sind auch die versteckten Subventionen. Das Energieunternehmen TVO kann nur rund 25 Prozent des Projekts aus eigener Tasche finanzieren. Die fehlenden Milliarden wurden als Kredite aufgenommen. Kreditgeber sind die Bayrische Landesbank, BNP Paribas, Handelsbanken, JP Morgan und Nordea: Insgesamt 1,95 Milliarden Euro bei einem traumhaft niedrigen Zinssatz von nur 2,6 Prozent. Dazu kommen noch französische und schwedische Exportkredite.

EREF (die Europäische Organisation für erneuerbare Energien) mit dem Rechtsanwaltsbüro Kubier als Rechtsvertreter hat im Dezember 2004 bei der EU-Kommission eine Klage eingereicht. Laut dieser Klage ist die Finanzierung des finnischen EPR-Reaktors nicht vereinbar mit der EU-Konkurrenz-Gesetzgebung. Das Projekt begünstigt Atomkraft und stützt sich auf gesetzwidrige Staatssubventionen.

In Bayern haben die Grünen die Beteiligung der Bayrischen Landesbank kritisiert. In einer Pressemitteilung vom 21. Juni 2005 betont die energiepolitische Sprecherin der Grünen, Ruth Paulig, dass es nicht die Aufgabe der Bayerischen Landesbank sei »... einseitig eine Energiebranche zu fördern. Betreiber von Windkraft- oder Biogasanlagen könnten von derartigen Krediten nur träumen. Hier wird einseitig eine Firma und eine Energiebranche subventioniert, die ohne öffentliche Gelder nicht marktfähig wäre.«

Der Reaktor in Olkiluoto in Finnland und das Atomkraftwerk in Forsmark in Schweden sollen mit einem Elektrizitätskabel verbunden werden. Das Kabel wird hauptsächlich mit schwedischen Mitteln finanziert, was in Schweden, das den Atomausstieg beschlossen hat, auf heftige Kritik stößt. Das Kabel wird als Subvention für den finnischen EPR-Reaktor betrachtet.

Ein zweites Kabel soll von Kernovo, dem Standort des Sosnovy Bor-Atomkraftwerks, nahe St. Petersburg in Russland, nach Kotka in Finnland verlegt werden. Das bedeutet, dass Elektrizität, die in alten Tschernobyltyp-Reaktoren produziert wird, durch Finnland nach Schweden und von Schweden vielleicht weiter nach Deutschland exportiert werden kann. Im Dezember 2004 wurde die Betriebsdauer des ältesten Tschernobyltyp-Reaktors in Sosnovy Bor um weitere 15 Jahre verlängert. Die Betriebsdauer des Reaktors 2 wird wahrscheinlich noch in diesem Jahr (2005) verlängert. Das Kabel wird voraussichtlich von Siemens und ABB gebaut.

Die IEA (Internationale Energie-Agentur der OECD) hat vor unvorhersehbaren Problemen gewarnt, die dadurch entstehen könnten, dass Olkiluoto-II der erste Reaktor ist, der unter den Bedingungen eines liberalisierten Energiemarktes ans Netz gehen wird. Laut IEA sind Atomkraftprojekte weltweit teurer geworden als geplant, und es hat fast immer Verzögerungen im Zeitplan gegeben.

Leitet Ulkiluoto III die Renaissance der Atomkraft in Europa ein?

Finnland wird von der Atomlobby als Lehrbeispiel dafür verstanden, wie auch in einem hochtechnisierten, umweltbewussten Land der Ausbau der Atomkraft durchgesetzt werden kann.

In Frankreich wird der finnische EPR-Reaktor als Prototyp für den französischen EPR-Reaktor, der in Flamanville gebaut werden soll, präsentiert. Die Bauarbeiten für diesen werden voraussichtlich im Jahre 2007 beginnen. Allerdings ist die Finanzierung noch nicht gesichert. Deutsche Energieunternehmen zeigen bislang wenig Bereitschaft, sich am französischen EPR-Projekt zu beteiligen, weil die Kosten um 20 Prozent höher liegen als beim finnischen EPR-Reaktor. Das zeigt, dass Olkiluoto III für etwas über drei Milliarden Euro ein absolutes Schnäppchen ist. Da der Reaktor zum Pauschalpreis verkauft wurde, muss Framatome für die Extrakosten aufkommen oder Kosteneinsparungen vornehmen, die für die Sicherheit des Reaktors ernsthafte Folgen haben könnten.

Auch in den baltischen Ländern wirbt die Atomindustrie mit dem finnischen Modell. Framatome und die französische Regierung haben mit Litauen bereits Verhandlungen über einen EPR-Reaktor als Ersatz für den Ignalina-2-Reaktor, dessen Betriebszeit Ende 2009 abläuft, eingeleitet. Der Vizepräsident von Framatome, Bernard Esteve, hat die litauischen Energieproduzenten und -behörden bereits aufgefordert, sich mit dem günstigen finnischen Finanzierungsmodellen vertraut zu machen. Estland und Lettland haben Interesse gezeigt, sich an diesem Projekt zu beteiligen.

Die Situation in Litauen ist höchst brisant. Man will den neuen Reaktor fast ausschließlich kreditfinanziert bauen. Gleichzeitig übernimmt die EU die Abschaltkosten von Ignalina-2, die auf zwei bis drei Milliarden Euro in den nächsten 30 Jahren geschätzt werden. 200 Millionen Euro sind bereits für die Abschaltung des Reaktors Ignalia-1 gezahlt worden, der in der Neujahrsnacht 2004/2005 geschlossen wurde.

Auch in England wird der Bau des finnischen Reaktors gelobt. In den BBC News im Oktober 2005 konnte sich der finnische Parlamentarier Mikko Elo über die bemerkenswerten finanziellen und beschäftigungsfördernden Vorteile des Reaktors verbreiten. Zugleich hat er betont, dass das Endlagerungsproblem gelöst sei, weil Finnlands Felsboden für die Deponierung von Atommüll hervorragend geeignet sei.

Im September 2005 trafen sich die englische »UK Energy Intensive Users Group« und das französische Atomindustrieunternehmen Areva zu einem Gespräch. Laut Jeremy Nicholson, Chef der englischen Firma, sollte man sich in England ein Beispiel an dem Finanzierungsmodell des Reaktorbaus in Finnland nehmen, um die Atomkraft als lukrativ erscheinen zu lassen und sie so auch auf der britischen Insel wieder hoffähig zu machen.

Auch in Schweden, wo eine Volksabstimmung

»Ja« zum allmählichen Abschalten der Atomkraftwerke und »Nein« zum Ausbau vom Atomkraft gesagt hat, spricht man wieder von den Vorteilen der Atomkraft. Es ist zwar ziemlich unwahrscheinlich, dass in Schweden neue Atomkraftwerke gebaut werden, aber das finnische Vorzeige-Modell wird hier genutzt, um Akzeptanz für die Betriebsverlängerung der bestehenden Atomreaktoren zu schaffen. Hier hat sich eine der größten schwedischen Tageszeitungen, Svenska Dagbladet, besonders hervorgetan.

Im EU-Parlament wurde im Oktober 2005 eine Deklaration publiziert, in der 25 Mitglieder des EU-Parlaments den Ausbau von Atomkraft befürworten. Die Zusammensetzung dieser Lobby-Gruppe – vier Parlamentsmitglieder aus Finnland, vier aus England, drei aus Frankreich, drei aus Tschechien, zwei aus Spanien, zwei aus Ungarn, zwei aus der Slowakei, einer aus Italien, einer aus Slowenien und einer aus Litauen, zeigt, dass Finnland überrepräsentiert ist und den Takt vorgibt.

Wenn wir in Europa und in der Welt das Wiederaufleben des Atomwahnsinns verhindern wollen, müssen wir wirklich hart zusammenarbeiten, um zu zeigen, dass die Bürger eine andere Energiezukunft haben wollen. Dafür ist die »1 Million Unterschriften Kampagne«[1] ein sehr wichtiges Instrument.

Frauen gegen Atomkraft – Geschichte des Widerstands

In Finnland sind derzeit vier Reaktoren im Betrieb: Zwei in Olkiluoto an der Westküste und zwei in Loviisa an der Südküste. Diese wurden zwischen 1977 und 1982 in Betrieb genommen. Schon in den siebziger Jahren gab es aber Pläne für noch weitere Reaktoren.

Die Bewegungen »Frauen gegen Atomkraft« und »Frauen für Frieden« in Finnland haben schon vor der Tschernobyl-Katastrophe im Jahr 1986 aktiv gegen Atomkraft gekämpft. Der damals geplante Atomkraftausbau wurde durch die Katastrophe zunächst gestoppt. Nach Tschernobyl haben die Frauenbewegungen zusammen mit der »Energiepolitischen Vereinigung« und verschiedenen Naturschutzorganisationen über 60.000 Unterschriften für den Abbau der Atomkraft in Finnland gesammelt.

»Frauen gegen Atomkraft« und »Frauen für Frieden« haben Aktionen bei Atomkraftwerken veranstaltet und wurden wegen unbefugten Eindringens in das Atomkraftgelände vor Gericht gestellt. Die Angeklagten wurden jedoch freigesprochen. Frauen haben auch verschiedene andere Aktionen initiiert, beispielsweise haben sie bei den Strahlenschutzbehörden und gegen Atomkraftprojekte in anderen Ländern protestiert, Artikel geschrieben, Tschernobylgedenktag-Veranstaltungen arrangiert, an Konferenzen und Seminaren im Ausland teilgenommen, usw. Damals ging es um das Abschalten von Atomkraftwerken.

Schon Ende der achtziger Jahre fing die Atomindustrie aber in aller Stille wieder an, Lobbyarbeit für einen fünften Reaktor in Finnland zu betreiben und Anfang der neunziger Jahre wurde klar, dass die Atomindustrie einen Antrag für einen fünften Reaktor vorbereitete. Abermals leisteten die Frauen in Zusammenarbeit mit anderen atomkraftkritischen Gruppen viel Arbeit. Professor Edmund Lengfelder aus Deutschland wurde eingeladen, um in Finnland über die Folgen von Tschernobyl zu berichten. Dieser Besuch hatte eine große Presseresonanz. Außerdem gab es im Parlament damals eine sehr engagierte Anti-Atomkraft-Gruppe. Renommierte Politiker haben sich heftig gegen den Ausbau von Atomkraft geäußert. Besonders die Grünen waren sehr aktiv,

was zugleich Druck auf die anderen Parteien ausübte.

Im September 1993 konnte die finnische Anti-Atom-Bewegung einen großen Sieg erringen.

Damals hat das finnische Parlament mit 107 Stimmen gegen 90 mit »Nein« zur Atomkraft abgestimmt. Das war – so dachten alle damals – das Ende des Ausbaus der Atomkraft in Finnland. Doch die Atomgegner haben die Hinterhältigkeit der Atomindustrie ebenso wie die Charakterlosigkeit der Politiker völlig unterschätzt. Schon vor den Parlamentswahlen im März 1999 begann die Atomkraftdebatte aufs Neue. Die Atomindustrie hatte bereits zu diesem Zeitpunkt viele Politiker still und leise für das Projekt eines fünften Reaktors gewonnen und sie in ihre Planungen verwickelt. Die Anti-Atomkraft-Bewegung hingegen war völlig unvorbereitet. Trotzdem wurden, dank der Frauenbewegung, von 1998 bis 2002 viele Anti-Atom-Aktionen durchgeführt.

Im April 2002 fand die größte Anti-Atom-Demonstration in der Geschichte Finnlands statt. Im Mai 2002, kurz vor der Atomkraftabstimmung im Parlament, wurde die Europäische Anti-Atom-Plattform in Helsinki präsentiert. Die Plattform war von 190 europäischen Organisationen mit dem Ziel gegründet worden, ein Ende der Atomkraft in Europa zu erreichen. Viele Organisationen haben Postkarten und Emails an die finnischen Parlamentarier geschickt. Verschiedene Aktionen gegen den fünften Reaktor in Finnland wurden u. a. in Schweden, Österreich, Deutschland, Russland, Kroatien, Slowenien, Belgien, England und Spanien durchgeführt.

Ende Mai 2002 stimmte das finnische Parlament mit 107 Stimmen gegen 92 mit »Ja« zum Bau des fünften Reaktors in Finnland. An diesem Tag wurde klar, dass die Demokratie in Finnland tot war.

Was Frauen im Widerstand anders machen

Die Frauen in Finnland haben die internationale Zusammenarbeit stets sehr betont. Bei vielen Veranstaltungen waren Gäste aus dem Ausland eingeladen, um zu zeigen, dass Bürger in aller Welt Atomkraft ablehnen. Frauen haben Straßen-Aktionen veranstaltet, Namen gesammelt und internationale Unterschriftkampagnen initiiert und durchgeführt. Sie haben aktiv Druck auf die Politiker ausgeübt. Die ausländischen Gäste konnten den politischen Gruppierungen im Parlament immer irgendwelche Dokumente, Wünsche oder Appelle vorbringen und wurden bei den verschiedenen Ministerien vorstellig.

Vor der Abstimmung im Parlament über den fünften Reaktor im Mai 2002 wurden die Frauen von anderen Organisationen dafür kritisiert, dass sie zu viel über die Gefahren von Atomkraft gesprochen hätten. Sie hätten es versäumt, energiepolitische Alternativen aufzuzeigen und den Klimawandel zu thematisieren. Später gaben viele dieser Organisationen zu, dass ihre Kritik verfehlt war und dass die Frauen Recht hatten. Diese Uneinigkeit der Atomkraftgegner hatte der Atomindustrie aber leider schon den entscheidenden Vorsprung gegeben.

Es gibt starke Unterschiede zwischen männlicher und weiblicher Wahrnehmung der Atomkraft. Viele Männer argumentieren mit Wirtschaftswachstum, Wettbewerb und Fortschritt, der unglücklicherweise menschliche Opferbereitschaft fordere – und sie vertrauen der Technik. Zudem haben Männer oft ein distanziertes Verhältnis zum Familienalltag und zur Natur. Männer vertrauen eher Experten und Autoritäten als dem gesunden Menschenverstand und Gefühlen, spontane Aktionen sind ihnen eher fremd.

Die meisten Männer befürchten, als Dissidenten oder Softies angesehen zu werden, wenn sie sich gegen die Atomkraft aussprechen. Finnische Männer sind wohlbekannt für ihre Verbohrtheit und Inflexibilität. Einmal Unterstützer der Atomenergie – immer Unterstützer der Atomenergie. Und last but not least sind Männer oft fasziniert von komplizierten Technologien und gigantischen Apparaturen. Es ist mehr oder weniger eine Frage der Macht.

Unglücklicherweise gibt es auch Frauen, die all diese Eigenschaften übernehmen. Frauen kämpfen für den gleichen Status im politischen und wirtschaftlichen Leben, was häufig dazu führt, dass sie männliche Denk- und Verhaltensweisen übernehmen. So ist Gleichberechtigung keine wirkliche Gleichwertigkeit, wenn Frauen nur in Machtpositionen kommen, wenn sie männliche Werte unterstützen. Bei der Emanzipation geht es nicht nur um gleichen Lohn für gleiche Arbeit und das Abwechseln beim Abwasch. Wirkliche Emanzipation gibt es erst dann, wenn die Gesellschaft von einem gleichen Anteil weiblicher und männlicher Werte gesteuert wird.

Umfragen zur öffentlichen Meinung in vielen Ländern zeigen, dass Frauen mehrheitlich von Gedanken der Umweltvorsorge, von der Sorge für soziale Sicherheit und um den Frieden bestimmt sind. Doch Regierungen treffen überall auf der Welt noch immer Entscheidungen im Namen eines Wirtschaftswachstums, das zur Verschlechterung der Umweltbedingungen beiträgt. Sie treffen Entscheidungen im Namen eines Wettbewerbs, das zu Einschnitten beim sozialen Gemeinwohl führt. Regierungen unterstützen die Militarisierung unserer Gesellschaft, indem sie die NATO-Vergrößerung akzeptieren und den Aufrüstungswettlauf zwischen armen Ländern unterstützen.

Betrachten wir den Widerstand gegen Atomenergie in Finnland, so findet sich die zäheste und deutlichste Gegenwehr unter Frauen. Eine eher kleine Gruppe von Frauen, die als Lehrer,

167

freiberufliche Editoren, Autoren und in eher alternativen Berufen arbeiten. Frauen, die sich bewusst sind, dass sie viel zu radikal sind, um Chancen auf hohe Positionen innerhalb traditioneller Parteien oder auf gut bezahlte Jobs in großen Firmen zu haben. Frauen, die nicht versuchen, ihren Aufstieg durch die Anpassung an männliche Werten zu erreichen. Diese Frauen haben den Widerstand gegen die Atomkraft am Leben erhalten. Wenn Frauen gefragt werden würden, ob Atomenergie für die Energieproduktion genutzt werden sollte oder ob Atomwaffen produziert werden sollten, gäbe es sicherlich kein einziges AKW in der Welt und keine Atomwaffen.

Frauen repräsentieren die Hälfte der Menschheit. Unsere Stimme muss gehört werden!

Die Anti-Atomkraft-Bewegung in Finnland braucht internationale Unterstützung

Zu den Tschernobyl-Tagen 2003, 2004 und 2005 hatte die Anti-Atom-Bewegung Gäste aus vielen Ländern eingeladen, die Briefe und Appelle an die Regierung und das Parlament gerichtet haben. Es wurden Artikel geschrieben über die Gefahren des Uranabbaus und über die Nutzungsmöglichkeiten erneuerbarer Energien. Bei der großen gemeinsamen Anti-Atomkraft-Demonstration in Paris im Januar 2003 mit der französische Organisation »Sortir du Nucléaire« und der österreichische Organisation »Atomstopp International« wurde die »1 Million Unterschriften Kampagne« initiiert. Diese Kampagne wird jetzt von »Friends of the Earth Europe« international weitergeführt.

Die Lage in Finnland ist von Hoffnungslosigkeit geprägt. Viele Organisationen haben fast aufgegeben und konzentrieren sich auf die Klimaschutzprobleme. Dazu kommt, dass jetzt eine Generation von zwar umweltbewussten Jugendlichen heranwächst, die sich aber nicht an Harrisburg oder Tschernobyl erinnern können und daher kein Gesamtbild von den Gefahren der Atomkraft haben. Diese Jugendlichen über alle Gefahren vom Uranabbau bis zur Endlagerung zu informieren, ist eine immense Aufgabe.

Wir, die Frauen in den Bewegungen »Frauen gegen Atomkraft« und »Frauen für Frieden« hoffen auf Unterstützung von anderen Organisationen in Europa. Es muss doch möglich sein, in Europa eine Million Unterschriften von Bürgern zu bekommen, die genau so denken wie wir:

ATOMKRAFT IST EINE RISIKOTECHNOLOGIE, DIE GESTOPPT WERDEN MUSS!

Der Beitrag wurde bearbeitet von Carola Pahl

Anmerkung:
1 www.atomstopp.com/1million/

Hiltrud Breyer

Hat Europa die Lehren aus Tschernobyl gezogen?

Vor zwanzig Jahren wurden der Welt mit der Reaktorkatastrophe von Tschernobyl die Gefahren und die verheerenden Folgen der Atomenergie drastisch vor Augen geführt. Unzählige Frauen und ihre Familien waren damals direkt oder indirekt von den Folgen betroffen. Teilweise haben sich die Auswirkungen von Tschernobyl zwanzig Jahre später noch verstärkt: in der Ukraine sind heute rund 100.000 von Tschernobyl betroffene Menschen registriert, im Vergleich zu 2.000 Fällen aus dem Jahre 1991. In Weißrussland, der Ukraine und Russland müssen mindestens drei Millionen Kinder aufgrund der Katastrophe behandelt werden. Frühestens 2016 wird die genaue Anzahl von Kindern bekannt sein, die schwerwiegende Krankheiten davon getragen haben. Gleichzeitig ist es zu einem dramatischen Geburtenrückgang in den betroffenen Gebieten gekommen.

Europaweiter Ausstieg aus der Atomenergie

Die Katastrophe von Tschernobyl und die Terroranschläge vom 11. September haben vielen BürgerInnen, aber auch politisch Verantwortlichen, die Risiken und die Verletzbarkeit von Atomanlagen deutlich gemacht. Für viele Staaten war sie ein umfassender Wendepunkt in der Energiepolitik. Heute sind in Europa die Länder in der Mehrzahl, die auf Atomkraft verzichten oder den Atomausstieg beschlossen haben. Deutschland hat unter der rot-grünen Bundesregierung eine grundsätzliche Wende eingeleitet und den Atomausstieg beschlossen. An diesem Ausstieg darf auch nicht gerüttelt werden! Belgien, das Land mit dem höchsten Atomstromanteil pro Kopf in Europa, wird ebenfalls aussteigen. Länder wie Österreich (1978) und Italien (1987) sind nach Volksbefragungen komplett ausgestiegen. Weltweit gesehen ist die Bedeutung der Atomenergie noch viel geringer. Nur ca. 2 – 3 % der Endenergie weltweit kommt aus Atomkraft. Diese Größen bleiben weit hinter den Energieträgern Öl (40 %), Kohle (26 %) und Erdgas (24 %) zurück. Trotz unzureichender Förderung haben selbst erneuerbare Energien einen Anteil von 6 %.

Tödliche Risikotechnologie

In Europa besteht jedoch kein Grund zur Entwarnung: noch immer sind hier 149 Reaktoren in Betrieb, die Mehrzahl davon in Westeuropa (9 von 10 europäischen Reaktoren befinden sich dort). Jährlich wächst der Strahlenmüll um weitere tausend Tonnen und die jetzige Generation ist bereits durch rund 100.000 Tonnen radioaktiven Müll belastet. In Westeuropa ist das schwarze Schaf Frankreich, das mit 59 Reaktoren 45 % aller

Atomenergie in Europa produziert. In der Öffentlichkeit werden aber vornehmlich die Atomanlagen in Osteuropa wegen ihrer mangelnden Sicherheit wahrgenommen. So setzen die neuen EU-Mitglieder Tschechien, Ungarn, Litauen, Slowakei und Slowenien auf Atomenergie. Litauen ist dabei negativer Spitzenreiter: es bezieht 80 % seiner Energie aus Atomreaktoren! Das Sicherheitsproblem ist ungelöst, denn mit dem EU-Beitritt mussten die Länder keinerlei Sicherheitsstandards übernehmen. Es ist allerdings positiv zu werten, dass es einen Stilllegungsplan für die Atomreaktoren vom Typ Tschernobyl gibt.

Die radioaktive Umweltverschmutzung durch zivile Atomenergie und durch Atomwaffenprogramme verursacht weltweit Millionen von Krankheits- und Todesfällen, vor allem durch Krebs. Die Kette der Skandale, Vertuschungen, und Unfälle in der Atomindustrie ist grenzenlos. Der weiterhin leichtfertige Umgang mit dieser Dinosauriertechnologie ist mehr als erschreckend. Bereits die simple Einsicht, dass jeder Gewerbetreibende, sei es Imbissbude oder Malerbetrieb, nur dann eine Gewerbeerlaubnis bekommt, wenn die feuerpolizeilichen und abfallrechtlichen Folgen zur Zufriedenheit der Verwaltung gelöst sind, dies aber nicht für die gefährlichste Form aller industriellen Tätigkeiten in der Welt überhaupt gilt, zwingt zum Handeln.

Immer mehr BürgerInnen haben das erkannt. Eine repräsentative Umfrage des Eurobarometers aus dem Jahr 2002 ergab, dass die Sorge vor nuklearen Katastrophen für mehr als 50 % der BürgerInnen an erster Stelle der Umweltprobleme steht. In einem Eurobarometer vom September 2005 spricht sich die Mehrheit der Befragten gegen Atomenergie aus. Und selbst wenn es das Problem der Entsorgung radioaktiven Mülls nicht gäbe lehnten immer noch 60 % die Atomenergie ab.

EURATOM – Nein danke

EURATOM wurde 1957 ins Leben gerufen mit dem Ziel, die Atomenergie zu fördern. Und noch immer dient dieser obsolete Vertrag der EU-Kommission als Deckmantel für unzählige Privilegien für die Atomkraft in Forschung, bei Krediten und im Energiemarkt. Entgegen der Forderung des EU-Parlaments, EURATOM im Jahr 2007 auslaufen zu lassen, hält die Kommission weiter an EURATOM fest. Die Grünen im Europäischen Parlament setzen sich für die Auflösung dieses Vertrages ein, weil er völlig überholt ist! Eine große Mehrheit der Bevölkerung und die Mehrheit der EU-Mitgliedsstaaten lehnt die Atomenergie aufgrund ihrer Risiken inzwischen ab.

Das Europäische Parlament wird wie in Urzeiten als Kontroll- und Rechtssetzungsorgan unterlaufen. Denn der EURATOM-Haushalt muss nicht vom Parlament abgesegnet werden – die Entscheidung trifft der Ministerrat.

Mit dem Vertrag wird darüber hinaus die Atomkraft ohne zeitliches Ende einseitig privilegiert. Dies verstößt nicht nur gegen den fairen Wettbewerb auf dem ansonsten liberalisierten Energiebinnenmarkt, sondern steht auch einer zukunftsorientierten Klima- und Umweltpolitik im Wege. Der Widerspruch zwischen Förderung der Atomkraft und Kontrolle der Risiken konnte nie aufgelöst werden. Es gibt im Gegenteil große Sicherheitsdefizite. Schon 1998 ist der Europäische Rechnungshof zu dem niederschmetternden Urteil gekommen, dass über 966 Millionen EUR, die in angebliche Sicherheitsverbesserungen bei Atomkraftwerken in Osteuropa flossen, weitgehend wirkungslos verpufft sind. Die Kommissionsdirektionen seien darüber hinaus nicht in der Lage, die »Maßnahmen in zufriedenstellender Weise zu überwachen« oder »Probleme rasch zu behandeln«. Die Festschreibung dieser alten und gefährlichen Technik verlangsamt den Durchbruch erneuerbarer Energieträger und der Energieeffizienz.

Forschungsmittel für Atomkraft sind mehr als zwei Mal so hoch wie für Erneuerbare Energien

Mit ihrem Vorschlag für das 7. Forschungsrahmenprogramm (7. FRP) für die Jahre 2007 – 2013 hält die EU-Kommission weiter an der Privilegierung der Atomkraft fest. Es ist ein Skandal, dass die Mittel für den Bereich der EURATOM-Forschung um 230 % steigen sollen – der Einstieg in eine nachhaltige Energieversorgung soll offensichtlich gezielt ausgeblendet werden!

Das 7. FRP ist das bisher größte Forschungs- und Entwicklungsprogramm was die Anzahl der Länder, die Dauer und das Gesamtbudget betrifft. Die geplanten Gelder unter EURATOM belaufen sich dabei auf voraussichtlich 4,8 Milliarden EUR für sieben Jahre. Zwischen 2002 und 2006 sind bereits 1,23 Milliarden EUR allein in die Atomforschung geflossen, davon 700 Millionen EUR in die mit unabschätzbaren Risiken verbundene Kernfusion.

Die Atomtechnologie hat in den letzten Jahren mehr als die Hälfte aller Forschungs- und Entwicklungsgelder in den OECD-Staaten erhalten. Bei Ablauf des 7. Forschungsrahmenprogramms sollen über 50 % der Energie- und Atomentwicklungsgelder für die Kernschmelzforschung ausgegeben werden. Die Privilegierung dieser Technologie ist nicht gerechtfertigt, da sie frühestens in 30 Jahren kommerziell nutzbar sein wird. Die Gelder müssen deshalb gekürzt und stattdessen in die Entwicklung von erneuerbaren Energien investiert werden!

Nein zu Atommülltransporten quer durch die EU und nach Osteuropa

Die Pläne der EU-Kommission für ein Wiederbelebungspaket zur Rettung der Atomindustrie sind im Moment vom Tisch. Jedoch existieren zur Zeit unverantwortliche Ideen zur Entsorgung des radioaktiven Mülls. So ist in der Diskussion, Transporte – vor allem per Schiff – von radioaktivem Müll nach Osteuropa, besonders nach Russland und in die Ukraine zu erleichtern. Es kann nicht sein, dass unsere ungelösten Entsorgungsprobleme nach Osteuropa verschoben werden! Die mit dem Export von Atommüll in Drittstaaten verbundenen enormen Risiken wie die illegale Verbreitung oder Freisetzung von Radioaktivität in die Umwelt werden ignoriert. Die Verantwortung für den atomaren Müll darf nicht anderen aufgebürdet werden. Die GRÜNEN im Europäischen Parlament werden diesen Plänen die Rote Karte zeigen!

Durch eine von Grünen Europaabgeordneten mit herausgegebene Studie von WISE-Paris sind die enormen Gefahren der wachsenden Plutoniumtransporte in Europa untersucht worden. Allein durch Frankreich rollen über eine Strecke von insgesamt 250.000 Kilometern pro Jahr fast 40 Tonnen Plutonium in 450 Ladungen. Dies verwandelt Frankreich in eine nukleare Geisterbahn. Ein Unfall eines einzigen Atomtransports könnte Hunderte von Krebstoten und die dauerhafte Verstrahlung eines Gebiets von mindestens 250 Quadratkilometern verursachen.

Atomkraft contra Wettbewerb

Neben der immensen Sicherheits- und Gesundheitsdimension hat die Atomenergie noch einen weiteren Aspekt, der uns gefährdet: Die Verschwendung und Bindung von Milliarden öffentlicher Mittel. Immer noch erfährt die Atomenergie allein auf europäischer Ebene eine oft verdeckte Privilegierung über direkte und indirekte Subventionen.

Ein Beispiel besonderer Wettbewerbsverzerrung stellen die in diversen Ländern gewährten steuerfreien Rückstellungen für die Entsorgung der Atomkraftwerke dar. Sie werden allein in Deutschland auf 35 Milliarden EUR und in Frankreich auf 9,6 Milliarden EUR geschätzt. Während in Frankreich damit pro AKW ca. 127 Millionen. EUR zurückgelegt werden, sind es in Deutschland mit ca. 1,5 Milliarden EUR mehr als das Zehnfache. Statt diese Gelder in einem öffentlichen Fonds auch wirklich ihrem Zweck zuzuführen, werden sie als steuerfreies »Spielgeld« auf anderen Märkten benutzt. Geraten die Betreiberfirmen in die Insolvenz, sind die verspekulierten Gelder und damit auch die Mittel für die Entsorgung der Atomkraftwerke und hochradioaktiven Abfälle nicht mehr gesichert. Alle Privilegien und Sonderrechte der Atomindustrie müssen abgebaut und das Wettbewerbsrecht muss konsequent angewendet werden! Es darf keine öffentliche Finanzierung der Entsorgung geben. Dies steht im übrigen auch dem Verursacherprinzip in den EU-Verträgen entgegen.

Kennzeichnungspflicht für Atomstrom

Zu einem fairen Wettbewerb gehört das Recht auf umfassende Informationen und Kennzeichnung. Die VerbraucherInnen müssen wissen, wo und wie der Strom entstanden ist, der aus ihrer Steckdose kommt. Seit 15. Dezember 2005 gilt in Deutschland die Kennzeichnungspflicht zur Offenlegung der Stromanteile, was von BÜNDNIS 90/DIE GRÜNEN durchgesetzt wurde. Ein Erfolg, der viel bewirken kann: VerbraucherInnen können sich bewusst gegen Atomenergie und zum Beispiel

für einen höheren Anteil regenerativ erzeugten Stroms entscheiden. VerbraucherInneninformationen und Transparenz sind gerade auch auf dem liberalisierten Strommarkt ein wichtiger Punkt.

Faire Preise auf dem Energiemarkt

Noch immer trägt die Atomindustrie nicht die Haftung für die Gefahren, die sie verursacht. Noch immer kommt die Atomindustrie nicht für die immensen Umwelt- und Gesundheitsschäden durch den laufenden Betrieb auf. Noch immer genießt die Atomenergie massive Privilegien, vom staatlichen Schutz der Castor-Transporte bis hin zu garantierten Atomstrommengen. Die Bevorzugung der Atomkraft ist eine Wettbewerbsverzerrung und schadet dem Schutz der Menschen in Europa. Der aktive Ausstieg ist deshalb längst überfällig.

Jedes Jahr ein neues »Tschernobyl« durch die Wiederaufbereitung

Die atomaren Wiederaufarbeitungsanlagen in Sellafield/Großbritannien und La Hague/Frankreich wurden in ihrer toxischen Auswirkung auf die Umwelt lange unterschätzt. Nach einer Studie von WISE-Paris im Auftrag des Europaparlaments stellen sie zwei tickende Zeitbomben dar, die jederzeit explodieren können. Schon eine teilweise Zerstörung durch einen Flugzeugabsturz, terroristischen Akt oder ein Feuer würde danach die Katastrophe von Tschernobyl weit in den Schatten stellen. Allein in La Hague enthalten die dort abgelagerten hochradioaktiven Abfälle über 7.500 kg krebserregendes Cäsium-137, dass 280-fache der in Tschernobyl freigesetzten Menge. Auf bis zu 1,5 Millionen Krebstote würden die Folgen eines Unfalls geschätzt, bei dem weniger als ein Viertel dieses Cäsiums freigesetzt würde.

Doch auch ohne Unfall sind die gesundheitlichen Auswirkungen enorm: die jährlichen Freisetzungen entsprechen dem 15.000-fachen eines Atomkraftwerkes oder einem großen Nuklearunfall! Etwa 80% der Kollektivstrahlendosis der französischen Atomindustrie stammen aus der Wiederaufarbeitung. Schon jetzt sind 250 bis 500 Kilo- gramm tödliches Plutonium in den Meeresboden der irischen See gelangt. In der Umgebung von Sellafield und La Hague gibt es eine Häufung von Leukämie und anderen Blutkrebsarten. Die Bedrohung ist existenziell. Immer mehr Menschen fordern die sofortige Schließung dieser Anlagen und das Ende der auch ökonomisch verheerenden sogenannten »Wiederaufarbeitung«.

Nach La Hague und Sellafield wurde während der gesamten 45-jährigen Laufzeit des EURATOM-Vertrages nur ein einziges Mal eine Prüfkommission entsandt. Dies sind Orte, an denen 125 Tonnen oder 75% des zivil genutzten Ultragiftes Plutonium lagern. Fünf Kilo Plutonium würden für den Bau einer Atomwaffe ausreichen. Insgesamt gilt es 530 Tonnen Plutonium, 9,8 Tonnen hoch angereichertes und 313.000 Tonnen schwach angereichertes Uran zu überwachen. Das Amt für Sicherheitsüberwachung jedoch verlässt sich bei jährlich ca. 1,5 Millionen Meldungen über radioaktive Lagerbestände weitgehend auf die Angaben der Betreiber. Ein Schwund atomaren Materials würde kaum auffallen.

Abschalten von Schrottreaktoren in Ost und West

Die »Hoch-Risiko-Reaktoren« in den EU-Ländern Litauen, Tschechien, Ungarn, Slowenien und der Slowakei sind zum Teil nicht nur dem Katastrophen-Typ von Tschernobyl beängstigend ähnlich, sondern weisen auch sonst besonders bedrohliche Defizite auf. Das AKW Temelin an der tschechisch-

österreichischen Grenze hat z. B. erhebliche Mängel bei der Qualität der eingesetzten Bauteile; das slowenische AKW liegt in einem stark erdbebengefährdeten Gebiet und in den Reaktoren vom Tschernobyl-Typ in Ignalina/Litauen sind die Störanfälligkeit und Sicherheitsmängel so groß wie nie. Aber auch in der EU werden weiterhin abenteuerliche Reaktoren betrieben. So betreibt die Skandalfirma BNFL in England mit vor über 40 Jahren gebauten Werken die ältesten Reaktoren der Welt.

Die EU-Kommission muss daher das erklärte Ziel der Schließung der Hoch-Risiko-Reaktoren endlich umsetzen. Ausgaben für den Weiterbetrieb der Schrottreaktoren in Ost und West und die wahnwitzige Förderung von atomaren Neubauten sind unverzüglich zu beenden. Stattdessen sollte sich die EU für eine neue, zukunftsfähige Energiestruktur stark machen. Erhebliche Einsparpotentiale sind allein durch Steigerung der Energieeffizienz und moderne Energiesysteme in der Industrie der osteuropäischen Beitrittsstaaten zu erreichen. Länderübergreifende Energiepartnerschaften (»Twinning«) zwischen Ministerien, Stadtverwaltungen oder Organisationen sind dafür ein erfolgreiches Modell. Dies wäre ein wichtiger Beitrag, um sowohl die wirtschaftliche als auch die ökologische Lage deutlich zu verbessern.

Die Zukunft gehört den Erneuerbaren Energien

Die Förderung von Energien muss sich an den Problemen der Zukunft orientieren. Die größte Herausforderung ist dabei der Klimawandel. Für eine nachhaltige Energiepolitik und zum Erreichen der europäischen Klimaschutzziele muss die Nutzung der Atomkraft in Europa beendet werden. Es kann nicht sein, dass eine Minderheit von Ländern die Privilegierung der Atomkraft gegen den Willen der EU-BürgerInnen durchsetzt. Auch fossile Energieträger wie Kohle, Öl und Gas sind begrenzt, belasten das Klima unserer Umwelt und sind zunehmend mit Ressourcenkonflikten verbunden. Das Vorgehen der Atomindustrie, in der Ära des Klimawandels Atomreaktoren als CO_2-freie Energiealternative anzupreisen ist dabei absolut unverantwortlich!

Der Kern der Energiedebatte liegt in der effizienten Nutzung von Energie und dem Aufbau einer solaren Energieversorgung. Die Effizienzpotentiale sind nicht nur in den neuen EU-Ländern gewaltig. Eine Kampagne der Internationalen Energie Agentur im Haushaltssektor in Frankreich hat gezeigt, dass das einfache Ersetzen des Gerätebestandes durch die effizientesten Elektrogeräte am Markt zu einer Verbrauchsreduktion von 40 % führt. Das entspricht allein in Frankreich der Produktion von vier Atomkraftwerken. Parallel wollen wir die enormen Potenziale der Erneuerbaren Energien Solarstrahlung, Windkraft, Bioenergien, Geothermie und Wasserkraft in Europa verwirklichen.

Die Europäische Union hat sich durch ihr aktives Handeln zum weltweiten Vorreiter in Fragen des Klimaschutzes gemacht. Diese Rolle muss beibehalten und gestärkt werden. Ökologisch faire Preise wollen wir durch eine europäische Energiebesteuerung und die Steuerbefreiung von Erneuerbaren Energien und Treibstoffen erreichen. So bringen wir Klimaschutz, Ressourcenschonung und Erneuerbare Energien voran und schaffen gleichzeitig neue Arbeitsplätze. Wir wollen eine innovative Energiedienstleistung, die sich an den Bedürfnissen der Menschen orientiert und hoch effizient ist im Verbrauch. Statt auf atomare Dinosaurier müssen wir in ganz Europa auf Sonne, Wind und Energieeffizienz setzen. Die Katastrophe von Tschernobyl war ein Weckruf für uns alle

– zwanzig Jahre danach müssen wir endlich aktiv aus der Atomenergie aussteigen!

Weitere Informationen:

Per Email an hbreyer@europarl.eu.int können kostenlos die Newsletter »EU-ÖkoNews« und »EU-Verbrauchernews« abonniert werden, die über die neuesten Entwicklungen im Bereich Energiepolitik informieren. Der Newsletter »EU-FrauenNews« berichtet über aktuelle europäische Frauen- und Genderpolitik. Nähere Informationen auch unter www.hiltrud-breyer.de

Gotelind Alber

Gute Argumente gegen die Atomenergie

Kriegs- und Terrorgefahr potenziert

»Die Gefahr atomarer Angriffe von Terroristen ist keine Science Fiction, sondern durchaus real. Falls es zu einem solchen Anschlag kommt, würde er nicht nur eine große Zahl von Toten und große Zerstörungen hervorrufen, sondern auch die Weltwirtschaft ins Wanken bringen und Dutzende Millionen Menschen in bittere Armut stürzen.« *UN-Generalsekretär Kofi Annan*

Die aktuellen weltpolitischen Spannungen machen es deutlich: Eine militärische Nutzung der Atomtechnologie lässt sich nie ausschließen. Ganz im Gegenteil: fast alle Länder, die Atomtechnologie entwickelt haben, waren an der Bombe interessiert und haben sie früher oder später auch gebaut. Die zivil genutzte Technologie bildet schließlich den Grundstock für die Herstellung von Atomwaffen. Auch in zivil genutzten Atomreaktoren entsteht Plutonium, das in einer Wiederaufarbeitungsanlage abgetrennt und zum Bau der Bombe genutzt werden kann. Die notwendigen Anlagen und Kenntnisse lassen sich auf dem Weltmarkt beschaffen, dies hat sich schon in der Vergangenheit gezeigt.

Hinzu kommt, dass Atomreaktoren mögliche Ziele von Selbstmordattentätern darstellen – nicht alle Atomkraftwerke sind so ausgelegt, dass sie beabsichtigten oder unbeabsichtigten Flugzeugabstürzen standhalten. Ob der als ausreichend betrachtete Schutz im Ernstfall ausreicht, etwa wenn ein Großflugzeug gezielt zum Absturz gebracht wird, daran bestehen erhebliche Zweifel. So hatte die Reaktorsicherheitskommission nach dem 11. September 2001 in Frage gestellt, ob bei einem solchen Ereignis alle Systeme funktionsfähig bleiben, die zu seiner Beherrschung erforderlich wären.

Atomkraft verstärkt die Risiken durch totalitäre Regimes und Terroranschläge!

Der Rohstoff – unbegrenzt verfügbar?

Uran, das Ausgangsprodukt für den Brennstoff von Atomkraftwerken, muss in Deutschland zu 100% importiert werden. Auch Uran ist nur begrenzt verfügbar und reicht beim gegenwärtigen Bedarf gerade mal einige Jahrzehnte. Offizielle Quellen sprechen von einem Zeitraum zwischen 20 und 65 Jahren.

Auch der einst mit hohen Erwartungen entwickelte schnelle Brüter konnte dieses Problem nicht lösen. Er sollte in Kombination mit Wiederaufarbeitungsanlagen aus den knappen Uranreserven ein zigfaches an Energie herausholen. Doch das hochriskante Konzept der Plutoniumwirtschaft lässt sich sicherheitstechnisch und wirtschaftlich nicht in den Griff bekommen. Der deutsche Prototyp des schnellen Brüters in Kalkar, der nie in Betrieb ging, ist zum Symbol für eine verfehlte Entwicklung geworden und hinterließ eine mehrere Milliarden Euro teure Bauruine. Abgesehen von einem russischen Brüterkraftwerk sind alle anderen Projekte dieser Art aufgrund von Sicherheitsmängeln oder schlechten Betriebsergebnissen aufgegeben worden.

Im Vergleich zu fossilen Brennstoffen sind die Mengen an benötigtem Uran relativ gering: Derzeit werden jährlich weltweit etwa 40.000 Tonnen Uran gewonnen, um die rund 440 Atomkraftwerke für die Stromproduktion zu betreiben. Allerdings müssen zur Herstellung von nur wenigen Tonnen an Brennelementen Tausende von Tonnen Uranerz umgewälzt werden. Die Reste landen auf strahlenden Abraumhalden. Eine dauerhafte radioaktive Verseuchung der Abbaugebiete ist unvermeidlich. Die Sanierung solcher Gebiete, wie etwa der Uranerzbergwerke in Sachsen und Thüringen durch die Wismut GmbH, ist extrem aufwendig und kostspielig – über sechs Milliarden EUR wird sie nach der Schätzung des zuständigen Wirtschaftsministeriums kosten. Nach den grundlegenden Sanierungsarbeiten werden zudem auf unbestimmte Zeit Langzeitmaßnahmen wie Wasserbehandlung, Flächenbewirtschaftung und Umweltmonitoring erforderlich.

Viele Uranabbaugebiete liegen in den Territorien von Ureinwohnern, die sich gegen die Zerstörung ihrer Territorien wehren, so etwa in Australien, Indien und Nordamerika.

Erst im vergangenem konnten die Navajo in Arizona und New Mexico ein Verbot des Uranabbaus durchsetzen, der seit 65 Jahren Wasser, Böden und Luft kontaminiert.

Die Sicherheit der Energieversorgung wird durch Atomkraftwerke nicht wirklich erhöht!

Der Betrieb

Bereits im Normalbetrieb stellen Atomkraftwerke durch Niedrigstrahlung eine Gesundheitsbelastung dar, über deren Wirkungen es immer wieder Expertenstreit gegeben hat.

In jedem Fall gravierend ist das Unfallrisiko. Unfälle lassen sich nie ganz ausschließen – seien sie durch technisches Versagen sicherheitsrelevanter Komponenten oder auch durch menschliches Fehlverhalten bedingt. Die Wahrscheinlichkeit, dass ein schwerer Unfall auftritt, ein Super-GAU, dem die Sicherheitseinrichtungen nicht gewachsen sind, ist für ein einzelnes Atomkraftwerk zwar gering. Je mehr Atomkraftwerke jedoch in Betrieb sind, um so eher kann solch ein Unfall in einer absehbaren Zeitspanne auftreten.

Atomenergiebefürworter verweisen gerne auf die hohen Sicherheitsstandards deutscher Atomkraftwerke. Deutsche Anlagen seien deshalb sicherer als alle anderen auf der Welt. Verwunderlich, dass Deutschland solch eine Alleinstellung haben soll, wenn wir andere Technologien betrachten. Sind denn deutsche Computer oder Autos weniger fehleranfällig als die Produkte anderer Länder?

Laut offiziellen Gutachten liegt beispielsweise für das Atomkraftwerks Biblis die Wahrscheinlichkeit eines Super-GAU durch technisches Versagen bei einmal in 30.000 Betriebsjahren, also bei 0,1 %. Hochgerechnet auf die 17 Atomkraftwerke, die zur Zeit in Deutschland in Betrieb sind, ergibt sich aber bereits eine Wahrscheinlichkeit von 1,7 % für einen Super-GAU bei einer 30- bis 40-jährigen Betriebszeit, für die rund 150 Atomkraftwerke in Europa sogar über 15 %. Weltweit sind fast dreimal so viele Atomkraftwerke in Betrieb!

Zum Vergleich: Die Chance für einen Lottogewinn mit sechs Richtigen liegt bei 0,000007 %, sie ist also verschwindend gering. Trotzdem gibt es, wenn nur genug Leute Lotto spielen, immer wieder einen Volltreffer. Das Beispiel zeigt auch, wie unterschiedlich Wahrscheinlichkeiten und Risiken wahrgenommen werden, wenn es sich um positive oder negative Ereignisse handelt.

Seit diversen Jahren werden immer wieder »inhärent sichere« Reaktorkonzepte propagiert, bei denen ein Kernschmelzunfall ausgeschlossen sein soll. Niemand kann jedoch guten Gewissens bestreiten, dass bei jedem Reaktor, unabhängig von seiner Bauart, ein Unfallverlauf auftreten kann, bei dem so viel Radioaktivität freigesetzt wird, dass es zur Katastrophe kommt, mindestens regional, wenn nicht auch überregional. Zu bedenken ist zudem, dass bei den Berechnungen und Analysen nur Risiken durch technisches Versagen eingehen. Mögliche Fehler durch das Bedienungspersonal sind in der Regel noch gar nicht berücksichtigt.

Die Folgen eines Super-GAU wären fatal. Wenn es zu einer Kernschmelze kommt, weil bei einem Störfall die Kühlung versagt, können binnen kurzer Zeit erhebliche Mengen an radioaktiven Stoffen entweichen. Ob Katastrophenschutzpläne so schnell greifen, ist äußerst fraglich, denn je nach Wetterlage kann die betroffene Zone bis über 100 km weit reichen. Nach offiziellen Studien kann ein Super-GAU in Deutschland zu über 5.000 Milliarden Euro an Schäden führen. Hinter den nüchternen Zahlen verbergen sich nicht nur Sach- und Vermögensschäden, sondern auch Todesfälle – ein Super-GAU kann zu mehreren zehntausend Toten führen – und langfristige Gesundheitsschäden. Das damit verbundene Leid ist eigentlich nicht bezifferbar.

Die Risiken der Atomenergienutzung lassen sich nicht in den Griff kriegen!

Die Reste

Auch das Problem der Entsorgung von Atommüll ist noch nicht gelöst. Eine sichere Endlagerung ist nicht in Sicht, und es ist höchst fraglich, ob es sie überhaupt geben kann. Schließlich müssten Tausende von Tonnen hochgiftigen Mülls auf Tausende von Jahren hermetisch von der Umgebung abgeschottet werden.

Hinzu kommen die Gefahren durch Atomtransporte. Derzeit werden die abgebrannten Brennelemente aus den deutschen Reaktoren mangels eines Endlagers zur Wiederaufarbeitung ins Ausland gebracht. Da der hochradioaktive Müll danach wieder zurückgenommen werden muss, wird er ein zweites Mal quer durch Europa transportiert, zunächst in ein Zwischenlager. Weder auf der Straße noch auf der Schiene lässt sich ausschließen, dass es dabei früher oder später zu einem Unfall kommt. Ob die Transportbehälter jeglicher Gefahr standhalten können, ist umstritten. Es wird kritisiert, dass sie nicht ausreichend auf mögliche Unfallsituationen getestet sind. Und möglicherweise wird der Müll sogar ein drittes Mal transportiert, falls ein Endlager festgelegt wird. Doch wer möchte dieses vor der Haustüre haben?

Je länger wir die Atomenergie nutzen, um so größere Altlasten hinterlassen wir den zukünftigen Generationen!

Der fragliche Nutzen

Immer wieder wird die Atomenergie als Klimaschutzstrategie angepriesen, die keine Treibhausgase freisetzt. Leider gibt es keine völlig klimaneutrale Energieversorgungsoption, nicht einmal die erneuerbaren Energiequellen. Immer braucht es Energie, um die Anlagen herzustellen, und solange dabei noch vorwiegend fossile Energieträger zum Einsatz kommen, ist dies nicht frei von Treibhausgasemissionen. Im Fall der Atomenergie kommt zur »grauen Energie«, die in der Anlage steckt, noch der Energieaufwand für Förderung, Herstellung und Transport des Brennstoffs. Diese vorgelagerte Prozesskette muss einbezogen werden, um einen vernünftigen Emissionsvergleich verschiedener Energiesysteme zu machen. Die Atomenergie

178

schneidet dabei deutlich schlechter ab als die erneuerbaren Energiequellen, in bestimmten Fällen sogar schlechter als fossile Energiequellen. So ist nach Berechnungen des Öko-Instituts der Einsatz von Erdgas in Blockheizkraftwerken wesentlich klimafreundlicher als Atomkraft, wenn die bei der Stromerzeugung anfallende Wärme genutzt wird, um Ölheizungen zu ersetzen.

Genau dies ist ein weiterer wunder Punkt: Atomkraftwerke taugen nur zur Stromerzeugung. Der größte Teil des Energieverbrauchs wird jedoch für Wärmeerzeugung aufgewendet – Raumwärme, Warmwasserbereitung und Prozesswärme. Grundsätzlich könnte dafür auch Strom eingesetzt werden, sinnvoll und effizient wäre dies jedoch nicht. Strom ist nämlich eine hochwertige Energieform, bei deren Erzeugung immer große Verluste entstehen – bei Atomkraftwerken betragen die Verluste etwa zwei Drittel der eingesetzten Energie! In kleinen Einheiten, mit Blockheizkraftwerken oder Heizkraftwerken, kann ein großer Teil dieser Abwärme zum Heizen genutzt werden. Die großen Abwärmemengen von Atomkraftwerken aber lassen sich nicht nutzen. Die Strecken, über die die Wärme transportiert werden müsste, wären viel zu lang, denn in den Leitungen fallen hohe Verluste an.

Letztlich spielt die Atomenergie für die Energieversorgung im globalen Maßstab nur eine untergeordnete Rolle. Ihr Beitrag am Primärenergieverbrauch beträgt in Deutschland ca. 12 %, europaweit sind es 15 %, sowohl für die »alte« EU als auch inklusive der Beitrittsländer. Weltweit decken Atomkraftwerke nur wenige Prozent des globalen Energiebedarfs – die Angaben schwanken zwischen unter 3 % und ca. 7 %, je nachdem, ob die traditionelle Nutzung von Biomasse einbezogen wird oder nicht.

Nur 31 Staaten nutzen überhaupt Atomenergie, und 70 % der Kraftwerksleistung konzentrieren sich auf fünf Länder: USA, Frankreich, Japan, Russland und Deutschland. Weniger als die Hälfte der EU-Mitglieder betreiben Atomkraftwerke, und davon haben fünf ein Moratorium oder den Ausstieg beschlossen, während sich die meisten anderen Mitgliedsstaaten in Europa definitiv gegen die Nutzung der Atomenergie entschieden haben.

Vor diesem Hintergrund ist es unrealistisch, so viele Atomkraftwerke zuzubauen, damit sie global einen wirksamen Beitrag zum Klimaschutz leisten können. Um ihren Beitrag zur Energieversorgung nur auf 10 % zu steigern, müssten bereits über 1.000 Anlagen neu in Betrieb gehen.

**Atomenergie ist nicht die Strategie für den Klimaschutz –
wir kämen vom Regen in die Traufe!**

Die wirtschaftliche Seite

Aus Kostengründen haben die meisten Energieversorgungsunternehmen heute kein Interesse mehr, neue Atomkraftwerke zu bauen. Ihre Investitionskosten sind schon heute höher als für Wind- oder Wasserkraft, Kraft-Wärme-Kopplung oder günstige Biomasse-Kraftwerke. Nur die Photovoltaik ist noch deutlich teurer, ihre Kosten sind aber über die Jahre laufend gesunken.

Allerdings wäre eine Laufzeitverlängerung der Atomkraftwerke ein Schnäppchen für die Energieversorgungsunternehmen, denn diese Anlagen stehen schon und sind mehrheitlich längst abgeschrieben. Mit jedem Jahr, das ein Atomkraftwerk länger am Netz ist, steigt aber die Wahrscheinlichkeit für einen Unfall, nicht zuletzt durch Alterungseffekte wie Materialermüdung. Auch die Menge an Atommüll würde entsprechend wachsen. Gleichzeitig würde der Umstieg auf risikoarme und umweltverträgliche Möglichkeiten verzögert werden.

Gerade im Fall der älteren Anlagen ist die Frage der Haftung gravierend. Die wirtschaftliche Situation für die Atomenergie wäre nochmals deutlich ungünstiger, wenn die Betreiber voll für eventuelle Schäden durch Unfälle haften müssten. Haftungsfragen stellen sich beim Betrieb von Atomkraftwerken in zweierlei Hinsicht:

Erstens kann ein Unfall zu einem unglaublich hohen Schadensausmaß führen. Die Haftung der Betreiber ist demgegenüber gering, in den meisten Ländern ist nach der Pariser Konvention nur eine Schadenshöhe von 5,5 Mio. Euro durch den Betreiber abgedeckt. Darüber hinausgehende Schäden trägt in der Regel der Staat – meist auch nur bis zu einer bestimmten Höhe. Dabei sind nur Gesundheitsschäden sowie Schäden oder Verlust von Eigentum einbezogen, Umweltschäden werden nicht berücksichtigt.

Zum zweiten stellt sich die Frage, wer für den gesicherten Abbau der Anlagen sorgt, der äußerst aufwendig ist. In Deutschland müssen die Betreiber dafür Rückstellungen schaffen. Die können sie allerdings als Kapitalstock verwenden, wenn sie auf Einkaufstour gehen, etwa in anderen Ver- und Entsorgungsbranchen – in die Rückstellung eingezahlt haben letztlich jedoch die VerbraucherInnen über den Strompreis. In anderen Ländern ist dafür nicht unbedingt vorgesorgt. Hier wird die finanzielle Last des Rückbaus auf die Allgemeinheit abgewälzt.

Auch in der ökonomischen Bilanz schneidet die Atomenergie schlecht ab, und würde sie nicht durch verdeckte Subventionen gestützt, sähe das Bild noch ungünstiger aus!

Was tun?

Noch vor einigen Jahren war die Rede von »alternativen Energien«. Das enorme Potenzial war zwar theoretisch bekannt, doch konnte sich kaum jemand vorstellen, dass eine Energieversorgung vorrangig auf der Grundlage erneuerbarer Energien technisch und wirtschaftlich in absehbarer Zeit machbar wäre. Heute sind die erneuerbaren Energien der alternativen Nische entwachsen.

Jede dieser Quellen – Sonnenenergie, Biomasse, Wind- und Wasserkraft, Geothermie – steht grundsätzlich in so großer Menge zur Verfügung, dass der Weltenergiebedarf theoretisch mehrfach gedeckt werden könnte. Die Technologien zu ihrer Nutzung sind ausgereift und lassen sich weiter verbessern. Vor allem bergen sie keinerlei vergleichbare Risiken wie die Atomkraft. Außerdem steht immer noch ein umfangreiches Potenzial zur Einsparung von Energie zur Verfügung – meist zu deutlich geringeren Kosten als die der Energieproduktion.

Solar & Spar ist das Stichwort: Wenn z. B. bei Neubau und Sanierung alle technischen Möglichkeiten zur verbesserten Energieeffizienz und zur Nutzung erneuerbarer Energien sinnvoll kombiniert werden, ist dies nicht nur klimafreundlich, sondern auch am wirtschaftlichsten. Diese Strategie schafft zudem die meisten Arbeitsplätze. Nach Angaben der jeweiligen Branchenvertreter sind in der Atomindustrie rund 40.000 Menschen beschäftigt, im Bereich der erneuerbaren Energien dagegen bereits heute mehr als 150.000 Menschen. Beim weiteren Ausbau der erneuerbaren Energien könnte dies auf eine halbe Million Arbeitsplätze steigen, hinzu kommen noch einige hunderttausend Arbeitsplätze, die

durch die energetische Gebäudesanierung gesichert oder neu geschaffen werden.

Es lohnt sich, sich für ein zukunftssicheres, umweltfreundliches und risikoarmes Energiesystem auf der Grundlage von Energieeffizienz und erneuerbaren Energien einzusetzen – nicht nur für uns in den Industriestaaten, sondern auch, um diese Technologien für die Entwicklungsländer bereitzustellen!

Häufig verwendete Abkürzungen und Einheiten

Ci/mCi   Curie/Millicurie, veraltete Einheit für radioaktive Aktivität. Neu: → Bq

Bq   Becquerel, Maßeinheit für radioaktive Aktivität. Die Aktivität von
           1 Becquerel liegt vor, wenn 1 Atomkern je Sekunde zerfällt. Bis 1985
           wurde auch noch die Maßeinheit → Ci = Curie benutzt. 1 Ci = 3,7 *
           10^{10} Bq = 37 Milliarden Bq

Sv   Sievert, Einheit der Äquivalentdosis. Die Äquivalentdosis ist ein Maß
           für die Stärke der biologischen Wirkung einer bestimmten Strahlen-
           dosis. Vor dem 31. Dezember 1985 war die Einheit der Äquivalenzdosis
           → Rem (rem).

mSv   milli-Sievert, übliche Angabegrößenordnung für Sievert

rem   roentgen equivalent man, veraltete Einheit für die Äquivalentdosis.
           1 rem = 0,01 Sv.

AKW   Atomkraftwerk

WAA   Wiederaufbereitungsanlage

WKA   Windkraftanlage

IPPNW   Internationale Ärzte gegen den Atomkrieg

NRO/NGO   Nichtregierungsorganisation/Non-Governmental-Organisation

IAEO/IAEA Internationale Atomenergieorganisation/-behörde

WHO   Weltgesundheitsorganisation

VN/UN   Vereinte Nationen/United Nations

Meilensteine im Kampf gegen Atomanlagen

1957   Im Oktober brannte es in **Sellafield** im Reaktor **Windscale,** der nur zur Erzeugung von Plutonium für den Bau von Atombomben benutzt wurde. Es war einer der schwerwiegendsten Atomunfälle vor Tschernobyl. Heute befinden sich auf dem Gelände zwei Wiederaufbereitungsanlagen, die immer wieder durch Störfälle und Ableitung in die Irische See von sich reden machen.

1972   Baubeginn des Druckwasserreaktors **Stendal.** Das AKW Stendal ging nie ans Netz und wird seit 1993 abgerissen.

1972 – 77   Bau des Atomkraftwerks **Zwentendorf** (Niederösterreich). Eine Volksabstimmung verhinderte 1978 mit 50,4 % der Stimmen die Inbetriebnahme des fertiggestellten AKW. Seit dem 5.12.1978 schließt das »Atomsperrgesetz« die Nutzung der Kernenergie in Österreich aus.

1973   Baubeginn eines AKW in **Kalkar.** Demonstrationen und das Umdenken nach der Reaktorkatastrophe von Tschernobyl verhinderten schließlich die Inbetriebnahme. 1991 kam das endgültige Aus.

1973   **Wyhl** wird als Standort für ein AKW vorgesehen, das ursprünglich in Breisach geplant war. Baubeginn ist 1975. Wegen heftiger Proteste und monatelanger Besetzung des Bauplatzes wird das AKW nicht gebaut. Heute ist der Bauplatz als Naturschutzgebiet ausgewiesen. Wyhl kann als Wiege der Anti-AKW-Bewegung gesehen werden.

1976   Inbetriebnahme des AKWs in **Neckarwestheim.** In Neckarwestheim konzentrierte sich der Protest in den letzten Jahren auf Aktionen rund um die Atommülltransporte, daneben wurden Kraftwerksbesetzungen und Mahnwachen, auch gegen das Zwischenlager, organisiert.

1977   Ein Salzstock bei **Gorleben** wurde als Endlager für alle Arten von radioaktiven Abfällen benannt. Heute befinden sich in Gorleben zwei Zwischenlager für radioaktive Abfälle. Jeder Castor-Transport wird mit heftigen Protesten begleitet und versucht zu verhindern.

1977   Der Atommeiler in **Fessenheim** im Elsass geht ans Netz. Fessenheim ist das älteste AKW Frankreichs und macht regelmäßig durch Störfälle von sich reden.

1979   Die größte Kühlwasserpumpe vom Atomkraftwerk **Three Mile Island bei Harrisburg** (USA) fällt aus. In der Folge überheizte der Kern des Reaktors und löste den ersten GAU in der Geschichte der AKWs aus. Heute ist der Reaktor abgeschaltet.

1985   Die Deutsche Gesellschaft für Wiederaufarbeitung von Kernbrennstoffen (DWK) entschied in **Wackersdorf** eine Wiederaufbereitungsanlage für atomare Brennstäbe (WAA) zu bauen. Ende Mai 1989 kam das endgültige Aus für die WAA.

1985   Inbetriebnahme des AKWs **Grohnde.** Lokaler Widerstand zeigte sich in vielfältigen Aktionen, etwa bei einer Demonstration von rund 15.000 AKW-GegnerInnen im März 1977, die mit schweren Zusammenstößen mit der Polizei bundesweit in die Schlagzeilen kam.

1986   Explosion im Block IV des AKW in **Tschernobyl** in den ehemaligen Sowjetunion.

1986   Das AKW **Brokdorf** wurde nach der Reaktorkatastrophe von Tschernobyl ans Netz genommen. Am AKW-Standort Brokdorf fanden seit den 1970er Jahren die heftigsten Auseinandersetzungen über die Atomenergienutzung in der Bundesrepublik statt.

Die Autorinnen

GOTELIND ALBER (*1955), Dipl.-Physikerin, langjährige Geschäftsführerin des Klima-Bündnis. Im Tschernobyl-Jahr arbeitete sie an einer Studie zum Stromsparen und lernte, ihre Spaghettisauce mit Miso zuzubereiten.

ANJA BECKER (*1973), Dipl.-Biologin und M.A. Soziologin, bis Ende 2005 wiss. Mitarbeiterin bei genanet, engagiert in Initiativen im Schnittpunkt Umwelt und Gesellschaft/Herrschaftskritik u.a. zum Thema Agro-Gentechnik, Mitglied der AG Frauen im Forum Umwelt & Entwicklung.

HILTRUD BREYER (*1957) ist Abgeordnete für Bündnis90/ Die Grünen im Europaparlament. Sie ist Mitglied im Ausschuss für Umweltfragen, Volksgesundheit und Lebensmittelsicherheit, Koordinatorin der GRÜNEN im Frauenausschuss und stellvertretendes Mitglied im Rechtsausschuss.

ANGELIKA CLAUßEN, DR. MED., ist niedergelassene Ärztin für Psychiatrie und Psychotherapie. Seit 2005 ist sie Vorsitzende der deutschen IPPNW-Sektion (www.ippnw.de). Schwerpunkte ihres politischen Engagements sind Irak, Uranwaffen, Atomausstieg und Menschenrechte/Flüchtlinge.

UTE DÖRING, *1960 in Darmstadt; Biostudium; 1984/85 Diplomarbeit: Wälder im Kreis Lüchow-Dannenberg; 1990 Promotion; heute freie Lektorin in Göttingen, 2 Kinder. 1986: Studenten-WG in Göttingen, aktiv in Bio-Fachschaft, Umweltgruppen und bei den GRÜNEN.

ISABELLE FARAGALLAH (Jahrgang »Tschernobyl« 1986) absolviert zur Zeit ein Freiwilliges Ökologisches Jahr beim Deutschen Naturschutzring in Berlin. Reist zwischen den Welten Kunst (Entgrenzung und Schöpfung), Politik (Globalisierungskritik und Umweltschutz), Wedding und Ägypten.

LUDMILLA FROMME, 57 Jahre alt, 3 erwachsene Töchter, verheiratet. Gründete 1986 zusammen mit anderen Frauen die Gruppe »Mütter gegen Atomkraft« Stuttgart. Ludmilla Fromme ist Dipl. Übersetzerin, Erwachsenenbildnerin, arbeitete als Redakteurin in Stuttgart.

ANNA GOLUBOVSKA-ONISIMOVA (*1964) ist Mitbegründerin und Vorsitzende von MAMA-86. Sie hat Abschlüsse in Architektur und Umweltmanagement. Als eine der führenden Personen der grünen Bewegung in der Ukraine setzt sie sich für partizipative Demokratie und Umweltpolitik ein. Sie ist Mutter zweier Kinder.

Daniela Gottschlich (*1972), Politikwissenschaftlerin, promoviert zum Thema »Nachhaltigkeit und Geschlechtergerechtigkeit«, Lehraufträge im Bereich Internationale Politik, engagiert in lokalen und transnationalen Agenda-21-Frauenprojekten, u. a. Mitarbeit in der AG Frauen im Forum Umwelt & Entwicklung und im wissenschaftlichen Beirat von attac.

Juliane Grüning (*1974) ist Kulturwissenschaftlerin mit den Schwerpunkten Ökologie, Umweltbildung sowie Sprache und Kommunikation. Antiatom-, umwelt-, frauen- und interkulturell bewegt ist sie auf der Suche nach Nachhaltigkeitspolitik, die diesen Namen auch verdient.

Mathilde Halla (*1944) beginnt 1974 ihr Engagement gegen jede militärische und zivile Nutzung der Atomenergie. 1986 gründet sie die »Mütter gegen Atomgefahr, Oberösterreich« und die »Oberösterreichische überparteiliche Plattform gegen Atomgefahr«, deren Vorsitzende sie bis 2005 war. Zahlreiche regionale, nationale und internationale Auszeichnungen wie 2000 Konrad Lorenz Preis und 2005 Nuclear Free Future Award.

Gisela Hirth (*1952), verheiratet, zwei erwachsene Kinder. War vor der Familienpause Kinderkrankenschwester, machte später eine Ausbildung zur Buchbinderin, seitdem Gesellin. Seit Tschernobyl Mutter gegen Atomkraft.

Milya Kabirova (*1959), ist in den nuklear verseuchten Gebieten des Ost-Ural geboren und lebt auch heute noch dort. Sie leitet die Frauengruppe Aigul und ist Vorstandsmitglied des »Movement for Nucelar Safety«. Zur Sicherung ihres Lebensunterhalts betreibt sie einen kleinen Laden.

Monika Koops, 46 Jahre, ist seit 1999 Mitglied des Windfang-Aufsichtsrates

Ulla Klötzer (*1948), verheiratet, 2 Kinder, Lehrerin bei der Rudolf Steiner Schule in Helsinki. Aktiv seit 25 Jahren in der Friedens- und Anti-Atom-Bewegung und seit 15 Jahren in der EU-kritischen Bewegung in Finnland und europaweit.

Gerhild Kremsmair, seit 1986 unermüdlich im Dienst der Anti-Atom-Bewegung, Mitbegründerin und Obfrau der Mütter für atomfreie Zukunft, Salzburg; Schriftführerin der Salzburger Plattform gegen Atomgefahren (PLAGE).

Heike Mahlke (*1941), Theologin, lebt im Wendland und engagiert sich seit 1977 in der Anti-AKW-Bewegung, Mitinitiatorin der Gorlebenfrauen.

Tanja Mölders (*1975), Umweltwissenschaftlerin, wissenschaftliche Mitarbeiterin an der Universität Hamburg in der Nachwuchsgruppe AgChange – Konflikte der Agrarwende, promoviert im Themenfeld »Gesellschaftliche Natur- und Geschlechterverhältnisse«, engagiert sich in verschiedenen feministischen Netzwerken u. a. Co-Koordinatorin der AG Frauen im Forum Umwelt & Entwicklung.

Kristin Mühlenhardt-Jentz (*1945), M. A., Schauspielerin bis 1982 und Soziologin seit 1999; verh.; zwei Kinder, geb. 1977 und 1982. 1986 Mitbegründerin der »Mütter gegen Atomkraft« in Nürnberg; seit 2000 im Vorstand der »M.g.A.« e. V. München und IPPNW-Mitglied.

Dorothea Neumann (*1934, Postbeamtin, 3 Enkelkinder) / Vera Choulant (*1938, Apothekerin), beide in den 50er Jahren aus der DDR geflohen, lange Zeit dankbare Normalbürger/ brave CDU-Wähler, bis uns immer klarer wurde, dass auch die Politik des Westens nicht die Rechte der Bürger und der Umwelt, sondern die handfesten Interessen der Wirtschaftlobby in den Mittelpunkt stellt; seither kritisch, wachsam, engagiert und oft entmutigt und in Sorge; seit 1971 der Anti-AKW-Bewegung angehörend; Brokdorf-, Gorleben-, Kalkarteilnehmer u.a.

Anja Röhl (*1955), Krankenschwester, später Germanistin und Heil- und Sonderpädagogin in der Erwachsenenbildung, freie Journalistin und Autorin im Nebenberuf.

Ulrike Röhr (*1949), gratwandert zwischen Technik und Sozialwissenschaften und ist dabei immer auf der Suche nach den Genderaspekten – vor allem in den Bereichen Energie und Klimaschutz. Geschlechtergerechtigkeit das große Ziel, das sie noch in diesem Leben erreichen möchte.

Rosemarie Rübsamen, Dipl. Physikerin, beschäftigte sich schon früh mit feministischer Kritik an Naturwissenschaft und Technik. Mitgründerin der Frauenenergiegenossenschaft Windfang, gründete 1994 ihr eigenes Windenergie-Planungsbüro, in dem heute insgesamt 12 fest angestellte Mitarbeiterinnen und Mitarbeiter (6 Vollzeit-, 3 Teilzeit-, 3 studentische Teilzeit-Kräfte) arbeiten.

Heike Sabel (*1965), Journalistin, Pirna (Sachsen), Vorsitzende Verein »Gemeinsam in die Zukunft«, Bücher: »Normalno – von der leisen Stärke der Minskerinnen«, »Nastupnaja stanzija – Stationen weißrussischer Begegnungen«.

Renate Schmidt (*1943), von 1980–1994 SPD-Bundestagsabgeordnete, 1991 bis 2000 Landesvorsitzende der SPD-Bayern, 2002 bis 2005 Bundesministerin für

Familie, Senioren, Frauen und Jugend. Seit Ende 2005 Bundestagsabgeordnete und Mitglied des Ausschusses für Bildung, Forschung und Technikfolgenabschätzung.

IRMGARD SCHULTZ (*1949) ist Mitarbeiterin und Mitbegründerin des Instituts für sozial-ökologische Forschung (ISOE) in Frankfurt/Main und leitet dort den Bereich »Alltagsökologie und Konsum«. Seit Beginn des ISOE ist sie an der konzeptionellen Ausarbeitung eines Forschungsschwerpunkts »Gender & Environment« innerhalb der sozial-ökologischen Forschung beteiligt.

BEATE SEITZ-WEINZIERL, Dipl. Theologin und Journalistin, Leiterin des Umweltzentrums Schloss Wiesenfelden des Bund Naturschutz in Bayern.

CORNELIA STADLER (*1950), Journalistin und Kommunikationstrainerin, zwei Töchter und zwei Enkeltöchter, lebt in einem Mehr-Generationen-Haus und ist zeitlebens bestrebt, die Balance zwischen politischer Arbeit, Berufstätigkeit und Familienarbeit zu halten. Seit 1986 unterschiedlich stark aktiv bei den »Müttern gegen Atomkraft« e.V, seit 2002 wieder im Vorstand des Vereins.

ANNEGRET STOPCZYK (*1951), Praktizierende Philosophin in Stuttgart (Leibphilosophie und Frauenführung). Bücher: Nein danke, ich denke selber; Sophias Leib. Der Körper als Quelle der Weisheit; Philosophin der Liebe u. a. www.stopczyk-philosophie.de

REGINE SULING (*1975), Studium der Internationalen Volkswirtschaft. Arbeitet als Pressereferentin in einem internationalen Telekommunikationsunternehmen und als Freie für Tageszeitungen. Unternimmt regelmäßig Reisen nach Weißrussland.

ANTJE VOLLMER (*1943), Publizistin und Politologin, von 1983 bis 2005 mit kurzer Unterbrechung Bundestagsabgeordnete für Bündnis 90/Die GRÜNEN, von 1994 bis 2005 Vizepräsidentin des Deutschen Bundestages.

Zum Weiterlesen –
Empfehlungen der Autorinnen

Alexijewitsch, Swetlana (2000): Tschernobyl – Eine Chronik der Zukunft.
    Berlin: AufbauTaschenbuch-Verlag
Anders, Günther (2003, 7. Auflage): Die atomare Drohung. München: Beck
Caufield, Catherine (1994): Das strahlende Zeitalter. Von der Entdeckung der
    Röntgenstrahlen bis Tschernobyl. München: Beck
Europäische Humanistische Universität Minsk (Hg., 2004): Belarus – unbekannte
    Mitte Europas. Minsk: Fibre
Die GRÜNEN im Bundestag/AK Frauenpolitik (Hg., 1987): Frauen & Ökologie.
    Gegen den Machbarkeitswahn. Dokumentation zum Kongress vom 3. bis
    5.10.1986 in Köln. Beiträge – Berichte – Ausblicke. Köln: Kölner Volksblatt
Frankfurter Frauenschule (Hg., 1987): Frauen. Ein Jahr nach Tschernobyl.
    Eine kritische Dokumentation der Diskussionen und Aktionen von
    Frauen nach Tschernobyl. Frankfurt
Gambaroff, Marina, Mies, Maria; Stropczyk, Annegret; Werlhof, Claudia v. u.a.
    (1986): Tschernobyl hat unser Leben verändert. Vom Ausstieg der Frauen.
    Reinbek bei Hamburg: Rowohlt Taschenbuch Verlag
Gould, Jay M.; Goldman, Benjamin A. (1996): Tödliche Täuschung Radioaktivität.
    München: Beck
Gruhl, Herbert (1986): Der atomare Selbstmord. Berlin: F.A. Herbig
    Verlagsbuchhandlung
Hingst, Wolfgang (1987): Zeitbombe Radioaktivität, Wien: Orac
Karamanolis, Stratis (1991): Sonnenenergie – Ausweg aus dem Öko-
    Energie-Dilemma. Neubiberg b. München: Elektra
Klima-Bündnis (2005): Climate for Change – Geschlechtergerechtigkeit
    und Klimapolitik. Frankfurt a.M.
LIFE e.V./FrauenUmweltNetz (2004): Auf dem Weg zu geschlechtergerechter
    Umweltpolitik. Gender Mainstreaming in Deutschland. Frankfurt a.M.
Lovins, Amory B. (1984): Sanfte Energie. Reinbek: Rowohlt
Meyer zur Capellen, Renée; Ahlheim, Rose (1989): Bedrohte Eltern – Bedrohte Kin-
    der. In: Beate von Devivere und Ulrich Wemmer (Hg.): Umweltschutz für Kinder.
    Thema: Radioaktivität. Frankfurt am Main: fischer alternativ, S. 62 – 88.
Meyer zur Capellen, Renée; Troje, Elisabeth (1984): Leben ohne Zukunft?
    Aus unseren Erfahrungen in einer Gruppe »Aktionsgemeinschaft:
    Frauen gegen Atomtod – Unsere Kinder sollen leben«. Feministische Studien,
    Beltz Verlag, 3. Jahrgang, November 1984 Nr. 2, Schwerpunkt: Krieg und
    Unfrieden, 120 – 130.
Moltmann, Bernhard; Sahm, Astrid; Sapper, Manfred (Hg., 1994): Die Folgen von

Tschernobyl. Herausforderungen und Auswege. Frankfurt/M.: Haag + Herchen

Pausewang, Gudrun (1988): Die Wolke. Neuauflage: Süddeutsche Zeitung/Biblio-
thek, Reihe Junge Bibliothek, Bd. 11. Ab März 2006 auch als Kinofilm!

Perincioli, Cristina (1980): Die Frauen von Harrisburg oder »Wir lassen uns unsere
Angst nicht ausreden«. Reinbek bei Hamburg: Rowohlt Taschenbuch Verlag

Quistorp, Eva (Hg., 1980): Handbuch Leben. Frauen gegen Umweltzerstörung.
Offenbach/M.: Laetare-Peter Hammerverlag

Quistorp, Eva (Hg., 1982): Frauen für Frieden. Dokumente aus der Frauenfriedens-
bewegung. Frankfurt/M.: paed-extra Verlag

Röhr, Ulrike (2002): Ein anderer Blick – Energie und Klimaschutz aus der Sicht
von Frauen. Hintergrundpapier für den Internationalen Kongress »Genderper-
spectives on Earthsummit 2002«. (BMU und Heinrich Böll-Stiftung) im Januar
2001 in Berlin

Sahm, Astrid (Hg., 2004) Konturen und Kontraste. Belarus sucht sein Gesicht.
Osteuropa, 54. Jahrgang, Heft 10. Berlin: Berliner Wissenschafts-Verlag

Schmitz-Feuerhake, Inge (2005): Wie verlässlich sind die Grenzwerte? Neue
Erkenntnisse über die Wirkung inkorporierter Radioaktivität. Dokumentation
des 2. Fachgesprächs zur Situation im Atommüll-Endlager Asse II am 23. April
2005, Wolfenbüttel

Schumacher, Ernst Friedrich (1977): Die Rückkehr zum menschlichen Maß.
Reinbek: Rowohlt

Simon, Armin (2005): Das atomare Kuckucksei. Überflüssig, teuer und Bomben-
gefährlich: die bayerische »Erfolgsgeschichte« des Forschungsreaktors München
II. München: Buchbäcker

Stropzyk, Annegret (2000): Nein danke ich denke selber – Philosophieren aus
weiblicher Sicht. Berlin: Aufbau-Taschenbauch-Verlag

Stropzyk, Annegret (2000): Sophias Leib. Der Körper als Quelle der Weisheit.
Norderstedt: bod

Tschernousesnko, Wladimir M. (1992): Tschernobyl: Die Wahrheit. Reinbek: Rowohlt

Ziegler, Jean (2005): Die neuen Herrscher der Welt und ihre globalen Widersacher.
München: Goldmann

genanet
Leitstelle Geschlechtergerechtigkeit und Nachhaltigkeit

Eine Idee zieht Kreise: genanet – Leitstelle Gender Umwelt Nachhaltigkeit

Eine nachhaltige Entwicklung ist ohne Geschlechtergerechtigkeit nicht zu erreichen. Diese seit dem UN-Gipfel für Umwelt und Entwicklung 1992 häufig wiederholte Feststellung ist auch die Basis der Arbeit von genanet, der Leitstelle Gender – Umwelt – Nachhaltigkeit, die Mitte 2003 ihre Arbeit aufnahm. Sie geht davon aus, dass politische Entscheidungen und Planungen im Bereich Umwelt und Naturschutz unterschiedliche Auswirkungen auf Männer und Frauen haben können, die bisher jedoch nicht die ihnen gebührende Aufmerksamkeit erhalten. Deshalb sind Initiative, Engagement, Forschung und Vernetzung gefragt, um vorhandenen Widerständen zu begegnen und positive Ansätze zu unterstützen.

Entsprechend versteht sich genanet als bundesweite Koordinations- und Servicestelle, die vorhandene Aktivitäten zu Gender, Umwelt und Nachhaltigkeit bündelt. Wichtiger Arbeitsschwerpunkt ist daneben die Unterstützung von Umweltorganisationen und -verwaltungen, die die Integration von Geschlechteraspekten in ihre Facharbeit vorantreiben wollen.

Info-Pool

Eines der Instrumente zur Verbreitung des Genderansatzes in Umwelt- und Nachhaltigkeitspolitik ist der auf der genanet-Webseite zur Verfügung stehende Informationspool. Er bietet Literaturhinweise und Forschungsergebnisse zu Genderaspekten in dem gesamten Spektrum der Umwelt- und Nachhaltigkeitsthemen. Mit kurzgefassten Hintergrundinformationen kann jede/r sich einen ersten Überblick über mögliche Wirkungen der Geschlechterverhältnisse in den Umweltbereichen verschaffen, bei Seminaren oder Tagungen können die Kenntnisse vertieft werden. Ein Pool an ExpertInnen zu Gender und Nachhaltigkeit ermöglicht es, dass zu (fast) allen Themen ReferentInnen genannt werden können. Neueste Informationen zu Forschungsprojekten, politischen Entwicklungen, Neuerscheinungen, Veranstaltungsterminen, Initiativen und Aktionen werden regelmäßig in dem Rundbrief »gena-News« veröffentlicht.

Herzstück der Leitstelle ist sein »think tank«: Hier werden Positionen und Stellungnahmen zu aktuellen umweltpolitischen Themen und Prozessen erarbeitet. Dies war
beispielsweise im Vorfeld der Internationalen Konferenz für Erneuerbare Energien
(Renewables 2004) der Fall, zu der – gemeinsam mit internationalen Frauen-/Gen-
dernetzwerken – Statements, Forderungen und Hintergrundinformationen erarbeitet
wurden. Oder bei der ersten Überarbeitung der nationalen Nachhaltigkeitsstrategie,
mit der die Bundesregierung über den Fortschritt auf dem Weg zur Nachhaltigkeit
berichtete und die Strategie den aktuellen Entwicklungen anpasste. Hier zeigen
Positionspapiere zu den einzelnen Themenfeldern die – in aller Regel vermisste –
Geschlechterperspektive auf und machen Vorschläge, wie diese zu integrieren wäre.
Diese Papiere bildeten auch die Basis für die politische Lobbyarbeit.

Der think tank soll aber auch einen Raum bieten, um – frei vom aktuellen und
häufig sehr schnelllebigen politischen Tagesgeschäft – nach neuen Ansätzen und
Verknüpfungen zwischen den Themen Geschlechterverhältnisse, Umwelt und Nachhaltigkeit zu suchen.

Über den deutschen Tellerrand hinaus: Internationale Zusammenarbeit

genanet ist in erster Linie auf nationaler Ebene aktiv, will aber mit seinen erarbeiteten Positionen auch Einfluss auf europäische Umwelt- und Nachhaltigkeitspolitik
nehmen. Hierfür arbeitet die Leitstelle eng mit europäischen Frauennetzwerken zusammen. Bei der Vernetzung auf globaler Ebene ist das Ziel, den Genderaspekten in
Umwelt und Nachhaltigkeit im industrialisierten Norden mehr Wahrnehmung zu verschaffen. Der Schwerpunkt unserer internationalen Aktivitäten liegt derzeit bei der
Integration der Genderperspektive in den Bereichen Energie und Klimaschutz.

Finanzierung

genanet wird/wurde von Mitte 2003 bis Mitte 2006 vom Bundesumweltministerium
finanziell gefördert. Eine Finanzierung über diesen Zeitraum hinaus ist derzeit nicht
gesichert. Wir sind deshalb für die Weiterführung unserer Arbeit auf Spenden angewiesen, für die wir gern auch Spendenbescheinigungen ausstellen.

Kontakt:

genanet – Leitstelle Geschlechtergerechtigkeit & Nachhaltigkeit
LIFE e.V. | Hohenstaufenstr. 8 | 60327 Frankfurt a.M.
Tel. 069.74 07 57 | leitstelle@genanet.de | www.genanet.de

Bildnachweis

Giosanna Crivelli, S. 11
Paul Plaser, Berlin, S. 21
G.Pinkhassov/Magnum/Agentur Focus, S. 42
Beate Seitz-Weinzierl, S. 50
Anja Becker, S. 5, 57
Cornelia Blohmyer, S. 61
Natalia Manzurova/privat, S. 63
Kristin Mühlenhardt-Jentz, S. 67, 69
Cornelia Blohmyer, S. 72, 73
Mütter gegen Atomkraft, München/privat, S. 75, 147
Mütter gegen Atomkraft, Stuttgart, S. 79, 80
Dorothee Neuman, Vera Choulant/privat, S. 84 – 87
Gisela Hirth, S. 89, 90
Juliane Grüning, S. 94
Metin Yilmaz, S. 107
MAMA-86, Ukraine, S. 110, 111, 113, 114
Windfang e.G., S. 116, 119
Monika Koops, S. 120
BMU, S. 119
LIFE e.V., S. 121
Metin Yilmaz, S. 123
WECF, S. 150
Gotelind Alber, S. 180

Danksagung

Wir bedanken uns ganz herzlich bei allen, die an dem Buch mitgewirkt haben, vor allem und ganz besonders bei den Autorinnen der Beiträge. Unser Dank geht an diejenigen, die sich erinnert haben, die für uns ihre Archive durchforstet und uns mit einer Fülle an Texten und Dokumenten eingedeckt haben. Allein damit hätten wir mehrere Bücher füllen können. Immer wieder wurde uns gesagt und geschrieben, dass die vielen Dokumente der »Mütter gegen Atomkraft« aus jener bereits so fernen und doch so nahen Vergangenheit der Aufarbeitung durch eine Diplomandin oder einen Diplomanden harren. Vielleicht fühlt sich durch unser Buch ja die eine oder der andere angeregt, sich auf die Spuren der »Mütter« zu begeben?

Mein persönlicher Dank geht an diejenigen, die das Projekt helfend unterstützt haben:
Anja Becker, deren Stelle bei genanet – Schicksal vieler befristeter Projektstellen – schon vor der ›heißen Phase‹ des Buchprojektes auslief, für das Einsammeln von und Motivieren zu Beiträgen.
    Women in Europe for a Common Future und speziell Tatiana Dereviago für die Unterstützung bei den Kontakten zu und der Kommunikation mit Frauen(-organisationen) in Russland und der Ukraine sowie der Übersetzung russischer Texte und Emails.
    Carola Pahl für die ›Spende‹ ihrer journalistischen Fähigkeiten bei der Bearbeitung eines Beitrags und Gertrud Dorsch für die Geldspende, mit der sie ihrer Wertschätzung unserer Arbeit Ausdruck verlieh.
    Den Freundinnen und Kolleginnen, die mitfühlten, wenn ich angesichts des Zeitdrucks am Verzweifeln war, und die ihre eigenen Anliegen immer wieder zurückstellen mussten.

Ich wünsche mir, das sich die gemeinsame Anstrengung gelohnt hat und das Buch ein kleiner Beitrag in Richtung einer gerechten und erneuerbaren Zukunft ist.

Ulrike Röhr, genanet – Leitstelle Gender, Umwelt, Nachhaltigkeit